专题史系列

张荫麟 著

散论 中国经济史

中国出版集团 东方出版中心

图书在版编目（CIP）数据

中国经济史散论 / 张荫麟著. —上海：东方出版
中心，2024.5
ISBN 978-7-5473-2050-1

Ⅰ.①中…　Ⅱ.①张…　Ⅲ.①中国经济史—文集
Ⅳ.①F129-53

中国国家版本馆 CIP 数据核字（2024）第 037375 号

中国经济史散论

著　　者　张荫麟
策　　划　龙登高
特约编辑　邢菁华
责任编辑　张爱民　裴宏江
封面设计　钟　颖

出 版 人　陈义望
出版发行　东方出版中心
地　　址　上海市仙霞路 345 号
邮政编码　200336
电　　话　021-62417400
印 刷 者　山东韵杰文化科技有限公司

开　　本　890mm×1240mm　1/32
印　　张　9.5
字　　数　200 千字
版　　次　2024 年 5 月第 1 版
印　　次　2024 年 5 月第 1 次印刷
定　　价　98.00 元

目 录

周代的封建社会

现在要描写的是约略自西历前十一世纪初至前五世纪末，那名义上在周室统治下的大帝国的结构。自然在这七百多年里，并非没有社会的变迁，而各地域的情形也不一致。这纵横两方面的变异，虽然现在可能知道的很少，下文也将连带叙及。这个时期是我国社会史中第一个可有比较详细智识的时期。周代的社会组织可以说是中国社会史的基础。从这散漫的、封建的帝国到汉以后统一的、郡县的帝国，从这阶级判分、特权广布的社会变成政治上和法律上大致平等的社会，这是我们民族一次捷足的大进步。这变迁的历程，是我国社会史的中心问题。

（一）

上面提到"封建"，这是一个常被滥用的名词。严格地说，封建社会的要素是这样：名义上在一个王室统属下的土地，事实上分为无数小块，每一块有它世袭的政长而兼地主。照这界说，周代的社会无疑是封建社会。名义上，这整个的帝国都是"王土"，整个帝国里的人众都是"王臣"，但事实上开国初年的武威过去以后，周王的势力大抵只及于畿内，畿外尽是自主的国。而畿内复分封许多的小君。完全归周天子支配的只是畿内的一部分——他的食邑。列国的君主也仅以国中的一部分为自己食邑,其余分封给许多数的小君。畿内和列国内的小君各在其封地内征敛赋税,役使人民,蓄养私兵,辟置僚属,并且建筑都城。这宝塔式的一班有土者,其势力的大小不必与地位的尊卑相称。他们的势力每视乎领地的广狭、饶瘠而殊。他们的领地有增减,他们的势力也有升降。

列国就其起源可分为三类。第一类是克殷之初,周王把新征服的土地,分给他的宗亲和姻戚而建立的。起先只有这些国的君主称侯,后来引申泛称众国君为诸侯。此类的国当中,如齐、鲁、晋,终春秋之世,对王室保持休戚相关的态度。畿内有饥荒,它们输粟去救济;有戎患,它们派兵去防御;有内乱,它们派兵去平定。第二类是由王室划分畿内的土地而建立,其出现远在第一类之后的。属这一类的有秦、郑。这两国和王室虽然地域上很接近,感情上却日渐疏远。第三类是先朝的残余和本来独立的国家,始终未曾为周室征服过,却受过周室的羁縻的。前者为宋,后者如徐、楚等。宋君在国内外称公。徐、楚的君主在本国里称王,周人却称他们为"子"。

王畿内的小君几乎全是王族。列国内的小君原初大抵也全是"公族"(国君的同族)。但至迟在前七世纪初这种清一色的局面已被打破。齐桓公(前685—前643年)有名的贤臣管仲,和景公(前547—前490年)时有名的贤臣晏婴都有封地,却非公族,晏婴并且据说是个莱夷。晋国自从献公(前676—前651年)把公族几乎诛逐净尽,后来的贵族多属"异家族",或来自异邦。秦国自从它的记载的实际开始,自从穆公(前659—前621年)的时代,已大用"客卿"，公族始终在秦国没有抬过头。但鲁、郑和宋国，似乎终春秋之世不曾有过（至少稀有）非公族的贵族。这个差异是进取和保守的差异的背景，也是强和弱的差异的背景。畿内小君的事迹，我们知道得很少，姑且不谈。列国的小君叫做"大夫"。大夫至少有两等，上等的叫做"卿"。一国的卿，至多有六位。大夫原初都是有土者，但到了春秋的时候，也有在官而没有封地的大夫，例如孔子。

大夫的家族有一种特殊的徽识，叫做"氏"。有以开宗的大夫的别字为氏的，有以开宗的大夫的官职为氏的，有以封地的首邑为氏的。我们可以称大夫的世家为"氏室"，以别于"王室"和"公室"。每一个氏名原初只属于一家，但因为氏族的孳衍，有数家共一氏的。

氏和姓的分别当初是很显明的：1. 氏只是贵族才有，而姓则人人都有。2. 男子称氏不称姓，女子称姓不称氏。3. 同氏的一定同姓，异姓的一定异氏，但同姓的不一定同氏，异氏的不一定异姓。因此，同氏不婚；而异氏不必，可婚。自从封建的组织破坏后，贵家的后代成为平民，氏也跟着平民化。而氏族孳衍，任何同姓的两氏血统的距离日远，因此就血缘隔离的作用而论，同氏不婚也就可以代替同姓不婚。加以男子称氏不姓，浸假而喧宾夺主，以氏代姓，这是很自然的。秦汉以后，姓和氏遂成了两个同义字。现在的姓号中有好些原初只是氏号，如孔、刘、陈、赵……

周王和大小的封君构成这封建社会的最上层，其次的一层是他们所禄养的官吏和武士，又其次的一层是以农民为主体的庶人，最下的一层是贵家所蓄养的奴隶。

（二）

关于奴隶阶级的情形我们现在所知甚少。譬如在全国或某一地域，奴隶和其他人口的比例是怎样呢？天子、诸侯，或大夫所直接役属的奴隶各有多少呢？我们都不得而知。幸而当时周王和列国君主赏赐奴隶的数目常见于记录。最高的记录是晋景公（前599—前581年）以"狄臣"（狄人做奴隶的）一千家赏给他一个新立战功的大夫荀林父。其次是齐灵公（前581—前554年）以奴隶三百五十家赏给他的一个新受封的大夫。荀林父在这次受赐之前已做过两朝的执政，他家中原有的奴隶，至少当可以抵得过这一次的赏赐。可见当时一个大国的阔大夫所有的奴隶会在一万人以上。其他弱小的大夫的所有，就算少十倍，也会有一千。

这些奴隶的主要来源是战争。周初克殷和东征的大战，不用说了；此后"诸夏"对异族的征讨，和诸侯相互的攻伐，每次在战场内外所获的俘虏，除了极小数被用来"衅鼓"（杀而取血涂鼓，以被不祥）或用作祭祀的牺牲外，大部分是做了胜利者的奴隶。殷亡国以后，殷人被俘虏的一定很多，但究有若干，现在不可确考。此后俘数之可知者：对外的例如康王二十五年（前996年）伐鬼方之役俘一万三千八十一人，又如上说赏给荀林父的"狄臣"一千家只是当时新获的俘虏的一部分。对内的例如前484年吴国、鲁国和王师伐齐，俘齐国甲车八百乘，甲士三千人。俘虏的利益有时竟成为侵伐的动机。诸侯对天子，或小国对大国时常有献俘的典礼。诸夏国互获的俘虏可以赎回。鲁国定规赎俘的费用由国库负担。但有被赎的幸运的恐怕只是显贵的俘虏，而有时所费不赀。例如前611

年，宋国向楚人赎那"睅其目、皤其腹"的华元，用"兵车百乘，文马百驷"，幸而这些礼物还未交到一半他就逃脱回来了。奴隶的另一个来源是罪犯。犯罪的庶人和他的家属被没入贵家为奴的事虽然不见于记载，但我们知道，贵家因罪戾被废，或因互争被灭，其妻孥有被系或被俘而用作赏品的，其后裔有"降在皂隶"的。

奴隶做的是什么事？第一，自然是在贵人左右服役。这一类的奴隶包括"小臣"[1]、婢妾和管宫室、管车驾的仆竖；还有照例用被刖的罪犯充当的"阍人"，和用被"宫"的罪犯充当的"寺人"。但这些只占小数。大部分的奴隶是被用于生产的工作。每一个贵家，自周王的以至大夫的，是一个自足的社会。谷米不用说是从食田里来的。此外全家穿的衣服和用的东西，自家具以至车舆、兵器、乐器、祭器，多半是家中的奴隶制造的。这时代用车战，兵车以马驾，养马和管厩又是奴隶的事。此外山林川泽是由贵家专利的。樵、苏、渔、牧和煮盐，又是奴隶的事。女的奴隶也有分配到外边做工的：采桑养蚕的叫做蚕妾，做纺织或其他女红的叫做工妾。贵家设有一官专管工人。公室的工官普遍叫做工正，惟楚国的叫做工尹。王室和公室的总工官之下还有分各业的工官：例如以现在所知，周室有所谓"陶正"者，大约是管制造陶器的；鲁国有所谓"匠师"者，大约是管木工的。有专长的奴隶每被用作礼物，例如前589年，鲁国向楚国求和，赂以"执斲、执针、织纴各百人"。又例如前562年，郑国向晋国讲和，所赂有美女和工妾共三十人，女乐"二八"（二队，每队八人）。

---

[1] 即小厮。

奴隶可以抵押、买卖。西周铜器铭刻中有"赎兹五夫用百寻"的话。奴隶的生命自然由贵人随意处置。例如晋献公有一回思疑肉里有毒，先拿给狗试试，狗死了；再拿给小臣试试，这不幸的小臣便与那狗同样命运了。又例如献公的儿子重耳出亡时，他的从臣们在桑下密谋把他骗离齐国，被一个蚕妾偷听了。她回去告诉重耳的新婚夫人齐姜，齐姜恐怕妨碍公子的"四方之志"，一声不响地便把那蚕妾杀了。在周代盛行的殉葬制度底下，奴隶也是必然的牺牲。平常以百计的殉葬者当中，我们不知道有多少是奴隶。他们的死太轻微了，史家是不会注意的。但也有一个奴隶殉葬的故事，因为有趣而被保留。晋景公的一个小臣，有一朝起来很高兴地告诉人，他夜梦背着晋侯登天，午间他果然背着景公，但不是登天，而是"如厕"。景公本来病重，他跌落厕坑内死了，那小臣便恰好被用来殉葬。

奴隶是以家为单位的，一个奴隶家里不论男女老幼都是奴隶。他们的地位是世袭罔替的，除了遇着例外的解放。新俘奴隶被本国购回，也许是常见的事。此外，奴隶被解放的机会似乎是很少的，历史上只保存着两个例子。其一，前655年，晋灭虞，俘了虞大夫百里奚，后来把他用作秦穆公夫人的"媵臣"（从嫁奴隶）。他从秦逃到楚，被楚人捉住。他在虞国本来以贤能知名，秦穆公想重用他，怕楚不给，于是以赎"媵臣"为名，出五张黑羊皮的很低代价，竟把他赎回了。他因此得到"五羖大夫"的绰号。其二，前550年，晋国内乱，叛臣手下的一个大力士督戎，人人听到他的名字就惧怕。公家有一个奴隶叫做斐豹，自荐给执政道，若把他的奴籍烧了，他便杀死督戎，执政答应了他，后来他果然用些小计把督戎杀了。

（三）

我们在上文叙述奴隶的生活时，保留着一个很重要的问题：奴隶和农业的关系是怎样的？换句话说，大多数农民的地位是怎样的？关于这一方面，记载很残缺，现在可得而说的多半是间接的推论。我们可以悬想，周朝开国之初，姬姓和姜姓的族长们分批地率领子弟，来到新殖民地里，把城邑占据了，田土瓜分了，做他们的侯伯大夫，他们于所占得的田土当中留一小部分，自己直接去经营，用奴隶来耕种，收入完全归他们自己。这种田便是所谓"公田"，其余大部分的田土，仍旧给原来的农夫耕种，却责他们以粟米、布缕和力役的供奉。他们的佃耕权可以传给子孙，却不能转让或出售给别人。这种田即所谓"私田"。也许所有的封地都有公田和私田，也许少数的封地只有私田。西周的大克鼎铭文里记周王赏田七区，其中只一区注明"以厥臣妾"。可见农奴附田的制度在西周已不很普遍了。耕私田的农夫皆是所谓"庶人"。他们的地位是比奴隶稍为高贵些，但他们的生活殊不见得比奴隶好。粟米和布缕的征收固有定额，但不会很轻。什一之税在春秋时还是可望难即的理想。除正税外遇着贵人家有婚嫁等喜事，他们还有特别的供应。力役之征更是无限的。平常他们农隙的光阴大部分花在贵人的差使上。若贵人要起宫室、营台榭、修宗庙或筑城郭，随时可以把他们征调到鞭子底下作苦工。遇着贵人要打仗，他们得供应军需，并且贡献生命。遇着凶年饥馑，他们更不如奴隶那般有依靠，多半是"老弱转乎沟壑，壮者散而之四方"。

西周传下来的一首民歌《七月》描写豳（今陕西彬州）地公田

里的农奴的生活很详细。根据这诗，可以作一个农奴的起居注如下：正月，把农器修理。二月，开始耕种，他的妻子送饭到田里给他吃，督耕的"田畯"也笑嘻嘻地来了。同时他的女儿携着竹筐到陌上采桑。八月，他开始收获，同时他的女儿忙着缫丝，缫好了，染成黑的、黄的，还有红洒洒的预备织作公子的衣裳。十月，获稻，并酿制明春给贵人上寿的酒。农夫们把禾稼聚拢好，便到贵人家里做工，白天去采茅，晚上绞绳。是月，酬神聚饮，烹宰羔羊；大家到贵人堂上献酒，欢呼万岁。十一月，出猎，寻觅狐狸，为着贵人的皮袍。十二月，农夫们会同受军事训练。是月，把养肥了的猪献给贵人，又把冰凿下，藏好，预备明年春夏天贵人需用。

《七月》这首歌是贵人用作乐章的，自然要合贵人的口味。诗中的农夫是怎样知足安分地过着他们的牛马生活。但农夫和别的庶民也有不安分的时候，假如贵人太过忽略了他们的痛苦。周朝的第十个王，厉王，因此就在民众的暴动中，被逐出国都，失却王位。和厉王同命运，甚至比他更不幸的封君不断地见于记载。前634年，当晋、楚两强交争的时候，卫君因为得罪了晋国想转而亲楚。但卫国离晋较近，亲楚便会时常招惹晋人的讨伐。在这种当儿，首先遭殃的便是农民。他们即使幸而免于战死，免于被俘，他们回到家中，会发现禾稼被敌人割了，树木被砍了，庐舍被毁了，甚至井也被塞了。因此，卫君的亲楚政策是和卫国人民的利益根本冲突的。他们听到了，便大闹起来，把卫君赶到外国去了。同类的事件有前553年蔡国的公子燮因为想背楚亲晋给民众杀了。蔡是邻近楚的。经过这些事件的教训，所以前577年，陈侯当外患紧急时只好把国人召齐来，征求他们的意见，来决定外交政策。因直接残虐人民失去势位或性命的封君，为例更多。前 609 年，莒君因为"多行无体于国"被他的太子率领民众杀了。前 561 年，畿内的原伯，因为详情现在不知的暴行弄到民不聊生，被民众赶走了。前 559 年，另一位莒君因为喜欢玩剑，每铸成一把剑便拿人命来试；又因为想背叛齐国，被一位大夫率领民众赶走了。前 550 年，陈国的庆氏据着首都作乱，陈侯率兵来围，庆氏督着民众修城。在这时期，城是用土筑的，筑时用板夹土。督工的看见一两块板倒了，便把旁边的役人杀死。于是役人暴动起来，把庆氏的族长通杀了。前 484 年，陈大夫辕颇，因为陈侯嫁女，替向国人征收特税：征收得太多，用不了，他把剩下的为自己铸了一件钟鼎之类的"大器"。后来国人知道，便把他赶走了。他走到半路，口渴，同行的一位族人马上把稻酒、干粮和肉脯献上，他高兴得不得了，问为什么这样现成？答道：大器铸成时已经预备着。

上述厉王以后的民变，全发生在前六世纪当中和附近。这些见于记载的暴动完全是成功的，影响到贵人的地位或生命的，其他失败而不见于记载的恐怕还有不少。这时候民众已渐渐抬头，许多聪明的卿大夫已认识民众的重要，极力施恩于他们，收为己助，以强其宗，以弱公室，甚至以得君位。例如当宋昭公（前 619—前 611 年）昏聩无道的时候，他的庶弟公子鲍却对民众特别讲礼貌。有一回宋国大闹饥荒，他把自己所有的谷子都借给饥民。国中七十岁以上的人他都送给食物，有时是珍异的食物。他长得很美，连他的嫡祖母襄夫人也爱上了他，可是他不肯干受人讥笑的勾当，襄夫人被爱驱使，极力助他施舍。后来襄夫人把昭公谋害了，他便在国人的拥戴中继为宋君。又例如齐国当景公（前 547—前 492 年）的时候，当公室底下的人民以劳力的三分之二归入公室，而仅以三分之一自给衣食的时候，陈氏却用实惠来收买人心。齐国的量器，以四升为豆，四豆为区，四区为釜，十釜为钟。陈家特制一种新量，从升到釜皆以五进，仍以十釜为钟。借谷子给人民的时候，用新量，收还的时候，用旧量。陈家专卖的木材，在山上和在市上一样价，专卖的鱼、盐、蜃、蛤，在海边和在市上一样价。这一来民众自然觉得陈家比公室可爱。后来陈氏遂毫无阻力地篡夺了齐国王位。此外，如鲁的季氏、郑的罕氏都以同类的手段取得政权。

上文所说参加叛变和被强家利用的民众自然包括各种各色的庶人。庶人当中，自然大部分是农人，其余的小数是商人和工人。庶人和奴隶的重要差别在，前者可以私蓄财物，可以自由迁徙。但农人实际上很少移动，除了当饥荒的时候。虽然在前六世纪时人的记忆中，有"民不迁，农不移"的古礼。这似乎不是绝对的限制，礼到底与法禁有别。

（四）

人民聚居的地方通称曰"邑"。邑可分为两大类，有城垣的和没有城垣的。有城垣的邑又可分为三类：一是周王的和列国的都城；二是畿内和列国的小封君的首邑；三是平常的城邑。周室的西都镐京（今西安），自东迁后已成为禾黍油油的废墟，其规模不见于记载。东都洛邑（今洛阳）的城据传说是九里（一千六百二十丈）见方，其面积为八十一方里，约当现在北京城的百分之二一点七（北京城面积是今度一百九十四方里，周代一里即当今 0.721 5里，一方里即当今 0.520 56 方里）。城的外郭据传说是二十七里

（四千八百六十丈）见方，其所包的面积差不多是现在北京城的两倍。列国的都城，外郭不算，以九百丈（五里）见方的为平常，其面积约为今北京城的十五分之一。一直到战国末年（前三世纪初），一千丈见方的城还算是不小的。但春秋末年崛起的吴国，其新造的都城却特别大。据后汉人的记载，那箕形的大城，周围约为今度三十四里，其外郭周围约为今度五十里（今北京城周约五十四里）。卿大夫的首邑的城照例比国都小，有小至五百丈至一百丈左右见方的，那简直和堡寨差不多了。

王城和列国都城的人口不见于记载。但我们知道，大夫的食邑在一千户上下的已算很大的了。平常国都的人口就算比这多十倍，也不过一万户。我们从前 686 年"内蛇与外蛇斗于郑（都）南门中"的故事，可知当时的国都绝不是人烟稠密的地方。前 660 年比较细小的卫国都城被狄人攻破后，它的遗民只有男女七百三十人，加上共、滕两邑的人口，通共也只有五千人。

我们试看列国都城在地图上的分布，很容易发现它们的一个共同点：它们都邻近河流，以现在所知，几无例外。这倒不必因为交通的关系。在那时候黄河的大部分与其说是交通的资藉，毋宁说是交通的障碍。国都邻近河流的主要原因，在河谷的土壤比较肥沃，粮食供给比较可靠。城的作用在保卫，贵人的生命和财富和祖先神主的保卫。国都的主要居住者为国君和他的卫士、"百工"，在朝中做官的卿大夫和他们的卫士。大多数国家的朝廷，像王室的一般，内中主要的官吏有掌军政的大司马，掌司法和警察的大司寇，掌赋税和徭役的大司徒，和掌工务（如城垣、道路、宗庙的修筑）的大司空。国都里的重要建筑，有国君的宫殿、台榭、苑囿、仓廪、府库、诸祖庙、祀土神的社、祀谷神的稷、卿大夫的邸第和给外国的使臣居住的"客馆"。这些建筑在城的中央，外面环着民家和墟市。墟市多半在近郭门的大道旁。郭门外有护城的小池或小河，上面的桥大约是随时可以移动的。城郭的入口有可以升降的"悬门"。城门时常有人把守，夜间关闭，守门的"击柝"通宵。货物通过城门要纳税，这是国君的一笔大收入，有时他把一个城门的收税权来赏人。

这时期的商业大体上似还没有脱离"以货易货"的阶段。西周还用贝做一种交换的媒介物。那时代的彝器铭文中有"作宝尊彝，用贝十朋又四朋"的记录。又有"锡贝三十寽"的记录。朋是贝穿成串的，寽大约是贝穿成圜的。但贝不能算作真正的货币，它本身是一种装饰品，不论作朋或作寽，或嵌在器服上的。殷时已有用铜仿造的贝。大约铜贝穿成圜的也叫做寽（或作锊）。寽后来引申为重量的一种单位。西周彝器铭文中有锡"金"（即铜）若干寽或若干钧（另一种重量的单位）的记录，又有罚罪取"金"若干寽的记录。但贝和以寽或以"钧"计的铜似乎都不曾大宗地、普遍地作财富行用。一直到春秋的下半期，国际间所输大宗或小宗的贿赂还是用田土、车马、币、锦、彝器，或玉器，而不闻用贝或用"金"。

以货易货的手续最便于在墟场上举行。此时所谓市大约只是大道旁人民按定时聚集的空地。所谓商人也大半是往来各城邑的走贩。固定的、大间的商店似乎是没有的。他们所贩卖的大部分是丝麻布帛和五谷等农产品，加上些家庭的艺作品。以佣力或奴隶支持的工业在这时期还没出现。

但至迟在春秋下半期，一些通都里已可以看见"金玉其车，文错其服"的富商。他们得到阔大夫所不能得到的珍宝，他们输纳小诸侯所能输纳的贿赂，他们有时居然闯入贵族所包办的政治舞台。旧史保存着两个这样的例子：1. 前597年，晋军大将知䓨在战场被楚人俘了。一位郑国的商人，在楚国做买卖的，要把他藏在丝绵中间，偷偷地运走。这计策已定好，还没实行，楚国已把知䓨放还。后来那位商人去到晋国，知䓨待他只当是他救了自己一般。那商人谦逊不遑，往齐国去了。2. 前627年，秦人潜师袭郑，行到王城和郑商人弦高相遇。弦高探得他们的来意，便一方面假托郑君的名义，拿四张熟牛皮和十二只牛去犒师，一方面派人向郑国告警，秦人觉得郑国已经知道防备，只好把袭郑的计划取消了。这两个故事中的商人都是郑人。如故事所示，郑商人的贸易范围至少西北到了王城和晋国，东到了齐国，南到了楚国。郑国最早的商人本来是镐京的商人，当郑桓公始受封的时候，跟他一同来到郑国，帮他斩芟蓬蒿藜藿，开辟土地的。郑君和他们立过这样盟誓："尔无我叛，我无强贾，毋或丐夺。尔有利市宝货，我勿与知。"郑自开国时便有了一群富于经验的商人，他们又有了特定的保障，故此郑国的商业特别发达。

（五）

庶人的家庭状况自然不会被贵人身边的史官注意到，因此现在也无可讲述。幸而这时代的民歌泄露一些婚姻制度的消息：

伐柯如之何？匪斧不克。

取妻如之何？匪媒不得。

艺麻如之何？纵横其亩。

取妻如之何？必告父母。

少年男女直接决定自己的终身大事的自由在这时代已经被剥夺了。在樊笼中的少女只得央告她的情人：

将仲子兮！无逾我里！

无折我树杞！

岂敢爱之？畏我父母！

甚至在悲愤中嚷着：

之死矢靡它！

母也天只！

不谅人只！

这种婚姻制度的背景应当是男女在社交上的隔离。诗人只管歌咏着城隅桑间的密会幽期，野外水边的软语雅谑；男女间的堤防，至少在贵族的社会当中已高高地筑起了。说一个故事为例。前506年，吴人攻入楚国都城的时候，楚王带着两个妹妹出走，半路遇盗，险些儿送了性命。幸运落在他的一个从臣钟建身上，他把王妹季芈救出，背起来，跟着楚王一路跑。后来楚王复国，要替季芈找丈夫，她谢绝，说道：处女是亲近男子不得的，钟建已背过我了。

楚王会意，便把她嫁给钟建；并且授钟建以"乐尹"的官，大约因为他是一个音乐家。

贵族家庭中的一种普遍现象是多妻。至少在周王和诸侯的婚姻里有这样的一种奇异制度：一个王后或国君夫人于归的时候，她的姊妹甚至侄女都要有些跟了去给新郎做姬妾，同时跟去的婢女还不少，这些迟早也是有机会去沾新主人的雨露的。陪嫁的妾婢都叫做媵。更可异的，一个国君嫁女，同姓或友好的国君依礼要送些本宗的女子去做媵。在前550年，齐国就利用这种机会把晋国的一位叛臣当作媵女送到晋国去，兴起内乱，上文提及的斐豹的解放就是这次变乱中的事。

媵女而外，王侯还随时可以把别的心爱的女子收在宫中。他们的姬妾之多也就可想。多妻家庭里最容易发生的骨肉相残的事件，在春秋时代真是史不绝书。举的酸鼻的例子如下：卫宣公（前718—前700年）和他的庶母夷姜私通，生了急子。后来急子长大，宣公给向齐国娶了一个媳妇来，看见是很美，便收为己用，叫做宣姜。子通庶母，父夺子妻，在春秋时代并不是稀奇的事。这时代男女礼防之严和男女风纪之乱，恰成对照。且说宣公收了宣姜后，夷姜气愤不过，上吊死了。宣姜生了两个儿子，寿和朔。宣姜和朔在宣公面前倾陷急子，这自然是很容易成功的。宣公于是派急子出使到齐国去，同时买通一些强盗要在半路暗杀他。寿子知道这秘密，跑去告诉急子，劝他逃走。他要全孝道，执意不肯。当他起程的时候，寿子给他饯行，把他灌醉了；便取了他的旗，插在船上先行，半路被强盗杀了。急子醒来，赶上前去，对强盗说：卫君要杀的是我，干寿子甚事？他们不客气地又把他杀了。

贵家通行的继承制是以嫡长袭位（此制的例外，以现在所知，有楚、秦和吴。楚初行少子承袭制，至前 630 年以后始改用嫡长承袭制；秦行兄终弟及制，至前 620 年以后改用嫡长承袭制；吴亡于前 473 年，其前半世纪，还行兄终弟及制）。此制每被公室的内乱破坏：或叔夺侄位，或弟夺兄位，或兄夺弟位。同时国君宠爱少妾，并及其子，因而破坏法定的嫡长承袭制也每为内乱之源，例如上说的卫宣公就是被急子和寿子的党徒杀了的。

（六）

有两种事情打破封建社会的沉寂，而占贵人生活中最重要的部分，那就是祭祀和战争。二者同是被认为关系家国的生存，同时需要些专家的襄助。祭祀的专家有巫觋、祝、宗和史。打仗的专家即原初所谓"士"，现在应当叫做"武士"。

为什么"士"字原初专指执干（盾）戈、佩弓矢的武士，后来却变成专指读死书、发空论的文人，这两种意义恰恰对极地相反？懂得这个变迁的原因，便懂得春秋以前的社会和秦汉以后的社会一大差别。在前一个时代，所谓教育就是武士的教育，而且惟有武士是最受教育的人；在后一个时代，所谓教育，就是文士的教育，而且惟有文士是最受教育的人。"士"字始终是指特别受教育的人，但因为教育的内容改变，它的含义也就改变了。

闲话别提，回到周代的武士。像现在的体育家一般，他们整天裸着臂膀和腿子，练习射箭、御车和干戈的使用。此外的科目有舞蹈、音乐和礼仪。射、御是武士最基本的技艺。此时战场上的活动大部分只是在马车上放箭。但音乐也不是等闲的玩艺，"士无故不彻琴瑟"。而且校射和会舞都有音乐相伴。武士的生活可以说是浸润在音乐的空气中的。乐曲的歌词，即所谓"诗"。诗的记诵，大约是武士的惟一的文字教育。这些诗，日渐积累，到孔子的时候已有三百多篇。内中有的是祭祀用的颂神歌，有的是诗人抒情的作品，大部分却是各国流行的民歌。校射和会舞都是兼有娱乐、交际、德育和体育作用的。校射是很隆重的典礼，由周王或国君召集卿大夫举行的叫做大射，由大夫、士约集宾客举行的叫做乡射。校射的前后奏乐称觞。预射的人揖让而升，揖让而下；这是孔子所赞为"君子之争"的。会舞多半是在祭祀和宴享的时候举行（不像西方的习俗，其中没有女子参加的）。舞时协以种种的乐曲，视乎集会的性质而异。这时期著名的乐曲，如相传为舜作的《韶》，相传为禹作的《大夏》和武王所作的《大武》等，都是舞曲。《大武》的舞姿，现在犹可仿佛一二，全部分为六节，每一节谓之一成。第一成象周师北出，舞者"总干（持盾）山立"；第二成象"灭商"，舞容是"发扬蹈厉"；第三成象南向出师；第四成象奠定南国；第五成象"分周公左、召公右"，舞者"分夹而进"；第六成象军队集合登高，最后舞者同时坐下。每成有相配的歌曲，其词至今犹存。[1] 六成不必全用。第二成单行叫做武，第三成叫做勺，第四、五、六成各叫做象。幼童学舞，初习勺，次习象。《大武》是周代的国乐，是创业的纪念，垂教的典型，武威的象征，其壮烈自非《韶》《夏》可比。孔子到底是个儒生：他听了《韶》，则"三月不知肉味"；听了《武》，则说"尽美矣，未尽善也"。舞者必有所执，

---

[1] 六成的歌词依次为今《诗经·周颂》中的《武宿夜》《武》《酌》《桓》《赉》《般》。

在《大武》中舞者执干戈，此外或执雉羽，或鹭羽，或斧钺，或弓矢。执羽的舞叫做"万"，这种舞，加上讲究的姿式和伴奏，一定是很迷人的，可以一事为证。楚文王（前689—前677年）死后，遗下一个不俗的夫人，令尹子元想勾搭她，却没门径，于是在她的宫室旁边，起了一所别馆，天天在那里举行万舞，希望把她引诱出来。她却哭道："先君举行会舞原是练习武备的，现在令尹不拿它来对付敌人，却拿它用在'未亡人'的身边，那可奇了！"子元听了，深为羞惭，马上带了六百乘车去打郑国。

理想的武士不仅有技，并且能忠。把荣誉看得重过安全，把责任看得重过生命，知危不避，临难不惊；甚至拿渺然七尺的身躯和揭地掀天的命运相抵拒；这种悲剧的、壮伟的精神，任何国族生存所系的精神，古代的武士是有的，虽然他们所效忠的多半是一姓一人。举两例如下：1. 前684年，鲁国和宋国交战，县贲父给一个将官御车。他的马忽然惊慌起来，鲁军因而败绩。鲁公也跌落车下，县贲父上前相助。鲁公说道："这是未曾占卜之过（照例打仗前选择将官的御者须经占卜）。"县贲父道："别的日子不打败，今日偏打败了，总是我没勇气。"说完便冲入阵中战死。后来圉人洗马发现那匹马的肉里有一枝流矢。鲁公知道县贲父没错，命人给他作诔（挽辞）。士死后有诔是从这次开始的。2. 前480年，卫国内乱，大臣孔悝被围禁在自己的家中。他的家臣季路（孔子的一位弟子），听到消息，便单身匹马地跑去救应，半路遇着一位僚友劝他不必。他说，既然食着人家的饭，就得救人家的祸。到了孔家，门已关闭，他嚷着要放火。里头放出两位力士来和他斗，他脑袋上中了一戈，冠缨也断了。他说："君子死，冠不免。"把冠缨结好才死。

王侯大夫的子弟都得受武士的教育。王室有"学宫"，王子和他的近侍在内中学射，周王和他的臣工也有时在内中比射；又别有"射庐"，周王在内中习射，作乐舞。

武士的地位仅次于大夫。他们虽然没有封邑，却有食田。在战阵中，"士"是穿着甲胄坐在车上的主要战斗力。但"士"底下还有许多役徒小卒，这些多半是由农民临时充当的。

（七）

周人的神鬼世界，我们知道得比殷人的详细些。这其中除了各家的祖先外，有日月星辰的神，他们是主使雪霜风雨合时或不合时的；有山川的神，他们是水旱疠疫的原因。但最重要的，人们生存所赖的，还是土神和谷神。前者关系土壤的肥瘠，后者关系五谷的丰歉。土神叫做社[1]，或后土；谷神叫做稷，或后稷。供奉社、稷的地方，也叫做社稷。稷只是谷的一种，而以名谷神，以名"田祖"，这里似乎泄露一件久被遗忘的史实：最初被人工培植的野种是稷。

像封建社会之上有一个天王，主宰百神的有一个上帝。他是很关心人们的道德的，会赏善罚恶。但他也像天王一般，地位虽尊，实权却有限。他和人们的日常生活很少发生关系，人们也用不着为他破费。祀上帝的典礼叫做郊祀。历史上所知，举行郊祀礼的只有周王和鲁君。"上帝"的名词也始见于周人的典籍。似乎"上帝"的观念是周人的发明。故此只有周室和它的长宗鲁国有郊祀。

---

[1] "社"字本作土，示旁是后来添上的。

上帝的由来，不知周人曾涉想到否。至于自然界各部分的神祇，在周人的信仰中，多半有原始可稽的。他们多半是由人鬼出身；而且，像封君一般，他们的地位是上帝所封的。例如汾水的神，传说是一位古帝金天氏的儿子，他生时做治水的官，疏通汾、洮二水有功，因而受封。又例如永远不相会面的参、商两个星座，其神的历史是这样的：古帝高辛氏有两个不肖的儿子，他们死了，住在荒林里，还是整天打架。上帝看不过，便把大的迁到商丘，做商星的神，把小的迁到大夏，做参星的神。这段神话的历史背景是商人拿商星做定时节的标准星，故此它名为商星。古人在制定日历之前，看一座恒星的位置的移动来定时节的早晚，这叫做"观象授时"，被选作目标的恒星叫做辰。

周人的稷神是一位农业的发明者，同时又是本朝的祖先。但到底稷神是周人的创造呢，抑或周室不过搬旧有的稷神做祖先呢？现在不得而知。社神却确是在周代以前已经有的。周人称殷人的社为亳社。至少在鲁国的都城里同时有亳社和周社。朝廷的建筑，就在两社之间。大约原初鲁国被统治的民众大部分是殷的遗民，新来的统治者顾忌他们的反感，只好让他们保留原来的宗教，而别立自己的新社，叫做周社。一直到春秋季年（前489年），鲁国大夫尚有盟国君于周社、盟"国人"于亳社的故事。社神的来历是怎样的？亳社和周社的差异是在供奉的神呢，抑或是在供奉的仪式呢？现在都不得而知。祀社的地方照例种着一棵大树，据说夏代的社用松，殷代用柏，周代用栗。

从天子到士都有宗庙。天子和封君的庙分两种，合祀众祖的太庙，和分祀一祖的专庙。除太祖外，每一祖的专庙，经过若干代之后，便"亲尽"被毁，否则都城之内便有"庙满"之患了。宗庙、社、稷是每一个都会的三大圣地。它们年中除了临时的祈报外都有定期的供祭。宗庙的供祭尤其频数。其他的神祇则只当被需求的时候，才得到馈赂。但它们可不用愁，这样的机会是很多的。虽然水旱疬疫和风雨失调是比较的不常，虽然众神各有各的领域，但任何神鬼在任何时候，都能给任何人以祸难，尤其是疾病。在这些当儿，牺牲和玉帛是不会被人们吝惜的，疾病的原因都推到鬼神。它们的欢心胜过医药，巫祝就是医生。周人事神似乎不像殷人的烦渎，但也和殷人一样认真。祭祀之前，主祭的人要离开家庭到庙旁清净的地方斋戒几天；祭某祖的时候，要找一个人扮成他的模样来作供奉的具体对象，这叫做"尸"。祭宗庙社稷的牺牲，虽然也照后世的办法，只给鬼神嗅嗅味道，在其余的祭典中多半把整只的牛、羊、猪或狗毁化了，埋了或沉在水里给鬼神着实受用的。焚给一切鬼神的布帛，也通是真的而不是纸做的。献给鬼神的玉，不能摆一下就算了，要捶碎了，或抛入河中。但鬼神也像小孩子一般，可以用"尔之许我，我其以璧与珪，归俟尔命；不许我，我乃屏璧与珪"一类的话来试诱的。盛大的祭典是一种壮观，在丹柱刻椽的宗庙里，陈列着传为国宝的鼎彝，趋跄着黼黻皇华的绅士，舞着羽翰翩跹的万舞，奏着表现民族精神的音乐，排演着繁复到非专家不能记忆的礼仪。

诸神中最与民众接近的是社。每年春间有一次社祭的赛会。这时候鼓乐、歌舞、优技、酒肉和乡下的俏姑娘引诱到"举国若狂"。在齐国，也许因为民庶物丰，礼教的束缚又较轻，社祭特别使人迷恋，连轻易不出都城的鲁君有时也忍不住要去看看。每逢出兵打仗之前，全军要祭一回社，祭毕把祭肉和酒分给兵士，叫做"受脤"。"衈鼓"就在这时候举行。这以壮军威的饷宴，这拼命之前的酗醉，这震地的喧嚣，是全国紧张的开始。得胜回来的军队要到社前献俘，有时并且把最高贵的俘虏当场宰了，用作祭品。此外遇着水泛和日蚀，则在社前击鼓抢救，同时用币或献牲；火灾之后，也要祭社，以除凶气。遇着讼狱中两造的证据不能确定，也可以令他们到社里奉牲发誓，而等候将来的奇迹。

除了上说列在祀典的鬼神而外，还偶然会有陌生的精灵，或是神话上的英雄，或是被遗弃了的旧鬼新鬼，或是来历不明的妖魅，降附在巫觋身上。巫觋[1]是神灵所钟爱的。他们特别能和降附他们的神灵说话，特别能知道这些神灵的愿望。因此人们若有求于这些神灵，必得先求他们。又因为他们有神灵做顾问，自然能知道过去未来了。王、侯、大夫都有供奉巫神的。厉王有使卫巫"监谤"的故事，春秋的第一个鲁君隐公就是一位侫巫者。他未即位之前曾做过郑国的俘虏，被囚在尹氏家中。这家有一个著名灵验的钟巫。他买通尹氏，私去祈祷。后来郑人把他放归，他便把钟巫都带到鲁国来。他被暗杀就在他出外斋宿预备祭钟巫的时候。巫觋的神通只限于降附他们的神灵的势力范围，他们并不掌管宗庙社稷等有常典的祭祀。他们即使被王、侯供养的，也不是正常的职官。

王、侯的朝廷中，管理和鬼神打交涉的正常职官有祝、宗、卜（掌卜的人也称为卜）、史。祝的主要任务在代表祭者向鬼神致辞，因此他特别要知道鬼神的历史和性情。宗是管理宗庙的，司祭礼的

---

[1] 巫是女的，觋是男的。

程序，祭坛的布置，祭品的选择，等等。至少有些国家的卜人也兼掌筮，但有些国家于卜人之外别置筮官。史的主职在保管文书，记录时事，占察天象，但也兼理卜筮和祭祀的事。这四种职官的首长，在周名太祝、太宗、卜正、太史；在列国大抵如之。惟楚国名卜长为卜正，又似乎有左史、右史，而无太史。祝、宗、卜、史等长官的地位史无明文，但我们从下面两件故事，可以推想。楚平王（前528—前517年）即位之初，曾把他所尊敬的敌人观起叫来，要给他官做，说"唯汝所欲"。因为他的先人曾掌卜，便使他做卜尹。可见卜长的地位是很高的。卫献公（前576—前559年）出奔归国，要颁邑给从臣而后入。从臣有太史柳庄者，恐其偏赏私近致失人心，力加谏阻。献公从之，以为他是社稷之臣，等他临死时，终于给他田邑，并写明"世世万（万世）子孙毋变"的约言放在他的棺中。可见太史得世有田邑，卜长、祝长等当亦如之。至于低级的祝、宗、卜、史等官则皆有食田，而且有时多至值得王室或氏室抢夺的食田。但拥有强力的大夫绝少出身于祝、宗、卜、史，或同时充任着这些官职的。

这时期的国家大事，上文已说过，不外打仗和祭祀。而打仗之前，照例要"受命于（宗）庙，受脤于社"，照例要来一番卜筮。故此，没一次国家大事没有上说的四种专家参预。他们又是世业的，承受着愈积愈丰的传说。因此他们都是"多识前言往行"的。史官因为职在典藏与记载，尤熟于掌故和掌故所给人的教训。他们成为王侯时常探索的"智囊"。周初有一位史佚，著过一部书，后人称为《史佚之志》的。这大约是夹着论断的历史记载。春秋时有智识的人常常称引这书，可惜后来佚了，但至今还保存着其中一些名句，如"动莫若敬，居莫若俭，德莫若让，事莫若咨"。

（八）

封君当中，不用说以大夫占多数。他们是地主而兼政长的阶级的主体。虽然各国在任何时期的氏室总数，无可稽考，但我们知道，在鲁国单是出自桓公的氏室已有"三桓"；在郑国单是出自穆公的氏室已有"七穆"；宋国在前 609 年左右至少有十二氏；晋国在前 537 年左右共有四十九"县"，其中的九县已有十一个氏室。公室和氏室之比平均总是一与十以上之比。

氏室的领地，或以邑计，或以县计。言邑自然包括其附近的田土。县本来是田土的一种单位，但言县也自然包括其中的都邑。

一个氏室的封邑有多少？这不能一概而论。前 546 年，卫君拿六十邑赏给一位大夫，他辞却，说道："唯卿备百邑，臣六十（已有六十邑）矣。"这恐怕只能代表小国的情形。我们知道，在齐国，管仲曾"夺伯氏骈邑三百"。又现存一个春秋以前的齐器《子仲姜宝镈》，上面的刻辞记着齐侯以二百九十九邑为赏。

县的名称一直沿到现在。在春秋时似乎只秦、晋、齐、楚等国有之。最初楚、秦两强以新灭的小国或新占的地方为县，直属于国君，由他派官去治理。这种官吏在楚国的叫做县公或县尹。他们在县里只替国君征收赋税，判断讼狱。他们即使有封邑，也在所治县之外。这种制度是后世郡县制度的萌芽。秦在前 687 年灭邦冀戎，以其地为县，次年以杜郑为县。楚国在前 597 年左右，至少已设有九县，每一县即旧时为一小国。上文已说过前 537 年左右晋国连大夫的封地和公室的领地共分为四十九县，公室的县各设县大夫去管，如楚国的县尹。前514年，晋灭祁氏和羊舌氏，把他们的田邑没归公室；分祁氏的田为七县，羊舌氏的田为三县，各置县大夫。至少在晋国，县之下有郡，这与后世以郡在县上相反。前493年，晋国伐郑，军中曾出过这样的赏格："克敌者上大夫受县，下大夫受郡，士田十万，庶人工商遂（进为官吏），人臣隶圉免（免奴籍）。"

齐国在春秋时有县的唯一证据乃在前灵公时代一件遗器齐侯镈钟的铭文，内记灵公赏"县三百"。显然齐国的县比晋、楚等国的县小得多。但齐国或别国的一县究有多大，那不得而知了。

县郡的区分在春秋时代并不普遍。在没有县郡的国里，公室和较大的氏室都给所属的食邑设"宰"。邑宰的性质和县尹相同，不过邑宰所管辖的范围较小罢了。

上文有点离开叙述的干路，让我们回到列国的氏室。它们的土地原初都是受自国君，国君名义上依旧是这些土地的主人。虽然氏室属下的人民只对氏室负租税和力役的义务，氏室对于国君年中却有定额的"贡"赋，所以有"公食贡"的话。国君或执政者可以增加贡额。举一例如下：鲁国著名圣哲臧武仲有一次奉使去晋国（前551年），半路下雨，到一位大夫御叔家里暂避。御叔正要喝酒，看见他来，说道："圣人有什么用？我喝喝酒就够了！下雨天还要出行，做什么圣人！"这话给一位执政者听到了，以为御叔自己不能出使，却傲慢使人，是国家的大蠹，下令把他的贡赋加倍，以作惩罚。

大夫可以自由处分自己的土地。至少有些阔大夫把食邑的一部分拨给一个庶子，另立一个世家，叫做"贰宗"。别的被大夫宠幸的人也可以受他赏邑或求他赏邑。例如前500年，宋公子地拿自己

食邑的十一分之五赏给一个嬖人。又例如前 486 年，郑大夫武子
縢的嬖人许瑕向他求邑，他没得给，许请往别的国里取，因此郑
军围宋雍丘，结果全军覆没。大夫也可以受异国君主的赐邑。例
如前 656 年，齐桓公会诸侯伐楚，师还，郑大夫申侯献计改道，
为桓公所喜，赐以郑国的大邑虎牢。又例如前 657 年，鲁大夫子
叔声伯出使晋国，晋卿郤犨要联络他，给他田邑，他不受。又例
如前 654 年，晋会诸侯灭偪阳，以与向戌，向戌也辞却。大夫又
有挟其食邑，投奔外国的。例如前 548 年，齐大夫乌馀以廪丘奔
晋。前 541 年，莒大夫务娄以大庞及常仪靡奔鲁，前 511 年，邾
大夫黑肱以滥奔鲁。

大夫私属的官吏，除邑宰外，以现在所知，有总管家务的家
宰，这相当于王室和公室的太宰；有祝官，有史官，有管商业的贾
正，有掌兵的司马。这些官吏都受大夫禄养。家宰在职时有食邑，
去职则把邑还给大夫，或交给继任的人。氏室的官吏有其特殊的道
德意识："家臣不敢知国。""家臣而张公室罪莫大焉。"

氏室、公室和王室的比较兵力没有一个时代可以详考。宣王征
伐狁犷的时候，诗人歌咏他的大将说"方叔莅止，其车三千"。这
样的兵力，在当时似乎没有一个公室的可以比得上。一直到春秋中
叶，在晋、楚两强的城濮大战（前 632 年）中，晋车不过七百乘。
但周室东迁（前 770 年）后六十三年，桓王以王师合陈、蔡、卫
师，还打不过区区的郑国，此时王室兵力的单薄可想而知。到了春
秋末叶（前 562—前 482 年），头等的国家如晋、秦、楚等，其公室
的或在公室支配下的兵力总在四五千乘以上；中等的国家如鲁、
卫、郑等，其公室或在公室支配下的兵力总在一千乘以上。氏室的

兵力在春秋以前无考。春秋初年郑庄公（前 743—前 701 年）消灭国内最强的氏室，用室车过二百乘。当春秋中叶，在鲁、卫等国，"百乘之家"已算是不小的了。但大国的巨室，其兵力有时足与另一大国开战。例如前 592 年，晋郤克奉使齐国，受了妇人在帷后窥视窃笑的侮辱，归来请晋侯伐齐，不许，便请以私属出征。而郤克的族侄郤至则"富半公室，家半（公室的）三军"。鲁国的季氏，自从四分公室而取其二以后，私属的甲士已在七千以上。于此发生一个问题，一乘的甲士有多少？这不能一概而论。前 661 年，齐桓公派去曹国防御狄人的兵力是车三百乘，甲士三千人，那么每一乘车有甲士十人。诗人夸颂鲁僖公从齐桓公伐楚时的兵威，说"公车千乘，朱英绿縢[1]……公徒三万，贝胄朱绶[2]"。那么一乘有甲士三十人。但前 541 年，晋国与狄人战，狄人用步兵，晋国的车队不便应付，乃改编为步队，以"五乘为三伍"，那么一乘却只有战士三人。

具有土地、人民和军队的氏室和公室名分上虽有尊卑之殊，事实上只是对峙的势力。每一个氏室的首长俨然一方的土皇帝。国君的特权只在：（1）代表全国主祭，（2）受国内各氏室的贡赋，（3）指挥全国的军队，（4）予夺封爵和任免朝廷的大史。但在多数的国家，如鲁、齐、晋、宋、卫、郑等，末两种权柄迟早也落在强大的氏室。

（九）

一个大夫的儿子当中只有一个继承他的爵位，其余的也许有一

---

[1] 縢是一种绳索。
[2] 绶是缀甲的线。

个被立为贰宗，也许有些被国君赏拔而成为大夫。但就久远而论，这两种机会是不多的。一个福气好的大夫总有些儿子得不到封邑，他的孙曾更不用说了。这些旁支的贵族，和袭爵的大夫稍亲的多半做了氏室的官吏或武士，疏远的就做他的兵卒甚至庶民[1]。故此一个大夫和他私家的僚属、军队，构成一大家族：他出征的时候领着整族出征，他作乱的时候领着整族作乱，他和另一个大夫作对就是两族作对，他出走的时候或者领着整族出走，他失败的时候或者累得整族被灭。

氏室底下的一层是聚族而居的庶民，氏室上面的一层是国君和同姓卿大夫构成的大家族，更上的一层是周王和同姓诸侯构成的大家族。其天子和异姓诸侯间，或异姓的诸侯彼此间，则多半有与宗族关系同等的姻戚关系。这整个封建社会的组织大致上可以说是以家族为经，姻戚为纬。

因此这个大社会的命运也就和一个累世同居的大家庭的差不多。设想一个精明强干的始祖，督率着几个少子，在艰苦中协力治产，造成一个富足而亲热的、人人羡慕的家庭。等到这些儿子各自娶妻生子之后，他们对于父母，对于彼此，就难免形迹稍为疏隔。到了第三代，祖孙、叔侄或堂兄弟之间，就会有背后的闲言。家口愈增加，良莠愈不齐。到了第四、第五代，这大家庭的份子间就会有仇怨、有争夺、有倾轧，他们不免拌起嘴，打起架甚至闹起官司来。至迟当春秋的开始，整个帝国里已有与此相类似的情形，充满了这时代的历史的是王室和诸侯间的冲突，诸侯彼此间的冲突，公

---

[1] 在前七世纪末年，畿内原邑的人民已可以"夫谁非王之姻亲"自夸，他处可想而知了。

室和氏室间的冲突，氏室彼此间的冲突。但是亲者不失其为亲，宗族或姻戚间的阋争，总容易调停，总留点余地。例如前705年，周桓王带兵去打郑国，打个大败，并且被射中了肩膊。有人劝郑庄公正好乘胜追上去，庄公不答应，夜间却派一位大员去慰劳桓王，并且探问伤状。又例如前634年，齐君带兵侵入鲁境。鲁君知道不敌，只得派人去犒师，并叫使者预备好一番辞令，希望把齐师说退。齐君见了鲁使，问道：鲁人怕吗？答道：小百姓怕了，但上头的人却不怕。问：你们家里空空的。田野上没一点青草，靠什么不怕？鲁使答道：靠的是先王的命令。跟住他追溯从前鲁国的始祖周公，和齐国的始祖太公怎样的同心协力，辅助成王，成王怎样感谢他们，给他们立过"世世子孙无相害"的盟誓；后来齐桓公怎样复修旧职，纠合诸侯，给他们排解纷争，拯救灾难。最后鲁使作大意如下的陈说："您即位的时候，诸侯都盼望您继续桓公的事业，敝国所以不敢设防，以为难道您继桓公的位才九年，就会改变他的政策吗？这样怎对得住令先君？我们相信您一定不会的，靠着这一点，我们所以不怕。"齐君听了这番话，便命退兵。又例如前554年，晋师侵齐，半路听说齐侯死了，便退还。这种顾念旧情、不为己甚的心理，加上畏惧名分，虽干犯而不敢过度干犯的矛盾心理，使得东迁后三百年间的中国尚不致成为"弱肉强食"的世界。这两种心理是春秋时代之所以异于后来战国时代的地方。不错，在春秋时代灭国在六十以上。但其中大部分是以夷灭夏，和以夏灭夷；诸夏国相灭只占极少数，姬姓国相灭的例尤少。而这少数的例中，晋国做主动的占去大半。再看列国的内部，大夫固然有时逐君弑君，却还要找一个比较合法的继承者来做傀儡。许多国的君主的权柄固然是永远不能恢复地落在强大的氏室，但以非公族的大夫篡夺或僭登君位的事，在前 403 年，晋国的韩、赵、魏三家称侯以前，尚未有所闻。故此我们把这一年作为本时期的下限。

宗族和姻戚的情谊经过了世代愈多，便愈疏淡，君臣上下的名分，最初靠权力造成，权力一去，名分只是纸老虎，必被戳穿，它的窟窿愈多，则威严愈减。光靠亲族的情谊和君臣的名分去维持的组织必不能长久。何况姬周帝国的内外本来就有不受这两种链索拘束的势力。

考　证

本文以《左传》为主要材料。所采事迹，若将其西历年次代入鲁公年次检《左传》即得者。或依其性质，检高士奇的《左传纪事本末》可得者概不注出处。前人整理《左传》之著作，此文参考及者除《左传纪事本末》外有：吕祖谦的《春秋左传类编》（《四部丛刊续编》本），顾栋高的《春秋大事表》，程廷祚的《春秋识小录》（《艺海珠尘》本），沈淑的《春秋经玩》（同上本），姚彦渠的《春秋会要》，陈厚耀的《春秋世族谱》（叶兰补订本），孙曜的《春秋时代之世族》（中华书局版）。

（一）

1. 侯、伯、子等称谓的意义：参傅斯年《论所谓五等爵》，见《中央历史语言研究所集刊》第二本第一分。

2. 诸侯称王：参王国维《古诸侯称王说》，见《观堂别集补遗》。

3. 晏婴为莱夷：见《史记》本传。

4. 氏：《左传·隐八年》："天子建德，因生以赐姓，胙之土而命之氏。诸侯以字为谥（"谥"当为"氏"之讹，依顾炎武《左传杜解补正说》），因以为族，官有世功，则有官族，邑亦如之。"

<h2 style="text-align:center">（二）</h2>

1．"狄臣千室"：出《左传·宣十五年》。

2．"锡余汝车马兵戎，釐仆三百又五十家"：出《齐侯镈钟铭》，见《宣和博古图》卷二二。

3．《逸周书·世俘解》载周克殷时"馘磨亿有十万七百七十有九，俘人三亿万有二百三十"，其言不可信。

4．康王二十五年鬼方之俘：出《小盂鼎铭》，参王国维《鬼方昆夷狁狁考》，见《观堂集林》卷十三。

5．为取俘而伐国：例如晋伯宗、夏阳说侵宋，过卫，欲袭之，曰："虽不可入，多俘而归，有罪不及死。"（《左传·成六年》）

6．"鲁国之法，凡赎臣妾于诸侯，则采金于内府。"见《吕氏春秋》。

7．贵家子孙为奴：《左传·哀二十五年》："卫人翦夏丁氏，以其帑赐彭封弥子。"又，《左传·襄二七年》："（庆氏）遂灭崔氏……而尽俘其家。"又，《左传·昭三年》："（晋贵族）栾、郤、胥、原、狐、续、庆、伯，降在皂隶。"

8．贵家的工奴：《左传·隐五年》："若夫山林川泽之实，器用之资，皂隶之事，官司之守，非君所及也。"又，《师兽鼎铭》："伯龢父若曰，师兽，乃祖考有劳于我家……余命必……嗣（司）我西偏东偏仆、驭、百工、牧、臣、妾……"

9．工官：鲁工正见《左传·昭四年》，宋工正见《左传·襄九年》，齐工正见《左传·庄二二年》，楚工尹见《左传·文十年》，周陶正见《左传·襄二五年》，鲁匠师见《国语·鲁语上》。

10. 奴隶的抵押与买卖：《召鼎》："卖（赎）兹五夫，用百寽。"《左传·昭二九年》："平子每岁贾马，具从者之衣屦，而归公于乾侯。公（鲁昭公）执归马者卖之，乃不归焉"。

11. 百里奚的故事：出《史记·秦本纪》。

（三）

1. 关于公田和私田的文献只有三句话：《诗经·小雅·大田》"雨我公田，遂及我私"；《大戴礼·夏小正》："先服公田。"

2. 关于《克鼎铭》，参王国维《观堂古今文考释》。

3. 民不迁农不移：《左传·昭二六年》。

（四）

1. 洛邑城：《逸周书·作雒解》"乃作大邑于成周于中土。城方千七百（宋本及《太平御览》引作六百）二十丈，郛方七十里（宋本作七十二里，《御览》《艺文类聚》《初学记》《玉海》引并同）"。孙诒让《周书斠补》谓"方七十二里"乃"方二十七里"之讹。"千六二十丈"即九里，二十七里其三倍也。又，《周礼·考工记》"匠人营国方九里"可与此参证。

2. 诸侯大夫的都城：《左传·隐元年》："都城（大夫之都城）过百雉（雉长三丈）国之害也。先王之制，大都不过参（三分）国之一，中五之一，小九之一。"

3. 战国时的城邑：《孟子·公孙丑下》"三里之城，七里之郭"。此处"七"当为"五"之讹，说详焦循《孟子正义》。又，《韩非子·八说》"拔千丈之都，败十万之众"。又，《战国策·周策》"宜阳城方八里"。

4. 吴大城：见《越绝书卷二·吴地传》。

5. 都邑人口：《论语·公冶长》"千室之邑，百乘之家，可使为之宰也"。又，《战国策·赵策》"古者，四海之内，分为万国。城虽大，无过三百丈者；人虽众，无过三千家者。……今千丈之城万家之邑相望也"。

6. 都城的官吏：参顾栋高《春秋大事表·官制表》；又杨筠如《周代官名略考》，见《国立中山大学语言历史学研究所周刊》二集廿期。

7. 市：《左传·庄二八年》，楚师伐郑："众车入自纯门，入逵市，县门不发。"可见逵市距郭门甚近。

8. 城池：《左传·昭二十年》"高城深池"。

9. 县门：参本节注7，又《左传·襄十年》"县门发"（偪阳）；又《左传·襄二十年》"县门发，获九人焉"（郑）。

10. 击柝：《左传·哀七年》"鲁击柝闻于邾"。

11. 城门通过税：《左传·文十一年》"宋公于是以门赏耏班，使食其征，谓之耏门"。

12. 货币：参李剑农《先秦货币考》，见《武汉大学》三卷四号。

13. 罚得三百锊：《师旅鼎铭》，见金省吾《双剑誃吉金文选·上二》。

14. 商人：《国语·晋语八》"绛之富商，韦藩木楗以过于朝……金玉其车，文错其服，能行诸侯之贿，而无寻尺之禄"。又，《左传·昭十六年》"韩宣子有环，其一在郑商……"。郑商与公室的盟誓见此段。

（五）

1. 此节所引《伐柯》一诗见《礼记·坊记》，《诗经·齐风》有一诗与此大同小异。

（六）

1. 武士教育：《礼记·王制》"大司徒教士以车甲，凡执技，论力，适四方，裸股肱，决射御"。又，《礼记·曲礼下》"士无故不彻琴瑟"。

2. 大武：《礼记·乐记》，参王国维《观堂集林》卷二，《周大武乐章考》《说勺舞象舞》；又，傅斯年《周颂说》，见《中央研究院历史语言研究所集刊》第一本第一分。关古代乐舞可参陈文波《中国古代跳舞史》，见《清华学报》二卷一期，民国十四年（1925）六月。

3. 县贲父死事见《礼记·檀弓上》，季路死事见《左传·昭十五年》。

4. 学宫、射庐：《静簋》"王命静司射学宫。小子众服、众小臣、众夷仆学射"。《趞曹鼎》"龔王在周新宫，旦，王射于射卢"。又，《匡卣》"懿王在射庐，作象舞"。

5. "土食田"：见《国语·晋语》。

（七）

1. 山川、日月、星辰之神，又汾及参商之神，见《左传·昭元年》。

2. 后稷的故事：见《诗经·大雅·生民》《史记·周本纪》。

3. 亳社与周社：参傅斯年《周东封与殷遗民》，见《中央研究院历史语言研究所集刊》第四本第三分。

4. 鲁朝廷在两社之间：《左传·闵二年》"间于两社，为公室辅"。

5. 社树：见《论语·八佾》篇。

6. 祭事：《周礼·春官》大宗伯职，"以槱燎祀司中，司命，风师、雨师……以貍沉祭山林川泽"。《左传·昭五年》"杀马毁玉以葬"；又，《左传·昭二四年》"王子朝用成周之宝珪于河"。

7. "尔之许我……"：见《尚书·金縢》。

8. 丹桓刻桷：《国语·鲁语上》"丹桓宫之楹，而刻其桷"。

9. 鲁君如齐观社：见《国语·鲁语上》。

10. 受脤：《国语·晋语五》"受命于庙，受脤于社，甲胄而效死，戎之政也"。又，《左传·成十三年》"戎有受脤"。《左传·定四年》"君以军行，祓社衅鼓"。

11. 社前决狱：见《墨子·明鬼篇》。

12. 鲁隐公与钟巫：见《左传·隐十一年》。

13. 关于宗祝等官可参考顾栋高《春秋大事表·官制表》；杨筠如《周代官名略考》；又，《国语·楚语下》"观射文论巫觋宗祝"一段。

14. 太史柳庄：见《礼记·檀弓下》。

15. 祝宗等的食田：《左传·庄十九年》周惠王夺祝跪田；又，《闵二年》，公傅夺卜齮田。

16. 史官和史佚之志：参孙曜《春秋时代之世族》第五章。

（八）

1. 管仲夺伯氏邑：见《论语·宪问》。

2. 关于先秦的郡县可参考赵翼《陔余丛考》卷十六"郡县"条，又顾栋高《春秋大事表·都邑表》。

3. 公食贡：见《国语·晋语》。

4. 贰宗：《左传·桓二年》"天子建国，诸侯立家，卿置侧室，大夫有贰宗"。又，《左传·文十二年》"赵有侧室曰穿"。

5. 氏室官吏：《左传·成十七年》"施氏卜宰，匡句须吉。施氏之宰，有百室之邑。与匡句须邑，使为宰，以让鲍国而致邑焉"。同书《襄二七年》"其（晋卿范武子）祝史陈信于鬼神，无愧辞"；《昭二五年》，叔孙"昭子（鲁大夫）齐于其寝，使祝宗祈死"。又，据《国语·晋语九》，赵氏有"史黯"。关于其他氏室官吏，参顾栋高《春秋官制表》，又程廷祚《春秋识小录》中的《春秋职官考》。关于家臣的特殊道德意识，参《春秋时代之世族》第三章第一节。

6. 列国兵力：《左传·昭五年》，晋"十家九县，长毂九百，其余四十县，遗守四千"。又《左传·昭十三年》，晋"治兵于邾南，其车四千乘"。又《左传·昭十二年》，楚灵王言"今我大城陈、蔡、不羹，赋皆千乘"。又《左传·昭八年》，鲁"大蒐于红……革车千乘"。

7. 郤至家半三军：见《国语·晋语》。

8. 季氏之甲七千：见《左传·哀十一年》。

（九）

1. 关于氏室之整族的活动，参《春秋时代之世族》第三章第二节。可补充此节之材料有《左传·成十六年》，鄢陵之战，栾、范以其族夹晋君行；又，《班簋铭》（郭沫若《两周金文辞·大学》页十八）"遣令曰'以乃族从父征'"；又，《明公簋铭》"王令明公遣三族伐东国"（同上页9）。又在《左传·庄十二年》，萧叔大心及戴、武、宣、穆、庄之族以曹师伐南宫长万；又《左传·庄十八年》，楚君杀阎敖，其族为乱。

2. 晋士匄侵齐，闻丧而还：见《春秋·襄十九年》经文。

（原载《清华学报》第 10 卷第 4 期，1935 年 10 月）

《春秋》"初税亩"释义

我们检查周代田制史的原料，第一应当注意的是《春秋》经文中宣公十五年（前594年）"初税亩"的记录和哀公十二年（前483年）"用田赋"的记录。先说前者。

《公羊》把"初税亩"解作最初"履亩而税"，《穀梁》略同。我看这是对的。《管子·大匡篇》也记齐桓公践位十九年（前667年）"案田而税"，可见齐、鲁先后做同样的改革。用现代的话来说，就是把土地丈量清楚，案照亩数的比例来征税。于此我们可以推测以下数点：

（一）在这改革实行以前，齐、鲁的田税显然不是以亩数为比例的。

（二）在那以统治者的利益为中心的封建社会里，这很麻烦的改革，若于统治者无利，换句话说，若不能增加税收，当不会被他们实行的。从最富于儒家道德意识的《左传》作者对这改革的讥弹"初税亩，非礼也"，可知它当不是有利于民的。

（三）为什么改行按亩抽税能增加田税的收入呢？我们可以设想，原先的田税是以农户为单位的，而且各户的税额约略相等，因为原先各户所耕的亩数约略相等，但此时因为荒地逐渐垦辟（此时还没有田土的买卖），有些农户的田土增广了好些，若案亩抽，有些农夫应当多纳好些税。

（四）我们更可以设想，周人最初来到东方的新殖民地里，把田土占为己有，把原有农夫役为农奴（也许他们原来也是农奴），为着劳工的经济，分配给各户农奴耕种的亩数，不能相差太大，总以适足尽其耕种的能力为度。"一夫授田百亩"的理想，当距事实不远（周以三千六百方尺为一亩，今以六千方尺为一亩。又据刘复《莽量》校算，周尺当今尺之 0.721 52，则周百亩约当今 31.2 亩）。因为各户的领田略等，对它们的"粟米之征、布缕之征和力役之征"，可以略同，而无须以田亩为赋税的单位。

再看哀公十二年"用田赋"的记录，这与宣公十五年的"初税亩"是在同一背景，具同一作用的改革。古代赋与税有别，"税以足食，赋以足兵"（《汉书·刑法志》）。税是地租，赋是军役。原初赋的性质大约是若干户战时出车马若干、士卒若干。"用田赋"就是"履亩而赋"，或"案田而赋"，以田的单位代替户的单位。"税亩"是要增加税收，"用田赋"是要增加赋出。我们将此二事比并观之，越觉得上文的推测之不可易。

（原载《大公报·史地周刊》第 42 期，1935 年 7 月 5 日）

《孟子》所述古田制释义

（一）

《孟子》"滕文公问为国"一章中论述田制的一段，语甚迷离，与书中滂沛的辞令殊不类，疑有夺句错简。近考周代封建社会史，越读此章越发生问题。

第一，是段开首说："夏后氏五十而贡，殷人七十而助，周人百亩而彻。"不管"贡""助""彻"的意义如何，这里明说周人的田制是"彻"而非"助"，但不一会却说："《诗》云'雨我公田，遂及我私'，唯'助'为有公田。由此观之，虽周亦'助'也。"这又明说周人的田制是"助"而不是"彻"（彻不能有公田）。于此我们有两个可能的说法：甲、孟子头脑糊涂，在几行之内自相矛盾；乙、孟子本意以为周代曾同时并行"彻"制和"助"制，或曾先行"助"制，继改"彻"制，却没有把话说清楚。这两个设想都不好接受。头一个设想和孟子的智力不类。至于第二个设想，孟子既然没把话说清楚，我们怎好判断他的原意？而且孟子是这样不会说话的人么？

解释这个困难的钥乃在本章中"请野九一而助"的话和另一章（《孟子·梁惠王下》第五章）中"昔者文王之治岐也，耕者九一……"的话。显然所谓"虽周亦助"是指克殷以前的周，文王治岐时的周；而"周人百亩而彻"承殷人而言，则指克殷以后的周。如此则本段文义毫无格扞矣。

此文之解释若对，则近人以为孟子认为"九一而助"的井田法是周代的制度，而引经据传去反驳他的，简直是无的放矢；而另一方面，用孟子这段话去证明周代实行过井田法的更是谬中之大谬了。

第二，本段中"卿以下必有圭田，圭田五十亩，余夫二十五亩"的规定，与下文所述"方里而井，井九百亩，其中为公田，百家各私百亩，同养公田"的制度有什么关系？如没关系，它在本段所描写的田制中的地位是怎样？后世读此段的人，自韩婴、何休以下，多不得其解，误认此"请野九一而助……"以下一节为叙述史事，并且误把"余夫"混入井田制里去。韩婴认为："古者八家而井田……八家为邻，家得百亩，余夫各得二十五亩。"何休认为："圣人制井田之法而□分之，一夫一妇授田百亩，以养父母妻子。五口为一家……多于五口名曰余夫，余夫以率授田二十五亩。"其实，"请野九一而助……"只是提出一种办法，而不是陈述历史（虽然所提出的办法被认为有历史的根据）。"请"之云者，正明此意。孟子此处所提出的是"彻"与"助"的混合制，故曰"请野九一而助，国中什一使自赋"。"什一使自赋"即是"彻"制。"国中"是指国都附近的地方，"野"是指边鄙的地方。"彻"与"助"各是孟子所认为历史事实的，但它们的结合却是孟子的创议。下文叙井田制的一节是承"野九一而助"言，而解释之。故叙述完了，跟着说"所以别野人"也。中间关于"圭田""余夫"的规定，则是承

"国中什一使自赋"言而解释之。否则何以"野九一而助"的办法有了下文，而"国中什一使自赋"的办法却没有下文？依说话的层次，叙"圭田""余夫"的一节应在叙井田的一节之后，今本殆有错简，又脱去若干字，遂不可解。但无论如何，"余夫"的规定决不能混入"一夫一妇受田百亩"的井田制里去。孟子明云："百亩之田勿夺其时，八口之家，可以无饥矣。"（《孟子·梁惠王下》第七章）就平均言，八口尽可包括一家的老幼，而安用更有"余夫"？而安得更有"多于五口"的"余夫"？兹将上面所涉及今本《孟子》一段的原文和现在所拟的订正并列于后，以供参考。

原文：

请野九一而助，国中什一使自赋。

卿以下必有圭田，圭田五十亩；余夫二十五亩。死徙无出乡，乡田同井，出入相友，守望相助，疾病相扶持，则百姓亲睦。方里而井，井九百亩，其中为公田。八家皆私百亩，同养公田；公事毕，然后敢治私事，所以别野人也。若夫润泽之，则在君与子矣。

拟正：

请野九一而助，国中什一使自赋。

方里而井，井九百亩，其中为公田。百家皆私百亩，同养公田；公事毕，然后敢治私事，所以别野人也。（中缺）卿以下必有圭田，圭田五十亩，余夫二十五亩。死徙无出乡，乡田同井；出入相友，守望相助，疾病相扶持，则百姓亲睦。若夫润泽之，则在君与子矣。

没有本子的依据而颠倒古文，宜与程朱之擅改《大学》同讥，但我相信知言的人当不以此为诎的。

（二）

明乎所谓"什一使自赋"是述"彻"制，则孟子所谓"贡""助"和"彻"的意义更无罣碍。兹略为疏释如下：

1. "贡"的意义本无问题。孟子引龙子的话道："贡者，校数岁之中以为常。乐岁，粒米狼戾，多取之而不为虐，则寡取之；凶年，粪其田而不足，则必取盈焉。"用现在的话来说就是这样：于每一区（分区的单位不可知），农田几年间的收成，求得一年的收成的平均数，然后于这平均数中取百分之若干（依下文"其实皆什一也"的话，则是取百分之十），以为每年的税额，不管各年实际的收成多少。因此丰年则嫌征收的太少，歉岁则嫌征收的太多。

2. "彻"制就是要补救"乐岁寡取，凶年取盈"的弊病的。以前解经的人因《论语》有"二，吾犹不足，如之何其彻"的话，因以为"彻"制的要素在于什一而税。但依孟子所说，"贡""彻""助"皆可以"什一"，则此点绝非"彻"制的要素可知。在"什一使自赋"的一句里，我们要特别注意"使自赋"三字。这就是说，让农夫每年于实际的收成中，取其十分之一以供税，而不是由公家规定年年一律的税额，如"贡"的办法。孟子所谓"周人百亩而彻"，是说周人行一夫授田百亩制而用"彻"法征税。孟子所提议在"国中"实行的是一夫授田五十亩，其家中的余夫二十五亩，而用彻法征税。

3."助"的意义，我们若不把"圭田""余夫"的一节羼入，也无甚问题。如孟子所说，"助"制的要素是有所谓公田和私田的分别。至于公田和私田的比率却没有一定。公田和私田的分配也不必成"井"字式。井田制只是助制的一种，助制不一定即是井田制。孟子所提倡而认为周文王曾实行过的是"九一而助"，他认为殷人所实行的是"七十而助"，比率显然不同。"七十"大约是说一夫授田七十亩，但若干人合耕若干公田则没有提到。

上面只释《孟子》所述和所提出的田制的意义，至于他所述与历史事实符合与否，另是一问题。

（原载《大公报·史地周刊》第 42 期，1935 年 7 月 5 日）

中国古铜镜杂记

Oscar Karlbeck 著

中国之用铜镜至迟当在周代。惟此期之器，今不可见。《博古图录》及《金石索》中著录铜镜甚多，然无一属于汉以前者。哥伯氏（Koop）在其近著《中国古铜器》（*Ancient Chinese bronzes*）中亦云"在现存众器镜中（中国各家金石目录中所著录者亦然），就其纹饰观之，无一可断为汉以前者"。

以下附图所示诸器，其时代当较早，或在秦汉之前亦未可知。诸器出淮河流域，楚之故墟也。是处多出精致小铜器，其花纹形式，似为他处所罕用者。此地之匠工制花纹之法有三。不幸予仅能显示其一于此，余但简单论及而已。

其第一法，将花饰用小槽隔开，小槽由二薄壁，垂直于器面者构成。小槽及其所围绕之面积，镶以有颜色之矿质。

其第二法，乃以几何图案刻入镜面，其刻法极精细。或刻成浮凸之兽形，与镜体为一，或为兽形之片断，附于镜上。

其第三法，为浮凸之图饰，掩盖全镜面。凡作最普通之"母题"（即为螺纹 spiral 之花样者），尤多用此法。此种螺纹有若鸷鸟，向内作回旋之纹，常为浮凸，像鸟之目，其外则像鸟之喙。吾尝见淮水流域所出镜上，鸟首全部浮凸，与螺纹极相肖，使予颇信后者乃由鸟首进化而成。其喙恒广而短，例以浅凸之几何图样充其中。螺纹中亦间或发现他种"母题"，此无关重要，惟藉作变换以破除单调而已。亦有鬃以漆，作墨色或棕色者。其他或有金箔之遗痕。至少有两种方法为同时代者，观其中一器同用此两种方法而可证。

予在淮河流域所发现诸物，有兵器或兵器之部分，有鞍饰、车饰、家具、衣饰及明器。大多数似成为一种属而代表一地域之文化。

此等装饰款样发生于何时何地，吾人不得而知。惟诸铜器出土地之历史可助吾人断定诸器之时代。

此地在一世纪内曾两度为国都。第一次，纪元前248年楚考烈王迁都于其地。二十年后楚灭于秦，此地失其显要之位置。然隐晦不久，至纪元前197年淮南王英布以其地为国都，其后百年不改。上举诸物至少有一部分可假定其属于此二时代。换言之，彼等装饰"母题"当与楚国同时。如上文所指出，其中一种款样，即螺纹之形式，为他地所罕用或不见用，吾人似有理由可将周代艺术再加一地理的区分。其一支派吾人似有地理上及历史上之根据，名之曰楚之艺术，其最普通之"母题"，即浮凸之螺纹，可称为楚之"母题"。以下当考察楚艺术对于汉艺术之影响。

以下之图例大多数采自淮河出土之镜。镜皆甚薄，有若干竟可谓为其薄如纸者。镜纽在中央，所以穿绳，而便持取，纽为半圆柱形，有槽，与汉镜纽绝不相类，后者恒为半球形。图一、二当为楚物。余则或较后。

予所见淮河流域最古之镜皆极质朴，故不影印于此，镜极薄，稍凸，其朴也，甚且并圆边亦无之。纽为半圆柱形，有槽，其时代或在纪元前三世纪。

图一所示之镜，当为有图饰诸镜中之最古者。是有数故。吾人若以放大镜察之，则发现许多相交成直角之直线，除中央镶饰之部分外，诸线构成许多长方形，更有可注意者，其中有二直线若引伸之，则通过中心。其他有与边密接者。其余惟有 V 形之角可见。此与所谓"TLV 镜"之起源有关，下文当论及之。图案中每一残刖之长方形皆图饰以楚国式之螺纹，浮凸颇高，遮盖全面积。此乃楚国款样之主要特色。吾以此镜为楚物者，此其理由之一也。

图一

试将任何二长方形比较，便知其一为它一之正确的复现。苟非有印范，不能为此。明乎此，则工人制模之步骤可以历历追寻矣。彼为楚人，自然选用螺纹以为饰样。彼将此样刻成，或捏成一印（或以黏土为之），乃以此印压于范上，印出多数同样之图形，至遮盖一足用之面积乃已。自始至终，印不反侧，惟常保持同样之位置，印痕须深，故其相叠之部分消去，此印痕现于镜面则为颇浮之浮凸图饰。此时所余未藏事者为镜纽，若以一纽形之印，压入范中，必损及已印成之图案。为欲免此，于中央留一圆块，而印纽形于其中。如有坼裂易于平泯。是以镜缘之广环（为一切有图饰之镜之特色）及镜心之圆块，皆有其技术上之来源。此可见楚人为创作有图饰之镜者。

印模之用，未尝遮掩不使人知。反之两印纹相接处，因边缘加力，故印痕特深，使成间界之形。

图二所示之镜，其范亦以印制成，其主要图案为楚之螺纹，惟长方形之印痕不显出，而印纹每间一行则反其位置。其目的或欲使连接处隐匿不见。其添多四个 T 形之花纹，或亦因同一目的。四者皆从边缘突出，会于中部，成一正方形。其排列之法，尽力使连接之迹隐晦。

图二

中部之饰工，视前一镜更为精细。益以一星形之装饰，此星形由四圆圈环绕镜纽而成。各圈最外处引伸成尖锐状。此等螺纹中之圆圈在楚国铜器中并不罕见。或谓此乃以承有色彩之石者，亦颇言之成理。许多汉镜中部之花形盖由此星形演出。

边缘亦与第一图所示者异。其广略相等。惟后者之边环由内界倾斜向外。惟此镜之边环向中部倾斜，其廓线为洼形。此种边缘之盛行于淮河流域，盖不过在一短时期内，它地所出汉镜不恒见此，惟明以后之镜则恒见之。

吾人今可进而论别一种镜，视前更为进步者。此即图三所示，连接之痕迹，表示曾用长方之印模者，不见于此。故吾人可得一结论：制此镜时，不复应用原始之方法。

图三

此乃一类铜镜之初期的代表，此类极盛行于汉代，哥伯氏所称为"TVL 类"者是也（因其由中部及边缘突出之"字母形"而名之）。所有"字母形"皆显露。又，吾人若以其 V 形与图一之 V 状角隅相比较，便知其形状及大小之相同。有可注意者，构成 V 形之腹，与 T 形之横画成一直线。此等事实，综合观之，使人深信 TVL 之图案乃由图一所示之图案滋乳而出，欲于此图案中得 TV 之形，但将其"间界线"之某某等部分略去，便足。此不能解释 L 形之存在，惟 L 形亦由连接之痕迹改成者。此镜中之方形"间界线"与图二之相类似，或为偶然，然亦有"后者暗示前者"之可能。

环"间界线"及"字母形"之图饰（及恒见非 TLV 镜所特有之图饰）乃由简单或复合之螺纹构成。

此镜之一半，其图饰极明晰。它半则漫漶仅可省辨，此不由于土中之化蚀而由于范铸时之情形，似有一种纤维的物体偶落范上损

其一部分，遂致镜有模糊之处。因此镜新出范时即有缺点，不似由
远处输入之物，故吾人可假定其制造乃在出土之地，即淮河流域。
是故吾人有充足之理由以定其为楚艺术之苗裔，其时代之不能后于
楚国，则"间界"上之铭文（有一部分可辨）可证。余以此镜之拓
本示丁文江博士，彼以转示著名之考古学家罗振玉，据其言以复
余，谓铭词为汉代通行之格言；彼又告余，罗先生曾在陕西见有同
样装饰之镜。此乃极有兴趣之事，以其表示此种式样之见用，不限
于淮河流域也。

　　第一与第三种镜之间，必经过若干过渡之限级，又或末一种图
案通行于别处，惟构成此种图案之各部分则源于楚。

　　此镜碎为数片，乃白铜造成，视前镜稍后，其时代或在汉初。

图四　　　　　　　　　　图五

　　图四、图五亦为淮河流域出土之镜，极薄。其主要之图饰为四
S状之曲线。此乃合引长之楚国式螺纹二而成，其一镜曲线完全浮
凸，其边界稍凹陷。别一镜则仅刻其轮廓，因此等曲线不能遮盖全
面积，故在其范围内加刻小槽。图五所示之镜中更益以独立之
"眼"四，将曲线分隔，图案构成一星形。此种式样，依吾之经验
断之，不属于楚艺术。

同类之星形亦见于图六，此为薄镜之另一例，在此镜上，主要
"母题"由云形之螺纹构成，而星形则位于中心与外廓之间，此星
形为图案之一部分。惟在图四及图五星形仅为图案之"间架"，似
星形占更中心二位置者为较早。

图六

图七表示一后起之 S 曲线式。此镜不出于淮河流域，视前为
粗，边缘极广，其纽为半球体。惟其图饰与图四、图五绝相类，则
其渊源所自无复可疑，其曲线仅刻轮廓，与其所从出之原本同。惟
广（就其与长之比例而论）度较增，匀称亦稍有亏，其回曲处有此
长于彼者。新附加者有若干带形之饰，又有类树叶形及鸟形之图饰
散布。惟图四、图五中之两"眼"使吾人可溯 S 曲线之渊源者，此
处无之。独立之四"眼"依然存在，且加圈围更足引人注意。小槽
之刻，仅限于两处独立之狭小区域。

图七

依现存之例证断之，此式之镜必通行于汉代，且流播于极广之区域，此种装饰款样（宽广之S曲线，仅刻出轮廓，附有带形之饰，并绕之较小之曲线者）之用不限于镜。与此极相类之图样见于洛佛氏（Laufer）《中国汉代陶器》书中第十一版第二图，图中所示为储谷之缸。

汉代最通行之兽形图式，其源于S曲线，则试比较图七与图八而可知。曲线发展成鸟二，及四足兽二，惟尚保存S之形。将诸形界分之式样，仍见依从。其边缘之齿形则或从上论之星形进化而成。

图八

最后，在图九，吾人可见自第一镜以来相连之索练之最后一环，此为TLV式之劣者，惟此示吾人以其构造之大意，方架环其中心，"字母形"自方架及边缘突出，动物形则占方架与边缘之间之区域，依夏德氏（Hirth）《中国艺术所受外国影响》（*Ueber Fremde Einflusse in der chinesische Kunst*）中所言，此式或起源于公元前一二世纪。

图九

虽或有许多过渡之连环今已失去，然吾以为已有充分数目之式样，足示人以古镜进化之各阶级，艺术界为何发生剧变。此问题二世纪末之历史可解答之。

图五及图七中所示之几何画图式之转变而为兽形，似不见于淮河流域。惟此转变，曾受此地域影响甚大。在此地所发现之器，有若干种，表示此未曾发生一完全与前不同之款式。

图十即其一例。其边缘不幸已有毁损，惟其余尚完整，图饰晰然可辨。其"母题"重复三次，全包含有兽形之断片及山景。其张口并有长须之兽头，似代表虎。其余之兽身只具前足二，各有一颇长之爪。兽形之后为峰峦之形，掩以斜方形之云。其余面积，包括中部，充以复合之螺纹，属于图三所示之式者。其背景有微小之线纹惟不见于图中。

图十

同样画法之山纹为一类最重要之香炉（或以铜或玉或陶为之）之装饰。即所谓博山炉是也。路佛氏所著《玉器》及《汉代中国古陶器》中有此类器皿之图若干。据彼之意，乃起源于汉武帝（前141—前87年）时者。上论及之镜当即在此时。或不能更早。

　　图十一所示为另一镜，其母题略与前同。兽头纽转在肩上。张开之口有二巨牙；只见二腿，各有长爪，兽身之其余部分变为螺纹；亦有长方形之纹，惟不复为云之象征。此兽与周代祭器上之饕餮颇有相类之处。似制此图案之人，心目中有彼古样在也。背景充以同心之圆圈，围以斜方形，质为白铜。

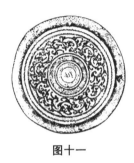

图十一

　　在图十二，吾人复见两足之似龙动物，张口而面有须，惟此处之图案重复四次且诸兽不相交结，惟间以他形，似黍之穗。此乃以楚之螺纹构成，其背景与前镜相类。

图十二

　　图十三、图十四亦示淮河流域之镜，其图案亦由上所论及诸式演出者，皆具槽纹之纽，皆为薄如纸之铜器。

图十三   图十四

图十五所示之镜在淮河流域出土，作光亮之灰色，为此地所出器之特征。惟其图案则不似楚出，或代表别一区域之文明。背景充以云形之螺纹，列成斜方式，其边界成列粒状。其图案似以长方形之小印，印于范上而成。能此观之，其时代或较早，诸兽形略有差异似经手捏者。似是飞龙形之初期的图象。

图十五

（原载《考古社刊》第 4 期，1936 年 6 月）

纪元后二世纪间我国第一位
大科学家——张衡

讲到科学，我们中国真是"瞠乎其后"了。就物质的科学说，现在我国简直找不出一个创造家。这是何等可耻啊！但是我们只要努力，不要自馁。试拿我们的科学史和西方的科学史一比较，在十三四世纪以前，我国也未尝"独后于人"。倘若现在我们能努力去继续从前的光荣，那么，在过了一千几百年后的我国科学史里，近世所占的几页是毫不相干的。我们努力啊！现在把我们的科学史钞出几页来和大家看看，或者也可以鼓起我们的勇气去努力。

这里所钞出的几页，是讲我国第一位科学家在科学上的贡献。我还要先声明：我介绍这位科学家，是用"传"的体裁。因为要使读者了解他"整个的人"，所以对于他生平的行历，虽然和科学没有关系，也要说说。

（一）

我国的第一位大科学家是谁？曰：张衡。

张衡别字平子，后汉南阳西鄂人，即现在河南石桥镇。生于章帝建初三年（公元 78 年）。他的家族是当时累代著名的大姓。他的祖父张堪曾做过蜀郡的太守。

他性情很谦虚、淡静；虽聪明绝世而没有骄尚的态度，但也不喜欢和俗人交接。他生平"不患位之不尊，而患德之不崇；不耻禄之不夥，而耻智之不博"（《应问》中自述语）。

因为如此，所以从前中国一般读书人的做官热，他简直没有。永元（公元85—105年）间，当地的官吏举他为孝廉，他不行。公府里征聘他，他也不就。当时有一位炙手可热的大将军邓骘仰慕他的才名，屡次召他，他也没有答应。后来安帝闻他的名，拜为郎中——一位近侍的官吏，品秩和前清的侍郎差不多。再迁为太史令，是一个掌理史事和历法的职任。因为他无意做官，所以好几年都没有升官。后来离了太史令职，改尚书郎。到顺帝即位，又为太史令。这时候也许有些人笑他本事不好，不会高升。所以他做了一篇《应问》来表明他的意志。我们从这篇文章里，可以看出他的人格。没多久，他又迁为侍中，和皇帝很亲近。当时政权完全在太监手里，他于是上疏请"勿令刑德八柄，不由天子"。他在皇帝跟前，也常时讽刺左右的人物。有一天，皇帝问他："天下所痛恨的是什么人？"在旁的太监们怕他说自己坏话，鼓起眼睛盯住他。他只得含糊应答而出。那群太监到底怕他为后患，于是时时在皇帝面前说他长短。后来他外放做河间相，政绩极好。做了三年，他上书告老求归，征拜为尚书。这便是他在政界的履历。

他本来是一位文学家。自少便有文学天才。他做《两京赋》，"精思傅会，十年乃成"。一生的精力大半都费在文学上，著有诗、赋、箴、铭、七言、《应问》、《七辩》、《巡诰》、《悬图》等三十二篇，大部分现在还存。我们试把他的《两京赋》《思玄赋》等篇一读，便晓得他在我国文学史上的位置了。

他也研究过经学。少年时在太学——当时的国立大学里念过书，并且"贯五经，通六艺"。曾著过一部《周官训诂》，这部书现在已不存，据他的同时人崔瑗说是"不能有异于诸儒"，也许他对于这种学问未尝有深刻的研究。他又想补孔子《易》说的缺漏，但是后来到底没有做成。

他对于汉代的掌故也很留心。永初中，刘珍和刘騊在东观里司理著作，撰集一部《汉纪》，因为想定汉家礼仪，上疏请使张衡帮助他们。可是没多久这两人竟死了。衡常时叹息，想把它完成。到了做侍中的时候，便上疏请"得专事东观，毕力于纪记"。书上后，皇帝没有答应。他又上书指摘司马迁、班固所记的错失十余事，又陈述他所主张汉史的体例。他所指摘和主张有价值与否，另为一问题，但是可以证明他尝有志于史学了。

（二）

上面所说，还没有半个字表现他在科学史上的位置。我为这位科学家做传，说了一大堆和科学没有关系的话，读者一定觉得讨厌。现在我要归入本题了。

在张衡那时代，像张衡一样对于科学的贡献是很不容易发生的。因为：

1. 当时"图纬五行"之说——科学的大对头盛行，差不多没有一门学问不被它盘踞。

2. 当时政府所提倡，学问界所趋向，全在"古文派"的儒家。一般读书人，个个都向半伪的经典的一家师说里讨生活，永世不会望见师说以外的天日。那些艺成而下的东西，更不必说了。

张衡虽服膺儒家的经典，但是因为他生平"耻智之不博"，所以他对于儒者所以为艺成而下的学问，如天文、历学、数学、机械等都尽力去研究。他对于当时时髦的图纬学极力反对。当他做太史令的时候，尝上疏请"收藏图谶，一禁绝之"；说图谶是"一卷之书，互异数事"的，是"欺世罔俗"的。这件事在我们今日看来本无足奇，但是在他那时候，图纬是帝王所祖述，儒者所争学的。（《后汉书·张衡传》言："光武善谶，及显宗、肃宗，因祖述焉，百中兴之后，儒者争学图纬。"）他竟能发生这大胆的反抗，我们不能不佩服他的勇气。由此可见，他的治学精神和当时的儒者完全是两路的。因为如此，他挨当时人们的痛骂不少，所以他在《应问》里说："尝见谤于鄙儒。"后来还要劳范蔚宗在他的传里替他辩护，说他不是一个"艺成而下"的人！

他在科学上的贡献是什么呢？下面要分开来说。在分述之前，请先说说他关于科学的遗著。

1.《灵宪》一卷，《灵宪图》一卷。《灵宪》是他的天文学著作。《灵宪图》是一部天文图。这两部书《隋书·经籍志》都有记载，到《唐书·经籍志》，《灵宪》便亡了。过了宋代，《灵宪图》也亡了。《灵宪》一书，后人从类书和引用他的书里辑出首尾相续的还有一千五百多字。最初辑录的是张溥《汉魏六朝百三名家集》里的《张河间集》所载，所辑约千三百多字，但未注明出自何书。后来严可均（清嘉庆间人）的《全后汉文》里辑出约千五百多字，并注明所根据的书是：《续汉书·天文志》《开元占经》《左传序正义》《〈史记·天官书〉正义》《隋书·天文志》《北堂书钞》《艺文类聚》

《初学记》《太平御览》《广韵》。

荫按：尚有唐李淳风《乙巳占》所引。据我所考，这部书曾被人窜乱，现存辑本还有伪文。例如《后汉书·张衡传》李贤注引《灵宪》文作"昔在先王……先准之于浑体，是为正仪，故《灵宪》作与"。《乙巳占·天象篇》所引（《开元占经》同），却作"昔在先王……先准之于浑体。是焉正仪立度。而皇建有迫极也，枢运有攸稽也；乃建乃稽，斯经天常。圣人无心，因兹以生心。故《灵宪》作兴"。"正仪"以下，羼凡三十一字。若说是李贤节录原文，那么，原文若如《乙巳占》所引作："……正仪立度，而……"稍通文义的人，都知道原文至"立度"才是一句。曾做《后汉书》注的李贤，断不至这样不通，把"正仪"截作一节，而削去下文。况且羼入的话和上文完全不相衔接，这更是极明显的事实。又如张衡是主张"浑天说"的，所以作浑天仪。他的"浑天说"是"……地如鸡子中黄孤居天内……载水而浮……"而《乙巳占》所引《灵宪》文，却说："用重勾股，悬天之景，薄地之仪，皆移千里，而差一寸，得之，过此以往者，未之或知也。未之知者，宇宙之谓也。宇之表无极，宙之端无穷。"地既"如鸡子中黄……载水而浮"，何以又会说"未知或知""无穷"呢？这岂不是与"浑天说"相矛盾吗？（这也是妄人窜乱的证据。）但是其中张衡独到的发明，绝不是妄人所能假造的。

2.《浑天仪》一卷。这部书是他的浑天仪器的说明书。隋、唐《志》都有著录，到宋便亡了，现在也有辑本（以《全后汉文》所辑为最好，总书辑出有一千三百多字）。书中附带说及他的天文学不少，现在辑本还有片段的遗留。

3.《算罔书》一卷。李贤本传注说是:"网络天地而算之。"这书《隋志》尚存,《唐志》便亡了,现在无只字可考。刘徽的《九章注》尝引张衡的算法,未审是否根据此书。

我们根据这些残阙的遗著和《后汉书》里头的《张衡传》《律历志》以及《晋书》《隋书》的《天文志》中关于张衡的记载,和《九章注》所引张衡的算法,大略还可以考见张衡在科学上的贡献如下。

(三)

1. 张衡的天体说及天象的新解释

张衡是主张"浑天说"的。浑天说创于汉武帝时之落下闳。〔扬子《法言》里载:"或问浑天,曰:落下闳营之,鲜于妄人度之,耿中丞象之。"扬子云去落下闳未久,又是浑天学家(《隋书·天文志》:"扬子云难盖天八事,以通浑天。"),其说如此。不料在扬子云后几百年的人却会说颛帝尧帝的时候,不独有了浑天的学说,并且有了浑天的仪器。(《春秋文耀钩》说:"唐尧即位,羲和立浑仪。"《隋书·天文志》载晋传中刘智说:"颛顼造浑仪。")我们真正佩服他们制造历史的能力!又《舜典》:"璿玑玉衡,以齐七政。"孔安国的《传》说璿玑玉衡即汉代之浑天仪。后来的注释家附会得更厉害,连玉衡的尺寸都说得出。按:璿玑玉衡乃星名,并不是天文仪器。这事清代学者雷学淇考证得很详确,说详《介庵经说》(《畿辅丛书》有刻本)。〕可惜落下闳的学说,现在没有半个字可考。张衡说天体道:

浑天如鸡子。天体圆如弹丸,地如鸡子中黄,孤居于内,

> 天大而地小。天表里有水，天之包地，犹壳之裹黄。天地各乘气而立，载水而浮。周天三百六十五度又四分度之一，又中分之，则半一百八十二度八分度之五覆地上，半绕地下。(《浑天仪注》)

这种解说，拿现在的眼光来看，浅薄极了。但是比之他以前的天体说，其进步真不可以道里计了！他说地如鸡子中黄是打破从前"天圆地方"的谬说。他说地"孤居于天内""乘气而立"是打破从前"天柱地维"的谬说。又他以为天是半覆地上，半绕地下，越发和近代的科学解释有点接近了。最奇者：他说地是"载水而浮"，和希腊的泰勒斯（Thales）竟不约而同。（参看 W. T. Sedgwick and H. W. Tyler 的 *A Short History of Science*，p. 45）他说"地如鸡子中黄"，和希腊 Milesian 说地在天之中心也有点相似（参看同书）。

他解释月所以有光和圆缺的原故说：

> 夫日譬犹火，月譬犹水；火则外光，水则含景。故月光生于日之所照，魄（谓月亏也）生于日之所蔽；当日则光盈，就（此字疑有误）日则光尽也。(《灵宪》)

又以为星之所以有光，也是这个道理。但是星的光是由月转给他的。所以说：

> 众星被耀，因水转光。(《灵宪》)

星和月的光，既是由于日之直接的或间接的所照，为什么有的时候他们正"当日之冲"却会没有光——即是交蚀呢？他解释这点，说是因为"蔽于地"，所以说：

> 当日之冲，光常不合者，蔽于地也。是为暗虚，在星星微，月过则蚀。（《灵宪》）

他在二千年前解释月光、月的圆缺和交蚀等现象，和近代科学的解释竟不爽毫厘。这不独是张衡在科学史上的荣耀，也是我国在文化史上的荣耀呵！虽是月假日光的道理，在张衡以前的泰勒斯也尝说过（参看 *A Short History of Science*，p. 44），但张衡对于月盈缺和交蚀的解释，实非泰勒斯所能梦见。

2. 历学及浑天仪

张衡做过两任太史令，历学是他的职掌。他曾和当时的历家辩论过（《后汉书·律历志》："安帝延光二年，中谒者亶诵言当用甲寅元，河南梁丰言当复用《太初》。尚书郎张衡、周兴皆能历，数难诵、丰，或不对，或言失误。"）并"参案仪注，考往校今，以为《九道法》最密"（用《后汉书·律历志》语）。《九道法》，后汉之初已有之，并不是他所创（《后汉书·律历志》云："史官旧有《九道术》，废而不修。熹平中，故治历郎梁国宗整上《九道术》，诏书下太史，以参旧术，相应。部太子舍人冯恂课校。恂复作《九道术》。"）。他又指摘刘歆三统历的差谬，说：

> 向子歆欲以合《春秋》，横断年数，损夏益周。考之表纪，

差谬数百。两历相课，六千一百五十六岁，而《太初》多一日。冬至日直斗，而云在牵牛。迂阔不可复用。(《后汉书·律历志》载张衡历议)

按：冬至日在斗，不在牵牛，此说东汉之初已发现（《后汉书·律历志》云："元和二年，《太初》失天益远，日、月宿度相觉浸多。而候者皆知冬至之日日在斗二十一度，未至牵牛五度。"），也不是他的创说。他的历学，大半祖述前人，没有什么发明。他在我国历象界的功劳完全在浑天仪的创造。

浑天仪是一件什么东西呢?《晋书·天文志》说：

张衡又置浑象，具内外规、南北极、黄赤道，列二十四气、二十八宿中外星官及日月五纬，以漏水转之于殿上室内，星中出没与天相应。因其阙（疑关字之讹）戾，又转瑞轮蓂荚于阶下，随月盈虚，依历开落。

《隋书·天文志》说：

……以四分为一度，周天一丈四尺六寸一分。亦于密室中以漏水转之。令司之者，闭户而唱之，以告灵台之观天者。璿玑所加，某星始见，某星已中，某星今没，皆如合符。

这件仪器是用铜制的。他在铸造之先，曾用竹片铖等物做了一个小模型，名为"小浑"。他制造这模型的方法，现在辑本的《浑天仪》还有详明的记载。我们还可以依他的方法重造一个。海内的仪器制造家何不试试？

3. 候风地动仪及其他机械之制造

张衡极精于机械之制造。他的浑天仪固然是他的天文学和历学的结晶，也是他机械精巧的表现。此外他的机械制造还不止此。

阳嘉元年（公元132年）张衡造了一个测验地震的仪器，名"候风地动仪"，用精铜铸成。圆径八尺，上面有突起的盖，形状很像一个酒尊。上刻篆文、山龟、鸟兽等形状来做装饰。中间有一条主要的柱。旁边有八处，可以施放机关。外面有八条龙，每龙口里含着一颗铜丸，下面有蟾蜍张口来接。机器隐在尊的里头，覆盖得很周密，没有一些罅漏。如有地震，尊便受振动，龙内的机关发动，把铜丸吐出，落在下面蟾蜍的口里。铜丸落下的时候发生很大的声响，伺候的人便可晓得。地震时，只有一条龙的机关发放，其余的一些都不动。寻那条龙所指的方向，便晓得地震所在。经过事实的证明，是很应验的。有一天，其中一条龙的机关发动了，却没有觉得地震。于是京师的学者都怪他靠不住。过了几天，驿站里的消息传到来，果然是陇西地震。众人才服他的神妙。

这件仪器的确是科学界的一大创作。可惜他的内容和他所根据的原理现在都不可考了。

他又曾制造过一架三轮自转的机器，正史里虽然没有记载，但他在《应问》里曾说：

叁轮可使自转。

《本传》李贤注引《傅子》曰：

张衡能令三轮自转。

可惜这件机器现在也失传了。

他又尝制造一个土圭——测日影的仪器〔《义熙起居注》载："十四年（东晋安帝义熙十四年）相国表曰：'间者平长安获张衡所作浑仪、土圭。'"以上据《玉海》引〕，但是正史也没有记载。此外，他制造的仪器，正史里没有记载的一定不少。可惜现在已无可考了。

4. 张衡的圆周率

刘徽《九章注·少广》开立圆术（已知球体积求球直径）里尝引张衡的方法。我们从这个方法里，可以推知他所发明的圆周率是 $\pi = \sqrt{10}$（参看《科学杂志》，茅以升著《中国圆周率史》），这率虽然比现在的密率过大，但人算很易。又《开元占经》里载张衡的圆周率是 $\pi = \dfrac{92}{29}$（据张俨《中国数学源流考略》，《北京大学月刊》第一卷第四期）。这率比密率更大些，或者他的圆周率是从 $\pi = \dfrac{92}{29}$ 改为 $\pi = \sqrt{10}$，也未可定。但是他怎么样得到这个结果，现在也不可考了。

$\pi = \sqrt{10}$ 的圆周率，印度波罗笈多（Brahmagupta，589—?）

在他的著作 *Brahma-sphuta-siddhanta*（著在公元 598 年，参看《中国数学源流考略》及 F. Cajori's *A History of Mathematic*，p. 94）里也有记载。后二百年，阿拉伯的算书也用他（据《中国数学源流考略》），但是张衡还比他先五百年至七百年。

(四)

从上面所述看来，张衡在科学上的贡献，真正不少。他不独是我国科学上的第一个人物，他在世界科学史也有不朽的位置。可惜他的学业几千年来竟没有人继续下去，也没有产生什么影响。并且连他苦心孤诣的发明，也和他的生命一齐死灭。这不独是我国文化的损失，也是世界文化的损失啊！

(五)

现在再将他生平的事实做一个简略的年谱，如下：

张衡年谱简略

帝　　号	西元	岁	事　　　实
章帝建初三年	七八		张衡生
章帝（?）年	（?）	（?）	入京师，观太学。
和帝永元中	九八（?）	二一（?）	举孝廉，不行；连辟公府，不就。
安帝永初（?）年		三〇（?）	《两京赋》成
安帝永初（?）年	（?）	（?）	大将军邓骘屡招，不应。此事不详何年。按：邓骘做大将军，在永初元年（公元 107 年），此事必在永初元年后。
安帝（?）年	（?）	（?）	征为郎中

(续表)

帝　号	西元	岁	事　　实
安帝（?）年	（?）	（?）	迁为太史令
安帝建光元年	一二一	四三	去太史令职，为尚书郎。按：衡去太史令职，本传不言转为何官。惟《后汉书·律历志》载："安帝延光二年尚书郎张衡……"云云，此时正当衡去太史令职之后，复任太史令之前。故知衡去太史令职后转为尚书郎。 著《灵宪》《算罔论》。 作三轮自转机。 作土圭。 此三事年时无可考，姑列于此。
安帝延光二年	一二三	四五	与亶诵、梁丰论历，主《九道法》。
顺帝永建元年	一二六	四八	复为太史令，作《答难》。
顺帝（?）年			作浑天仪，著《浑天仪》。按：这事本传载在迁太史令后，不详何年。《隋书·天文志》说："桓帝延熹七年，张衡造浑天仪。"据本传，延熹七年（公元164年）时，张衡已死了二十六年。《隋书》所载若确，那么张衡的卒年便发生问题。但是《隋书》的编纂，远在《后汉书》之后（《后汉书》纂于刘宋，《隋书》纂于唐初）。其可信程度当然较少。又考《晋书·天文志》载张衡作浑天仪在顺帝时。是《隋志》之谬又有显证。现在特为刊正。
顺帝阳嘉元年	一三二	五四	作候风地动仪。
顺帝永和后	（?）	（?）	上疏陈时事。
顺帝（?）年	（?）	（?）	上疏辟图纬。
顺帝（?）年	（?）	（?）	宦官谮之，作《思玄赋》。
顺帝永和元年	一三六	五九	出为河间相。
顺帝永和四年	一三九	六二	乞假归，征拜尚书。是年卒。

后　录

这篇文章做成后，涉览所及，又发现了好些新资料。现在把他逐条写在下面，以补遗缺。

1.张衡的祖父张堪，乃后汉有名的循吏，并以讨公孙述和击御匈奴有功。《后汉书》有传。

2.张衡和当时的文学家崔瑗（工词赋，通历算）及大思想家王符（著有《潜夫论》）均相友善（以上据《后汉书·崔瑗传》及《王符传》），并与王充同时。惟充卒于永元间，时衡约三十岁。又王充于《论衡·说日篇》引日蚀由于地蔽之说而驳之。可见张衡此说，已早行于世。

3.衡尝创制指南车。据《宋书·舆服志》说："指南车……至于秦汉，其制无闻，后汉张衡始复创造。汉末丧乱，其器不存。"

4.据唐张彦远《历代名画记》（卷三及卷四），张衡工图画，尝作《地形图》，至唐犹存。惜唐以后无可稽，未从考知其内容。

5.《隋书·经籍志·子部》有张衡《黄帝飞鸟历》一卷。此书《旧唐书·艺文志》以下均不见著录。盖已久佚，其内容无可考。

（原载《东方杂志》第 21 卷 23 号，1924 年 12 月）

《九章》及两汉之数学

（一）《九章》考证

《管子》言："宓羲作九九之数以应天道。"（《轻重戊》）；《世本》言："黄帝史官隶首作算数；遐哉不足征矣。"《周礼·地官》：保民以六艺教国子"……六曰九数。"此是否成周以来之制度，自为一问题；然可知至迟战国之世，小学课程已有算数之科，而当时又有"九数"之名。"九数"者何耶？后汉郑众《周礼注》谓即当时流行之数学书《九章算术》，此言今无从证明或反证。

《九章算术》者，现存我国最古之数学书也。魏刘徽述此书之来历曰："往者暴秦焚书，经术散坏。自时厥后，汉北平侯张苍、大司农中丞耿寿昌皆以善算命世。苍等因（《九章》）旧文之遗残，各称删补。故校其目则与古或异，而所论者多近语也。"（《九章算术注·序》）耿寿昌者，宣帝时人（《汉书·食货志》称耿为大司农，善为算，能商功利，赐爵关内侯。《律历志》载甘露二年（公元前52年），耿奏以图仪度日月行，考验天运。）。张苍者，曾为秦御史（《汉书》有传）。以此观之，则《九章》一书当已出现于先秦之世矣。

顾或当以为刘徽之言不无可疑。刘徽去张苍四百余年，而其言又无他籍可证;《汉书·张苍传》称苍著书十八篇,言阴阳律历事,独不及其与《九章》之关系,可疑一也。《九章》之名,不见于东汉以前载籍,刘歆《七略》中,数学书著于录而无《九章》,可疑二也。

虽然,以吾观之,此处施用"默证"(argument from silence),危险实多。刘歆所录,仅限于秘府所藏(看《汉书·艺文志》),非能尽当世之书也。《汉书·张苍传》之不言《九章》,安知非由于班书之缺略?且刘徽之言,或有所本,特其书今不可得见耳。不然,谓由徽之向壁虚造耶?则徽奚为而出此?谓徽欲提高《九章》之时代,以重其书耶?则前乎徽者,郑众已言《九章》即《周礼》"九数",而刘徽序中亦引之矣。虚造张苍及耿寿昌之事实,何加于此书之远古?故刘徽之言,不容因其为孤证而抹杀也。

就现存证据而论,《九章》之名最初见于郑众之《〈周礼〉注》。郑众为后汉初人(约当一世纪中叶);据其注文所示,在当时《九章》由来已久,并非近出之书。而《九章》所包含数学知识极广博,有类于数学之百科全书,衡以学术演化之通例,决非一短时期或一人之力所能凭空造成。则谓其雏形已具于数百年前,以后递有增益,实非毫无价值之"假说";而刘徽所言或竟不虚也。

郑氏注文云:"九数:《方田》《粟米》《差分》《少广》《商功》《均输》《方程》《盈不足》《旁要》。今有《重差》《勾股》也。"(旧本《重差》下有"夕桀"二字;陆德明云,"夕桀"二字非郑注。)今传刘徽所注《九章》无《旁要》一章。《旁要》之内容今不可考,或已并入于其余各章中亦未可知。贾公彦疏云:"《旁要》,《勾股》之类也。"窃疑此言或不谬,而《旁要》因与《勾股》同类,后遂并为一章。考刘徽《九章·序》云："按《九章》立四表望远，及因木望山之术，皆端旁互见。"端旁互见，或即《旁要》（平声）之义（《九章》各目皆隐括全章之内容）。而徽所举"因木望山"及"立四表望远"两术，皆见于《勾股》章。余故以贾疏之言为不谬也。然此特"未至十分之见"，不敢据为定论也。关于《重差》，刘徽在《九章·序》中有云："徽寻《九章》，有《重差》之名，原其旨趣乃所以施于此也。凡望极高、测绝深而兼知其远者，必用重差、勾股，则必重勾股为率，故曰'重差'也。……辄造《重差》，并为注解，以究古人之意，缀于《勾股》之下。"予按刘氏此文，有易滋疑窦之处。夫重差术之不创于刘徽，观郑注及刘徽自序中语而可知矣。此外尚有二证：1.张衡《灵宪》（约公元120年）有"用重勾股，悬天之景，薄地之仪"之语。"用重勾股"即重差之术；而"薄地"一辞，凡三见于《重差》中（此章唐以后析出单行，因首题有"海岛"之言，称为《海岛算经》）；2.《周髀》言"偃矩以望高"，今《重差》中有此一题，且沿用"偃矩"一辞。然则刘徽所谓"辄造重差"者何居乎？岂① 旧术已亡，而重造之耶？抑② 旧术未广，而增造之耶？如原术已亡，则刘徽何从知其旨趣及命名之意，如自序中所述者？而刘徽重造之绩，又何为自隐约而不肯明言？故惟有第二说可通。

总括上文，可得一结论如下：《九章算术》一书，战国之末世或已存在。其目盖为《方田》《粟米》《差分》（今本作《衰分》）《少广》《商功》《均输》《盈不足》《旁要》。此书经秦汉数学家之手，时有增补；汉初之张苍，及宣帝时之耿寿昌或为其增补人。其后，至迟在后汉初，此书又新增二章，曰《重差》，曰《勾股》。魏末刘徽注此书（据《晋书·律历志》，刘注成于元帝景元四年，公元263年），于《重差》一章复加增补。其《旁要》一章徽本缺如，或已亡佚，或经徽删去，或并入他章，则不能确知。《重差》一章，唐以后析出单行，名《海岛算经》。

于此有二问题起焉：1.《九章》既经秦以来数学家之增补，其中何部分为秦汉以前之原本？何部分为何时人所加？2.《海岛算经》中何部分为刘徽所增益？何部分为刘徽以前之旧文？关于第二问题，今无从解答。关于第一问题，有一极小部分可解答如下：

①《衰分》章中第一、第六及第八题皆有"今有大夫、不更、簪裹、上造、公士，凡五人"云云。余按《汉书·公卿表》，"爵一级曰公士，二上造，三簪袅，四不更，五大夫……皆秦制，以赏功劳"（卷十九上），而汉因之。则上举三题，必秦以后之作也。

②《衰分》章第五题有"三乡发徭三百七十八人，欲以算数多少出之"之语；《均输》章第四题有"今有均赋粟，甲县四万二千算"之语。余考"算"为汉之丁税，高祖四年（公元前203年），初作《算赋》（《通考·田赋考》）。则此二题必出于汉世也。

③《盈不足》章第二十题有"今有人持钱之蜀贾利"之语。余按《史记·西南夷列传》"汉兴……开蜀故徼，巴蜀民或窃出商贾"，则蜀与中原通商，当始于汉世，而此题当亦汉以前所无也。

④《均输》章第二十一题，及《盈不足》章第十九题，皆有"发长安至齐"之语。长安之名，汉代始有；则此二题必汉人所作。此《四库提要》已言之矣（《子部·天文算法类》"九章算术"条）。

⑤《均输》章第九题有"载太仓粟输上林"之语。"上林"为汉武帝苑名，则此题必出于武帝以后。此亦经《四库提要》指出（同上）。

⑥《盈不足》三术，不知利用方程正负以定总术，似其撰成在《方程》章之前。（钱宝琮《〈九章算术〉盈不足术流传欧洲考》，见《科学》第十二卷第六期。）

（二）《九章》之内容

《九章》（包括《重差》）之内容可分为三组：1. 属于算术范围者：《方田》之一部分，《粟米》《衰分》《均输》及《盈不足》。2. 为后世"立天元一术"（即代数）之发端者—《方程》。3. 属于几何学之应用题者：《方田》之一部分，《少广》《商功》《勾股》及《重差》。兹按序略述之如下。

1. 属于算术范围者

甲、《方田》章中第五至第十八题皆言分数，已知通分、约分、分数加减，及其更复杂之应用，惟未及分数乘除。

乙、《粟米》章，与今之简单比例法略同。其初只用于粟米之计算，后更推广及其他问题。篇首有一表，测知定量之粟可制为米若干、饭若干（各因其精粗而有许多等第，如米有粝米、稗米……之类），列其比例之定率（兼及豉糵等）。如欲解答："今有粝米六斗四升、五分升之三，欲为粝饭。问得几何？"则检表"粝米三十……粝饭七十五"乃依比例之理而求其未知数。其推广此术以解答之问题，则如："今有出钱七百二十，买缣一匹二丈一尺；欲丈率之，问丈几何？"

丙、《衰分》章一部分属今算术中之比例配分法（proportional parts），一部分属今之简单比例。前者示其一例如下："今有牛、马、羊食人苗，苗主责之粟五斗。羊主曰：'我羊食半马。'马主曰：'我马食半牛。'今欲衰偿之，问各出几何？"其术曰："置牛四、马二、羊一各自为列衰。"副并为法（4+2+1=7）。以五斗乘未并者为实（50×4=200，etc.）。实如法得一斗（20/7 = 284/7升＝牛主应出数，etc.）。其属于比例部分者，算理与《粟米》章同。

丁、《均输》，此与衰分法略同，而稍为复杂。其术用于郡县赋税输纳之计算，故名。其例如下："今有均输粟，甲县一万户，行道八日；乙县九千五百户，行道十日；丙县一万二千三百五十户，行道十三日；丁县一万二千二百户，行道二十日，各到输所。凡四县赋，当输二十五万斛，用车一万乘，欲以道里远近，户数多少，衰出之。问粟、车各几何？"其术曰："令县户数，各如其本行道日数而一（谓相除也），以为衰。……副并为法。以赋粟、车数乘未并者，各自为实。实如法得一车。……以二十五斛乘车数，即粟数。"许多与上例性质不同之题亦附于此章。示其一例，如："今有凫起南海，七日至北海；雁起北海，九日至南海。今凫雁俱起，问何日相逢？"术曰："并日数为法，日数相乘为实，实如法得一日。"

戊、《盈不足》[1]，此章所属之题，性质皆略同，为算术杂题之一种。其例如下："今有共买物，人出八，盈三；人出七，不足四。问人数、物价各几何？"其术曰："并盈不足为实；以所出率以小减多，馀为法，实如法得一人。以所出率乘之，减盈、（或）增不足即物价。"

---

[1] 十二世纪中，"盈不足术"由中国传入西辽，后由西辽转传入阿拉伯。故阿拉伯人称此术为"契丹算术"；契丹者，阿拉伯人西辽之称也。其后阿拉伯人又转此术入欧洲焉。（钱宝琮《〈九章算术〉盈不足术流传欧洲考》，《科学》第十二卷第六期，页七〇七—七〇八。）

2.《方程》章所解决之问题，皆属于今代数之联立一次方程式，其未知数有至五元者。其解决法已知应用正负数加减之理，惟不知等式移项之理耳。兹举一例以明之：今有上禾三秉，益实六斗，当下禾十秉；下禾五秉，益实一斗，当上禾二秉。问上、下禾实一秉各几何？

书中所示解法如下（参看清李潢：《九章算术细草图说》）：

置上禾三秉正，下禾一十秉负，益实六斗负；次置上禾二秉负，下禾五秉正，益实一斗负：

	上禾	下禾	益实	
	三正	十负	六负……	（1）
		二负	五正	一负……	（2）
以 3 乘（2）得	六负	十五正	三负……	（3）
以 2 乘（1）得	六正	二十负	十二负……	（4）
（3）（4）相加得		五负	十五负……	（5）

以负五除负十五得三，即下禾一秉之实数。

第（1）式中，以三乘第二项得三十负，以减第三项，得二十四正。以第一项除之得八即上禾一秉之数。

3. 属于几何学之应用题者

甲、《方田》章，除一小部分言分数外，其余皆言田畴面积之计算法。其计算正方形（已知底、高）、等边三角形（已知底、高）、圆（已知周、径）及梯形（已知二平行边及高）之面积，皆正确与今日几何学定理合。惟其以圆周率 $\pi = 3$，以箕形（即两梯形合并）之面积等于半踵舌和乘正从，以弧矢形之面积等于弦矢积之半加矢自乘积之半，以环形之面积等于中外周和之半乘环径，以宛形（球面之一部分）之面积等于径乘周之四分——皆不正确。（以上参看李潢《九章算术细草图说》）

乙、《少广》。此章所函之数学智识可撮举如下：（1）已知长方形之面积及一边，求其余一边；（2）开平方法；（3）已知圆之面积求圆周；（4）开立方法；（5）开立圆法——已知圆球之体积求其直径。除（3）（5）两项所用 π 之值不密外，余均与今日数理合。惟（2）（3）（4）（5）诸项，因不知用符号及列式，计算极为繁拙。

丙、《商功》。此章所函诸题，乃关于城垣、墙堡等之体积，及沟堑、渠等之容积之求法，以为估算功程之资，故名"商功"。其所及立体之种类如下：

（1）柱体 a 底为正方形者

　　　　b 底为梯形者

　　　　c 底为平圆者

　　　　d 底为勾股形者

（2）锥体 a 底为正方或长方而尖在正中者

　　　　b 底为正方或长方而尖在一隅者

　　　　c 底为平圆者

　　　　d 底为勾股形者

（3）截锥体 a 底为正方形者

　　　　　b 底为圆形者

　　　　　c 底为长方形者

其计算之方法除下列两点外，与今世数理合：

（1）用周三径一率；

（2）篇中所举各种截锥体积之求法，系适用于正截锥体者，而或仍施之于非正截锥体之问题，殊欠正确也。（以上参看叶企孙先生《考正商功》，见旧《清华学报》第二卷第三期，民国五年十二月出版。）

丁、《勾股》。勾股即直角三角形，而此章即应用弦方等于勾方股方和之定理以测算者也。其所设题，除已知勾股弦中之任何二项而求其余者外，有已知勾及弦股较而求弦与股者，有已知弦及勾股较而求勾及股者，有已知勾股和而求股者，有已知股及弦股和与勾二者之比例率而求弦及勾者（第十四题），有已知勾及股而求勾股形中容正方形之边者，有已知勾及股而求勾股形中容圆径者，有两相似勾股形已知甲形之勾及股与乙形之勾或股而求乙形之股或勾者（第十七、十八、二十二及二十三题），有已知勾股内容方之边及勾股较，而求勾股容方之边者（第十九题）。尚有更为繁难者如下列各题：

（1）如图，已知 $DA = 20$，$CH = 14$，$CB = 1775$，$HD = 2DF$，求 HD。

其解法利用 $\triangle ADF$ 及 $\triangle ACB$ 两相似三角形相应边之比例，而以二次方程式解法求未知数。（第二十题）

（$AD/AC = DF/CB$，$AC = AD + DH + HC = AD \times 2DF + HC$，故此式中只有 DF 为未知数。）

（2）已知 $AC - BC = a$，$AC - AB = b$，求 AC 及 AB、BC。

（1）图

（第十二题）

其术用今符号译之如下：

① $BC = \sqrt{2a \times b} + b$

② $AB = \sqrt{2a \times b} + a$

③ $AC = \sqrt{2a \times b} + ab$

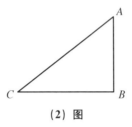

（2）图

（3）已知 $DFBE$ 为勾股形 ABC 之内容方，$FB = a$，$AB + AC /$ $BC = b / c$，求 AB、AC 及 BC。

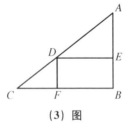

（3）图

其术：$AB = a \ (b^2 + c^2 / 2 - b) \ / b \times c$

$\qquad AC = AB \times b^2 + c^2 / 2$

$\qquad BC = AB \times b \times c$

上三题若以今日数理解之，须应用二次方程式。然原书中只言其术，而不言所以得此术之历程。由今观之，与其谓为得自数理之演绎，毋宁谓为得自经验之归纳也。

戊、《重差》此章内容乃应用勾股原理及相似三角形相应边比例原理以测算高、深或距离；或立表，或偃矩；步骤颇繁，计算亦极复杂。在唐以前我国数学典籍中，此为最高深者也。全章共九题，清乾嘉间钟祥、李潢曾为细草及图说（李潢又有《九章算术草图说》，见上）。近人李俨曾以今世数学图式译之，载去年《学艺杂志》，兹仅摘录一题以示其大凡云：

今有望海岛（AB），立两表（CD、EF）齐高三丈，前后相去千步（DF），令后表与前表参相值，从前表郤行一百二十三步，人目着地（G），取望岛峰（A）与表末参合。从后表郤行一百二十七步，人目着地（H），取望岛峰，亦与表末参合。问岛高（AB）及去表（BD）各几何？

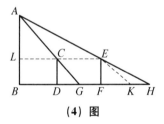

（4）图

其术曰"以表高（EF）乘表间（DF）为实，相多（FH－DG）为法除之，所得加表高即岛高。求前表去岛远近（BD）者，以前表郤行（DG）乘表间（DF）为实，相多为法除之"。

至其所以得此术之历程则未尝言（各题皆如此），惟以今数理证之则暗合。如图作 LE ∥ BH，EK ∥ CG，

$$\triangle ALC \sim \triangle EFK，\triangle ALE \sim \triangle EFH，\therefore KH/CE = AL/EF，$$
$$\therefore AL = CE \times EF/KH = DF \times EF/FH - DG$$

又 $KH/KF = CE/LC$ $\therefore BD = LC = CE \times KF/KH = DG \times DF/EH - DG$

综观《九章》之内容（包括新增之《重差》及《勾股》两章）乃一"实用数学教科书"，仅言测算之法术，而不言抽象之数理。其于法术亦只言其然，而不言其所以然。从未有加以推证者。其计算亦不用任何符号及列式。我国数千年来最主要之数学经典，其大要具如是。

（三）《九章》以外之两汉数学

西汉数学书之著录于《汉书·艺文志》者有三：1.《律历数法》三卷，不著撰人；2.《许商算术》二十六卷；3.《杜忠算术》十六卷。考《汉书·儒林传·周堪传》，许商为汉元帝（约纪元前一世纪中叶）时长安人，通经术，四至九卿，又着有《五行论历》。杜忠年代，史无可征。以《艺文志》排列之次序观之，其人当非生于许商之前。以上三书久佚，《隋书·经籍志》已不见著录，历代载籍亦不见有征引者，不知其内容如何。然观其卷帙之繁，可知其时数学智识积储已不少，而《九章》一类算书之存在，当属可能之事也。

《九章》所用周三径一之率，在西汉时已有修正。《九章算术注》记王莽律嘉量斛，按其铭文所载度量推之，以 $\pi = 3\ 927/1\ 250$。《隋书·律历志》以为刘歆所创，岂其然欤？歆后百余年，东汉张衡亦精算，著有《算罔论》，史称其"网络天地而算之"（《后汉书·

张衡传》注）。然其书已为时间所湮埋，今仅据刘徽《九章算术注》所引其开立圆术推之，知其以 π = $\sqrt{10}$ 而已。而《开元占经》引衡率，作 π = 92/29，未知孰是。前者视印度婆罗笈多（Brahmagupta，598—？）所发明者约先五百年。后者视阿拉伯古算书所用，约先七百余年（参看李俨《中国数学源流考略》，《北大月刊》第一卷第五期。）。然此率似非张衡所创，故南齐祖冲之谓"立圆旧误，张衡述而不改"也（《宋书·历志》）。

此外有数书当附带叙及者：1.《周髀算经》，此书至迟汉世已存在，然其书虽名《算经》，实则一天文学书，其所函数学智识，只勾股定理，而此则已具于《九章·勾股》章中矣。惟有可注意者，此书利用勾股及相似三角形相应边比例之理，以计算日之直径及日与地之距离，虽其测算结果不知差几千百倍（《周髀》测得日距地八万里，日径一千二百五十里；今测定日距地九百二十万里，日直径八十五万二千八百里），然此时有此思想，亦足惊人也。

2. 赵君卿《周髀算经注》。其中勾股方圆图注，阐演勾股之理，为我国数学史上一大发明。赵君卿年代史无可征，旧本题作汉人，然观书中称及刘洪之《乾象历》（刘洪，汉魏之交人，而《乾象历》之名始于建武，看《晋书·律历志》）可知其非汉人也。此《四库提要》已辨之（原书子部天文算法类，"周髀算经"条）。

3. 今《算经十书》中《数术记遗》一卷，以为后汉末徐岳撰，此书及后人伪托，《四库提要》辨之已详矣（同上，"数术记遗"条）。

（原载《燕京学报》第 2 期，1927 年 12 月）

中国印刷术发明述略

[荷兰] 戴闻达 J. J. L. Duyvendak 撰

美国哥伦比亚大学汉文教授卡脱氏（Thomas Francis Carter）以多时研讨之功，著成《中国印刷术之发明及其西传》（*Invention of Printing in China and its Spread Westward*）一书，一九二五年六月出版（哥伦比亚大学出版部印售）。其书搜罗宏富，考订精审，颇为世所重。惟书甫出版，而卡脱氏即溘然长逝。荷兰人戴闻达氏者（J. J. L. Duyvendak）亦欧洲汉学家之一人，而荷兰莱登大学（University of Leyden）之汉文教授也，治荀子及苏东坡诗，均有撰述。曾来中国二次，今春在京，爰取卡脱氏之书，撮述其内容，而加以评赞，题曰"Coster's Chinese Ancestors"登载燕京华文学校所出之杂志 *The New Mandarin* 第一卷第三号（本年六月出版）中，即今所译者是也。究心国故及宝爱先民之荣誉者，自当取卡脱氏原书读之，兹篇其先导耳（本期《中国文化史》第十七章"雕板印书之盛兴"，读者可参阅）。编者识。

始创印刷术于欧洲者，为葛登堡（Gutenberg）欤？为可斯特

（Coster）欤？兹不深考［西方之有印刷业始于十五世纪中（约当明英宗正统末）。最初发明者或云德意志人葛登堡，或云荷兰人可斯特］。而若斯人者，其在世人想象之中，必屹然肃然独立于近代文化史滥觞处之上，则无可疑也。若斯人者，诚可谓能创新之人也已。夫先绪之凭藉，彼宁无之，若中世雕铜刻木之工人及装书工人，皆为彼导乎先路者也。虽然，彼之发明，其所资于此诸先人者盖至微耳。思源报德，孰不欲为斯人范金造像，使挺立于群生之表哉？

然吾人今日虽欲报功，亦难决功当谁属。使欲绘像而馨香以祝者，此画像必当众色相叠，糅杂模糊。其一人虽面目依稀可睹，而立乎其后者尚有许多朦胧之人物，服东方斑斓之服，而种族各殊者也。此诸人非他，中国人、日本人、蒙古人、高丽人、土耳其人、回纥人、波斯人、欧洲旅行人、阿拉伯人、俄罗斯人、西班牙人及威尼斯（属意大利）人也，其中有佛教徒、有道教徒、有儒者、有旅行家、有商贾、有耶教士、有赌徒、有回教徒、有摩尼教徒、有景教徒、有帝王、有僧丐，其中有实足当发明家之称而无愧。其形像实当显绘于前方，以供尸祝者。其余不可胜数之群众，则皆传播新发明之人也。试细察此图，则见彼辈或仆仆于沙漠，或懋迁于市场，或扬帆于洋海，其手所握持，则有印章、有符箓、有佛像、有亚洲各国文字译印之佛经、有儒家经籍、有叶子、有钞币、有印花布、有纸、有墨、有印板。

吾之摹状此光怪陆离之图像，并非妄造空中楼阁，盖有所据。何据？曰卡脱氏（英文名见前）之名著《中国印刷术之发明及其西传》一书（原书英文名见前）是也。吾为此文之目的非仅欲述其大意，抑欲表扬之于当世，盖吾所摹拟之图像虽光怪陆离，而卡脱氏之落笔著墨至谨严不苟，每一撇画悉经慎思，每一形像之异态特性悉经研究入微，即其服饰装束亦皆具历史的真确。为人间绘此光彩斑斓、栩栩欲活之画像，其功绩岂曰小哉？吾人展览之余，惟有叹其逼真而已。

吾侪今日于印刷发明史所知更广于前者，多藉考古家万苦千辛之发现也。斯坦因、伯希和及勒柯克博士（Dr. von Le coq）等在敦煌、吐鲁番（在新疆哈密西）等处之发现，其在史学上之重要，世已知之矣。盖此等发现不啻开辟一新世界，于此新世界中，吾人寻得印刷术之原始焉。卡脱氏此书凡关于印刷术之发明及发展种种问题，均用新发现之资料证核，复得伯希和氏亲加指导，更有许多资料取给于各科专家。作者考核精审，其鉴别旧资料、增加新资料之法至可称羡。此书更有一特长，即能使普通读者了悉无遗。盖作者将稍涉于专门之细节悉储入书末附注中，而篇首附图表二，使其研究结果可一览而得焉。

其研究结果在大多数普通读者观之，必生诧愕。夫吾侪日日用纸者，有几人知西历纪元一〇五年蔡伦奏上造纸法（《后汉书·蔡伦传》载蔡伦奏上造纸之法，其材料用树皮、麻、敝布、破网）之事耶？有几人知斯坦因曾在敦煌发现纯用敝布制成之纸，其时代约在西历纪元一百五十年者耶？最近欧洲人犹以为废布造纸乃十五世纪时意大利及德意志人之发明，今则其输入西方之迹已彰彰可考。盖由我国新疆而吐鲁番，而撒马儿汗（Samarkand）。在撒马儿汗，八世纪时有中国囚人以制纸法传授阿拉伯人，其后纸虽渐从各路输入欧洲，而制纸之法直至十三世纪始传入西班牙。其时西班牙正在回教人统治之下也。自尔不久，制纸之法遂逾比里尼斯山（在西班牙半岛与法国之间）而远播焉。

在中国，纸发明未久，即流行于世。约在纪元后四世纪中，烟墨始发明，稍后硃印之用渐普。除为文书示信用之硃印外，十六世纪中，道士始用符印。刻符篆于木而印之，以省写录之劳，是为印刷术之滥觞。其后佛教盛行，佛徒最重文字，印布之需益切。渐至七世纪中，始有雕印佛像之举，其旁或有文字，或无之。不知不觉间，由佛像之雕印遂进而有佛经之雕印。盖佛徒以印送经典为虔诚之表示，而藏经可以获福也。

此新技术，其始仅行于幽僻之寺观中，世人莫之注意也。自佛教流入日本，此新技术亦随之。约当纪元七百七十年间（原文作一百一十年，确系印刷之误，试检卡脱氏原书对照便知），日本称德孝谦女天皇（其在位之期为西历七四九至七七〇年，当唐玄宗、肃宗、代宗之际，晚岁改元曰天平神护，曰神护景云）。尝命印《无垢净光大陀罗尼经咒》百万纸，分送国内佛寺，建塔藏之。此种符咒至今犹有存者。观其印刷之精美，度其必经长时间之改进，然此数万小纸实为今存最古之印刷品矣。

最可异者，自时厥后，印刷术乃寂然无闻于日本。直待十世纪末，始由中国重行输入，为一新技术焉。惟在中国，印刷术进步剧速，观其今存最古之印版书而可知矣。此书乃斯坦因在敦煌所发现，其时代在纪元八百六十八年（唐懿宗咸通九年），书为《金刚经》。刻工极精致，书末著印送者姓名及刊书之年，并云为其父母印送，足见印布佛经为事佛邀福之举。印刷术最初所以流行者，全出于此种宗教的需要也。

佛经之雕刻既盛行，渐有以其术施于佛经以外之典籍者，此在唐末已发其端矣。至儒家经典之刊印，则自五代始。以儒教定于一尊故，"六经"为历代君主所崇重，欲免传写淆误、莫衷一是之弊，必须有一定本以为标准，故后汉遂有《熹平石经》之刻，时在西历一七五年（最初之石经之拓本究在何时，今无从考，要当去石经刻成后不远也。今存最古之石经拓本当推伯希和在敦煌所发现者，其时代约在纪元六二七至六四九年间，即当唐太宗贞观时。又据敦煌发现之证据，在九世纪中，佛经亦有勒石如石经者）。其后历代多仿行之，盖佛家所需要者，为经本之增加，儒家所需要者，为经之定本。不久而此两潮流乃相接近而相融合焉。

自唐以来，四川为重要文化中心地之一。最初之印本书籍或即出于蜀中（叶梦得记唐柳玭《家训·序》言在蜀见字书雕本）。后唐奄有四川，史称冯道相后唐时，四川盛行印本书，多道佛之籍，亦有少数训蒙之课本，皆以木版印成。时朝廷欲仿前代重定经文，刻石垂久，惟以府库匮乏，事不克举。冯道既习知四川刻本，为节省国用计，乃倡议以木版代石经，后果见实行。其书以周广顺三年（西历九五三年）刻成，凡一百三十卷，至是晦隐于佛寺中之印刷术乃大显于世。凡手儒经一编者莫不知受其赐矣。自是政府承认雕版为传布官本经书之方法，禁民间私自刊印经书，百余年不改。是知其时雕版之主要目的在勒定标准经文，至印刷术出书速捷之效用，盖其后始渐为世人所知云。

宋代刻书最富，其卷帙繁重，如《九经注》《十七史》等，皆经剞劂。其刻工之精美尤为后世所不及焉。同时佛籍刊刻之盛，亦无逊色。太祖开宝七年（西历九七二年）佛藏刻成，为书一千五百二十一种，五千册，十三万余页。自有出版物以来，莫之与京也。

以下本当依次叙述印刷术之发展与传播，然于其所用方法不容不插叙数言。其法刻字木板上，印时铺纸板上，以刷扫之，不用压机也。十一世纪中叶，始有以烧土为活字者。印时置活字于铁框上，其后进而以锡代烧土，然其用不广。盖中国文字非由拼音而成，每字需特造一型，所省之劳力甚小，故其对于活字之需要不若拼音文字之切。西历一千三百年间，木制活版已见用，今所发现回纥人之木制活字亦属此时。最可异者，回纥文字本以音拼，而其活字不知以音母为单位，乃一字一颗，悉如中国，可见回纥人缺乏发明之能力，模仿中国之法而不能变通也。

活版之进步，高丽与有功焉。西历一千四百零三年以降，高丽通用铜制活字。以此法印刷之书，有传于今者，其时代约在西历一千四百零九年。高丽活版之技术有足述者，以范铸字实始于高丽。其铸造之法，刻字于杨木以为模型，乃取海岸芦苇丛生处之泥沙，置于器中，而以木字压其上，乃显阴文，是为范。范上坚闭，开小孔，注铜入范，俟其冷而活字成。有不平整，则施磨劀。印时贯字颗以竹柱，使成行列。其初不知此法，着字颗于蜡板上，然不稳固，后乃以竹架代之，此十五世纪末年之技术也。

此技术由高丽复传入中国，其用日溥。自十六世纪以至十八世纪末，印刷多用之，然其后乃渐为世所忘。直至近代，完善之活字印刷机始由西方输入，而木板犹未尽绝也。

在西历一五九六至一六二九年间，高丽活版术亦行于日本。后乃忽然中绝，其故至今尚不可解焉。

雕版术之初兴，不仅用以印书而已也。唐末（西历十世纪初）

始有纸币出现，其起源亦在四川，未几由政府专办。其发出纸币之数量，史家纪述綦详。约在西历一千一百年间，纸币滥发，充斥全国。千文之币，价格降至百文。重以宋朝战争失败，情势愈恶。据马端临《文献通考》所载，当时楮币经年维持无效，人民对之信用全失，见之生畏。政府市于民所给者，楮币也。盐司之资本，楮币也。兵士之饷给，楮币也。州县积欠，亦莫不以楮币解偿。铜钱希见，有如珍宝，于是物价日昂，币价日降云云（参阅《文献通考》卷九）。

金人亦发行纸币，以多得宋朝岁币，府库充实，故其纸币似能维持原价。元人入主，亦仍旧贯。统计自西历纪元一二六四（忽必烈即位之五年）至一三二四（泰定帝元年）年间，共发出纸币二千兆两以上，平均每年发出三千七百万两。据《马可·波罗游记》所载，当时纸币极普遍。此时代之中国纸币今无存者，惟蒙古纸币（上印蒙文）则曾有发现，后于马哥孛罗约七十年之中国纸币亦经寻获。

中世时，在远东流行之印刷业，其对于欧洲印刷之起源究有何影响耶？上文所载，皆无可疑之事实也。至欲测量欧洲印刷术所受中国印刷术之影响之程度，则臆度之处盖不免焉。然以吾观之，据卡脱氏所考，则谓欧洲印刷术之发明为受东方榜样之影响，实非凿空之论。卡脱氏所举之证据深足服人，在此短文内，只能节其大概，读者倘欲详究原委，则本书具在也。

有元一代，于东西沟通，盖有极大关系。是时亚洲之全部及欧洲之一部分皆隶其版图，骆驼商队跋涉于欧亚间者，络绎相望。以国境安戢，旅行之安稳，为前此所未有，欧人之东来者，非仅马可·

波罗、奥都里克（Odoric of Pordenone，一二八六至一三三一年，意大利国人，法兰西斯会僧，一三一八年由 Padua 起行，来东方传教，经黑海、波斯而入印度，次至锡兰、苏门答腊、爪哇、婆罗洲等处，约于一三二二年至中国。先由广东、福建而至杭州，次游南京、扬州，沿运河北上，过临清、济宁而至北京。居京三载，取道山西、陕西、四川，穿西藏，而西行返欧洲。一三三〇年春，抵意大利。是年五月，在 Padua 地方之圣安多尼僧寺，以上命，口述其旅途之所闻见，而由另一僧名 Guillaume of Solagna 者，以拉丁文笔记之，是为《奥都里克之游记》。传译各国文字，世人争先读之，与《马可·波罗游记》并称。一三三一年，教皇拟遣奥都里克再来中国，通使于元，未行而死，年四十五岁，即葬原籍）而已也。其仕于元世祖朝者，尚有艺术家数辈，其他姓名湮没者当不少。而当是时也，亚洲诸邦多已盛行印刷之书籍、印刷之纸币、印刷之赌具（如叶子之类，此类赌具在唐末当已有之）。远在西部，则吐鲁番为佛籍印刷之中心地，各种文字之佛经多备，而此地复为无数异国异教人民之交通中心点焉。西历一二九四年，或由波斯之诸王上书法兰西王，书上钤中国金印，其书至今犹存。而当西历一二九四年间，在波斯大城塔布历兹（Tabriz）曾有发行纸币之试验，其后失败。所发纸币印中国及阿拉伯两种文字，其名称则沿中国之旧。当纸币发行时，塔布历兹正为威尼斯及约拿人之主要殖民地也。其后一三九七年间，更有阿拉伯人爱丁（Rashid Eddin）者，著书详述中国印刷术。最可异者，是时印刷术之西输乃似为回教徒所抑阻。回教之《可兰经》始终未见刊印，由其历代相传，皆用手写，积习牢不可破也。仅在埃及，近始发现阿拉伯文之印刷品，其年代约为十三四世纪间，其形式与吐鲁番及中国之印刷物极相肖云。

读者当知此时期正当十字军兴，十字军之输入诸多东方文物于欧洲，亦既昭然矣。夫当十字军与东方诸国接触之际，而谓此最易引人注意之印刷书籍及图画独能逃其察觉，此实极难置信之事也。

就时代之次序而论，即可为一强有力之证据。盖至十四世纪之末，元亡之后，印刷品始出现于欧洲。其物有二种：一纸牌（赌具）；一宗教画像。纸牌最初印刷之年代今不能确定。夙昔欧洲学者恒溯其源于阿拉伯人，然阿拉伯载籍中从未有举及纸牌者，然则谓纸牌当由回教诸国得自蒙古人，而转输入欧土，实非臆造之说也。试思彼威尼斯人及约拿人之在塔布历兹者，握算持筹之余暇，果当作何消遣耶？同时宗教画像之印刷盛于德意志南部、比利时及威尼斯。其刊印圣像之目的与道家、佛家之刊印符咒同出一辙。盖其时欧洲人深信圣像有驱魔之神力也。试观今存最古之印刷品圣克里斯道夫像（St. Christopher，该像印于西历一四二三年）而可知矣。像上有文云："见圣克里斯道夫像，则今日能免一切灾害。"由此又可见印刷业之起源有赖于宗教矣。

由圣像之印刷，旋进而为书籍之印刷。其始圣像与文字同印于一幅，其后二者分离，集零张文字而成册焉。适当是时，纸从东方输入欧洲，其有助于印刷业之发达者不小。盖欧洲未有纸以前，书籍印于羊皮。相传葛登堡初印《圣经》，每部需三百羊之皮。苟续用此种昂贵之材料，印刷业断难普遍也明矣。

然则欧洲之印刷术果传自东方耶？曰今尚无确实不移之证据。相传可斯特时，有若干阿米尼亚人曾过荷兰境，此辈先前曾与回纥人接触，或者此辈入荷兰时与印刷术俱。卡脱氏不信此事为可据。

然卡脱氏以为中国于欧洲之印刷术当有影响。其影响之道盖有四：
（一）纸之输入（纸之来自中国已无可疑）；（二）纸牌之输入；
（三）宗教画像之输入；（四）以元代欧亚关系之密切，中国书籍当
为欧洲人所注意。

　　以上已撮述卡脱氏书之大略。吾之所述，譬诸其骨干，读者欲
睹有生命之全体，非求之原书不可也。是书印行未久，卡脱氏即与
世长辞，而其萎谢正当壮岁，可哀也已。氏之著此书，意极恳笃，
而学诚又足以副之。受其赐者，非仅予一人而已也。氏之名字当与
其所绘众彩相宣之图画，吾篇首所摹状者，共垂不朽。吾人每一展
览，辄见有"汤姆斯·法兰西斯·卡脱绘"（Thomas Francis Carter
pinxit）之字样在也。

　　译者按：卡脱氏书于中西籍资料网罗略尽，而考订复极精慎。
以于此问题毫无研究如我者，当无可置辞。惟有一似颇重要之资料
为卡脱氏所未采及，即唐司空图《募雕刻律疏》（见《司空表圣文
集》，即《一鸣集》卷九）是也，兹抄录如次。

为东都敬爱寺讲律僧惠确化募雕刻律疏（印本共八百纸）司空图

　　窃以化化无穷，递成迁染。孜孜不倦，方导沉沦。启秘藏
而演毗尼，熏戒香以消烦恼。风波未息，横智鹢而难超。绳墨
可导，制心猿而有渐。岂容穿凿，但致纷挐。虽设谕于三乘，
同归觉路。盖防微于群品，共禀成规。泛洒六尘，摄持万行。
宁俟空林宴坐，方为解脱之门。必令大地周游，皆诣清凉之
境。盖能仁之警策也。今者以日光旧疏，龙象宏持。京寺盛
筵，天人信受。□迷后学，竞扇异端。自洛城罔遇时交，乃焚

印本。渐虞散失，欲更雕锼。惠礭无愧专精，颇尝讲授。远钦信士，誓结良缘。所希龟镜益昭，津梁靡绝。再定不刊之典，永资善诱之方。必期字字镌铭，种慧良矶不竭。生生亲眷，遇胜会而同闻。敢期福报之微，愿允标题之请。谨疏。

此文作于何年，吾未深考。惟司空图举咸通进士，此文之作当去其时不远（篇中有云"洛城闬遇时交，乃焚印本"。则当作于洛阳兵乱之后。详参唐史当可考定其年代，惜吾未及为此也）。盖略与伯希和在敦煌所发现之《金刚经》印本同时。此文所表示者，有以下之四点：

（一）是时印行之书已有卷帙颇多，至八百余纸者，不独如敦煌之《金刚经》仅十数页而已也。

（二）惠礭之刻律疏，目的在"定不刊之典，资善诱之方"，与印送佛书以邀福者殊科。可见其时印刷术已与学术界（佛学）发生关系。

（三）是时有书籍经焚而重刻，则印刷术发明已久。又僧徒而向社会募款刻书，必社会对于印书之事已习见习闻，不然曷能望其捐助耶？

（四）详绎文中措词，似惠礭之募款捐书非属创举。果尔，则当时寺僧募款刻书似已成为习例，因可推想佛徒刻书之多。

（原载《学衡》第 58 期，1926 年 10 月）

北宋的土地分配与社会骚动

在一个"农业经济"的社会里，土地分配几乎可以说是"生产关系"的全部。所以拿经济因素作出发点去研究中国社会史的人，首先要注意各时代土地分配的情形。

在任举一个时代里，各地方地主和佃户的比例是怎样？在以前和以后这比率的升降怎样？在一个长久的和平时期里，土地有无大量集中的趋势？不少人认为过去社会变乱的一个重要原因是土地的集中。到底在社会变乱发生的某时某地，土地集中的比较程度如何？这些问题我们都盼望得到解答。我们需要的是具备数目字的答案，而不是"想当然"的假设。

不过关于这些问题的史料极为缺乏。像"富者田连阡陌，贫者地无立锥"一类抽象的慨叹，虽然常常可以遇到，但这类慨叹对于谨严的、求"着边际"的社会史家，实在没多大用处。以作者所知，在我国历史中，详细供给我们以解答上述那些问题的资料的时代只有北宋。分别地主和佃客的户口统计只北宋有之。

现存北宋的这类统计有三种：

（一）见于乐史的《太平寰宇记》者。书为宋太宗太平兴国年间（公元976—983年）所撰（确年不详）。书中大部分纂录前代旧闻，惟其记各地主客户数皆冠以"皇朝"字样，明其为根据宋初统计。

（二）见于王存的《元丰九域志》者。书成于元丰三年（公元1080年）闰九月。此乃奉敕撰的书，其中材料似可信为"up to date"。

以上二种并有各路及各州府的细数。

（三）见于毕仲衍的《中书备对》者。此书之进呈亦在元丰三年，惟必在《九域志》成书之前，否则其所记各路主客户数不应与《九域志》异。《备对》的统计材料与《九域志》的时间上当有颇长之距离，因二者之差异有时颇大。前者所代表之确实年代不可知，惟认其代表太平兴国与元丰间之过渡情形，则决无误。《备对》原书已佚，惟其关于户口之文引见于《文献通考》卷十一。此种只有各路细数，无各州府细数。

现在把这三种资料，并为两个表，然后根据这两个表考察北宋土地分配的情形。

在造表之前，我们宜先表明这些材料所受的限制。

（一）在清康熙间宣布"滋生人丁，永不加赋"以前，历史中户口统计的数目字的可靠程度是无从确定的。好在本文所注意的，不是全国或各地的户口数，也不是某类户口在全国或各地的数，而是两种户数（在全国及各地）的比例：即宋人所谓"主户"和"客户"（宋人所谓主户包括食租的地主和自耕农，所谓客户指佃客。上述的三种资料均把食租的地主和自耕农归并为"主户"一项不加分别，现在只得仍之）的比例，假如隐匿户口的原因没有"畸轻畸重"于主客户之间，那么，这两种户的各数即使很不可靠，它们的比例可以是很可靠的。

（二）现在所知，宋代隐匿户口的原因，"畸轻畸重"于主客户之间的，只有一种，那是畸重于客户方面的。当时土地陈报上有一种流行的弊端，叫做"诡名挟佃"。宋代按照财产把民户分为等级，户等愈高则赋役的负担愈重。所以田地多的人家，每把一部分的田地，假托在佃户名下，以图减低户等，也就减轻赋役。这便是所谓"诡名挟佃"。这一来，本来无田的客户在名义上便变作有田的主户了。所以表中的佃户数，其"过算"的可能性比"低算"的可能性大。

（三）第一和第二、三种资料的时代相差有九十年。在这时期里，和隐匿户口有关的社会因素不见有变化，所以这些资料所表示的主客户数及主客户比率即使不很可靠，我们据之以研究主客户比率在这时期里的升降，也可以无大过。

关于下面的表，还有几点要说明。

（一）因为行政区域的改变，三种材料所用的地理单位不同。第二、三两种所用地理单位还相近，故可归并一表。惟第一种所用地理单位和其他二种所用的相差太甚，无法和它们归并。

（二）表中地名之下有"……"时，表示本道或本路主客户之记录不完全（或当时未知，或传刻脱漏）。

（三）第二表中，地名之右注（1）者系指《中书备对》的记录，注（2）者系指《元丰九域志》的记录；其不注（1）或（2）者皆指《元丰九域志》的记录。

（四）《通考》所引《中书备对》，开封府、梓州路及夔州路并缺客户数，惟具主客口数，兹姑以客口之百分数替代客户之百分数。

（五）《备对》于全国主户总数下注之：内若干户"元供弓箭手、

僧院、道观、山泾、山团、徭、典佃、乔佃、船居、黎户、不分主
客女户”，今并附入主户数。又全国总客户数下注之：内若干户
“元供交界浮居、散户、蕃部、无名目户”，今并附入客户数。其余
二种材料当亦如之。

第一表　《太平寰宇记》中之主客户统计

地　域	主　户	客　户	总户数	客户占总户数之%
河南道	664 195	567 445	1 231 640	46
开封府	90 232	88 399	178 631	49
河南府	42 818	39 139	81 957	29
陕州	12 544	4 899	17 443	28
虢州	4 473	4 679	9 152	51
许州	18 546	21 991	40 537	54
汝州	9 535	14 575	24 110	60
滑州	11 946	1 596	13 542	10
郑州	10 737	6 538	17 275	38
陈州	11 863	11 048	22 911	44
蔡州	18 397	29 560	47 957	62
颍州	15 715	17 300	33 015	52
宋州	21 250	24 200	45 450	53
亳州	30 813	26 297	47 116	56
郓州	15 108	27 724	42 832	65
曹州	19 036	7 598	26 634	28
广济军	5 048	808	5 856	14
濮州	11 726	4 283	16 009	27
济州	14 191	2 843	17 034	17
单州	19 443	4 339	23 782	18

（续表）

地　域	主　户	客　户	总户数	客户占总户数之%
徐州	16 846	17 580	34 426	51
泗州	7 330	14 596	21 926	67
宿州	112 542	14 693	127 235	12
淮阳军	6 167	10 222	16 389	62
涟水军	1 183	7 341	8 524	86
青州	22 549	28 735	51 284	56
潍州	11 278	10 315	21 593	48
淄州	11 282	18 770	30 052	62
齐州	12 803	19 315	32 118	60
登州	15 456	11 458	26 914	43
莱州	15 523	16 508	32 031	52
兖州	10 211	8 048	18 259	44
莱芜监	562	1 889	2 451	77
海州	6 088	7 246	13 334	54
沂州	15 902	20 697	36 599	57
密州	14 052	22 216	36 268	61
……				
关西道	210 163	127 346	337 509	38
雍州	34 450	26 276	60 726	43
同州	22 676	4 819	27 495	18
华州	10 169	6 946	17 115	41
凤翔府	26 790	13 315	40 105	33
耀州	19 800	6 108	25 908	24
乾州	7 369	1 756	9 125	19
陇州	10 971	8 606	19 577	44

（续表）

地　域	主　户	客　户	总户数	客户占总户数之%
泾州	12 171	5 298	17 469	33
原州	3 436	3 549	6 985	52
庆州	4 394	7 587	11 981	62
邠州	14 112	5 785	19 897	21
宁州	11 148	6 833	18 081	33
鄜州	8 901	12 968	21 869	59
坊州	4 075	8 080	12 155	66
丹州	4 146	2 638	6 784	39
延州	12 119	4 272	16 391	26
通远军	2 722	2 235	4 957	25
保安军	714	275	989	28
……				
河东道	206 593	56 060	262 653	21
并州	26 820	2 502	29 322	9
汾州	15 189	2 039	17 228	12
岚州	2 730	1 472	4 202	35
石州	3 912	2 417	6 329	38
忻州	4 168	3 240	7 408	44
宪州	1 260	569	1 829	31
晋州	20 889	4 766	25 655	19
泽州	13 108	10 131	23 239	44
辽州	2 717	4 754	7 471	64
潞州	17 911	6 961	24 872	28
蒲州	21 888	3 593	25 481	14
解州	7 250	1 477	8 727	17

（续表）

地　域	主　户	客　户	总户数	客户占总户数之%
绛州	39 932	6 638	46 570	14
慈州	5 311	630	5 941	11
隰州	8 758	773	9 531	8
代州	3 567	2 415	5 982	41
威胜军	4 172	327	4 499	7
大通监	2 709	521	3 230	16
平定军	1 756	236	1 992	12
岢岚军	1 032	318	1 350	24
宁化军	414	281	695	40
……				
河北道	381 385	205 239	586 624	35
孟州	14 235	7 557	21 792	35
怀州	11 356	3 568	14 924	50
魏州	55 987	20 985	76 972	27
博州	16 207	13 331	29 538	45
相州	11 789	10 126	21 915	46
卫州	8 514	1 968	10 482	19
磁州	10 300	8 302	18 602	45
澶州	19 317	4 223	23 540	18
德清军	88	338	426	79
洺州	15 013	12 893	27 906	46
贝州	16 934	3 473	20 407	17
邢州	15 408	14 410	29 818	48
祁州	4 412	1 023	5 435	19
镇州	38 407	10 570	48 977	22

（续表）

地 域	主 户	客 户	总户数	客户占总户数之%
定州	22 759	1 894	24 653	8
冀州	18 635	3 712	22 347	16
深州	15 488	5 873	21 361	27
德州	11 356	3 568	14 924	24
棣州	15 685	40 493	56 178	72
沧州	22 375	27 315	49 690	55
瀛州	11 364	4 100	15 464	26
莫州	4 530	650	5 180	13
霸州	3 663	1 244	4 907	25
保州	2 775	1 000	3 775	26
定远军	2 984	1 239	4 223	29
乾宁军	1 708	299	2 007	15
破虏军	310	82	392	21
平塞军	810	20	830	24
宁边军	5 883	306	6 189	50
保顺军	3 093	677	3 770	18
……				
剑南道	553 016	289 803	842 819	34
益州	89 438	42 440	131 878	32
彭州	26 300	7 680	33 980	23
汉州	48 538	10 206	58 744	17
永康军	14 526	5 857	20 383	29
眉州	31 665	31 258	62 923	41
嘉州	5 691	23 207	28 898	80
蜀州	36 254	10 322	46 576	22

（续表）

地　域	主　户	客　户	总户数	客户占总户数之%
简州	10 459	6 010	16 469	36
雅州	80 735	3 826	84 561	41
黎州	332	186	518	36
茂州	273	53	326	16
梓州	37 654	26 261	63 915	41
绵州	28 436	9 280	37 716	25
剑州	7 536	8 304	15 840	52
龙州	890	642	1 532	42
陵州	12 392	13 115	25 507	51
荣州	50 011	16 704	66 715	25
果州	23 249	6 637	29 886	22
阆州	21 746	22 234	43 980	51
遂州	22 047	16 634	38 681	43
普州	1 366	13 144	14 510	90
富顺监	2 298	3 103	5 401	51
昌州	1 180	12 700	13 880	71
……				
江南道	995 722	632 779	1 628 501	39
润州	10 647	15 900	26 547	60
升州	44 109	17 570	61 679	29
苏州	27 889	7 306	35 195	21
常州	28 071	27 481	55 552	49
江阴军	7 645	6 906	14 551	48
杭州	61 600	8 857	70 457	12
婺州	2 982	64	3 046	21

（续表）

地　域	主　户	客　户	总户数	客户占总户数之%
明州	10 878	16 803	27 681	61
台州	17 499	14 442	31 941	45
温州	16 082	24 658	40 740	60
福州	48 800	45 670	94 470	48
南剑州	33 830	22 840	56 670	40
建州	46 637	43 855	90 492	48
邵武军	34 391	13 490	47 881	28
泉州	52 056	44 525	96 581	46
漳州	19 730	4 277	24 007	18
汀州	19 730	4 277	24 007	18
兴化军	13 107	20 600	33 707	60
宣州	34 927	12 025	46 952	25
广德军	9 706	1 207	10 913	11
歙州	48 560	3 203	51 763	6
太平州	11 219	2 841	14 060	20
池州	18 381	15 043	33 424	45
洪州	72 350	31 128	103 478	30
筠州	29 396	16 933	46 329	37
饶州	22 805	23 112	45 917	50
信州	28 199	12 486	40 685	31
虔州	67 810	17 336	85 146	20
袁州	44 800	34 903	79 703	44
吉州	58 673	67 780	126 453	54
建昌军	11 002	7 845	18 847	42
江州	12 319	12 045	24 364	50

（续表）

地　域	主　户	客　户	总户数	客户占总户数之%
南康军	14 642	12 306	26 948	47
鄂州	10 470	15 014	25 484	60
涪州	3 501	8 547	12 048	71
黔州	1 279	2 504	3 783	66
……				
淮南道	161 776	216 839	378 615	58
扬州	14 914	14 741	29 655	51
和州	4 789	4 961	9 750	50
楚州	10 578	13 839	24 417	57
舒州	12 842	19 338	32 180	60
庐州	18 817	26 411	45 228	57
蕲州	14 119	14 817	28 936	51
光州	5 251	13 330	18 581	72
滁州	10 839	9 834	20 673	48
濠州	7 447	10 864	18 311	59
寿州	6 997	26 506	33 503	76
泰州	12 188	20 283	32 471	62
通州	8 087	2 700	10 787	25
高邮军	11 628	9 137	20 765	44
天长军	7 148	7 632	14 780	52
建安军	2 055	7 800	9 855	79
黄州	7 342	3 609	10 951	33
汉阳军	1 439	2 280	3 719	61
安州	4 276	8 312	12 588	66
信阳军	1 020	446	1 466	30

地 域	主 户	客 户	总户数	客户占总户数之%
山南道	173 131	262 611	435 742	55
兴元府	11 364	6 170	17 534	35
西县	1 743	1 714	3 457	49
三泉县	1 102	1 700	2 802	61
文州	5 357	1 094	6 451	14
兴州	2 222	2 537	4 759	53
利州	4 301	5 399	9 700	56
合州	9 061	17 150	26 211	65
渝州	3 692	16 250	19 942	82
开州	2 686	7 859	10 545	75
达州	2 660	10 331	12 991	84
洋州	7 441	3 699	11 140	33
渠州	4 036	17 759	21 795	82
广安军	6 253	15 463	21 716	71
巴州	1 093	7 659	8 752	88
蓬州	6 144	16 056	22 200	72
集州	2 713	3 239	5 952	54
壁州	719	2 137	2 856	71
金州	3 617	8 415	12 032	70
商州	3 763	1 305	5 068	26
邓州	6 010	14 366	20 376	71
唐州	2 387	5 041	7 428	68
均州	3 792	3 827	7 619	50
房州	4 882	690	5 572	12
随州	3 164	3 049	6 213	46

（续表）

地　域	主　户	客　户	总户数	客户占总户数之%
郢州	1 308	2 658	3 966	68
复州	3 117	4 311	7 428	58
襄州	11 363	15 529	26 892	58
光化军	3 685	3 345	7 030	48
荆州	36 174	27 273	63 447	43
荆门军	1 734	2 336	4 070	57
峡州	2 983	1 418	4 401	32
云安军	4 310	3 490	7 800	45
夔州	3 857	3 230	7 087	46
归州	1 127	1 435	2 562	57
万州	619	1 285	1 904	68
忠州	1 970	16 720	18 690	90
梁山军	682	4 672	5 354	87
……				
陇右道				
秦州	19 144	24 177	43 321	56
成州	3 760	5 880	9 640	61
渭州	1 231	1 292	2 523	52
阶州	1 069	4 620	5 689	85
……				
岭南道	87 712	21 617	109 329	20
广州				
恩州	634	146	780	19
春州	392	13	405	3
龚州	615	252	867	29

（续表）

地　域	主　户	客　户	总户数	客户占总户数之%
韶州	9 802	954	10 756	9
端州	223	620	843	74
循州	6 115	2 224	8 339	27
梅州	1 201	367	1 568	23
英州	4 387	592	4 979	12
南雄州	7 738	625	8 363	8
贺州	4 697	1 762	6 459	27
桂州	16 719	7 719	24 438	32
新州	6 087	121	6 208	2
昭州	3 785	1 340	5 125	26
蒙州	2 577	812	4 389	28
浔州	332	881	1 213	73
梧州	1 188	499	1 687	30
象州	1 134	1 360	2 494	55
融州	1 800	718	2 518	29
宜州	1 786	596	2 382	25
雷州	101	5	106	5
崖州	340	11	351	3
……				
全国合计		2 415 708	5 859 551	41

第二表　《中书备对》(1) 及《元丰九域志》(2) 中之主客户统计

地　域	主　户	客　户	总户数	客户占总户数之%
东京开封府（1）（2）	183 770	51 829	235 599	22
京东东路	404 092	190 013	594 105	32

（续表）

地　　域		主　户	客　户	总户数	客户占总户数之%
青州		67 216	25 846	93 062	28
密州		73 642	76 505	150 147	51
沂州		35 120	24 969	60 089	42
登州		49 560	28 670	78 230	37
莱州		75 281	47 700	122 981	38
潍州		36 806	13 125	49 931	26
淄州		32 519	24 008	56 527	42
淮阳军		33 948	51 541	85 489	62
京东西路		451 038	212 172	663 210	32
兖州		56 178	39 524	95 702	41
徐州		84 870	19 046	103 916	18
曹州		42 358	20 252	62 610	32
郓州		67 260	66 777	134 037	50
济州		41 045	14 453	55 498	26
单州		48 470	11 807	60 277	20
濮州		45 367	14 469	59 836	24
应天府		65 490	25 844	91 334	28
京东路总	（1）	817 983	552 817	1 370 800	40
	（2）	855 130	402 185	1 257 315	32
京西南路		147 871	166 709	314 580	51
襄州		40 772	52 255	93 027	57
邓州		17 370	17 105	34 475	50
随州		12 135	25 977	38 112	68
金州		13 132	23 049	36 181	64
房州		14 118	7 113	21 231	33

（续表）

地　　域		主　户	客　户	总户数	客户占总户数之%
均州		21 946	5 032	26 978	19
郢州		6 640	24 935	31 575	78
唐州		21 758	11 243	33 001	34
京西北路		361 904	270 156	632 060	43
河南府		78 550	37 125	115 675	32
颍昌府		31 675	25 777	57 452	46
郑州		14 744	16 232	30 976	52
滑州		20 959	2 423	23 382	10
孟州		22 742	7 333	30 075	24
蔡州		62 156	75 930	138 672	54
陈州		25 649	18 584	44 223	42
颍州		45 624	45 784	91 408	51
汝州		24 139	28 236	52 375	54
信阳军		5 666	12 732	18 398	69
京西路总	（1）	383 226	268 516	651 742	41
	（2）	509 775	436 865	946 640	46
河北东路		392 357	169 114	561 471	30
大名府		102 321	39 548	141 869	28
澶州		36 637	19 352	55 989	35
沧州		52 376	4 535	56 911	8
冀州		42 000	9 136	51 136	18
瀛州		31 601	1 726	33 327	5
博州		49 854	23 038	72 892	32
棣州		30 580	8 363	38 943	22
莫州		13 000	436	13 436	3

（续表）

地　域	主　户	客　户	总户数	客户占总户数之%
雄州	8 707	262	8 969	3
霸州	14 102	957	15 059	6
德州	18 811	18 027	36 838	49
滨州	14 612	31 721	46 333	69
恩州	32 535	22 049	54 584	40
永静军	20 273	13 112	33 385	39
乾宁军	5 263	1 193	6 456	19
信安军	318	391	709	55
保定军	828	233	1 061	22
河北西路	417 858	146 904	564 762	26
真定府	69 753	12 854	82 607	16
相州	26 753	21 093	47 846	45
定州	44 530	14 730	59 260	25
邢州	38 936	21 697	60 633	36
怀州	19 234	13 682	32 916	42
卫州	33 843	13 873	37 716	37
洺州	25 107	10 652	35 759	30
深州	33 518	5 250	38 768	14
磁州	20 024	9 101	29 125	31
祁州	21 268	224	21 492	1
赵州	35 481	5 256	41 734	15
保州	21 453	3 420	24 873	14
安肃军	5 097	1 004	6 101	16
永宁军	13 582	9 057	22 639	40
广信军	3 173	180	3 353	5

（续表）

地　域		主　户	客　户	总户数	客户占总户数之%
顺安军		6 106	3 831	9 937	39
河北路总	（1）	765 130	219 065	984 195	22
	（2）	810 215	316 018	1 126 233	28
陕西永兴军路		626 412	129 643	756 055	17
京兆府		158 072	65 240	223 312	25
河中府		49 351	5 516	54 867	10
陕州		32 840	11 552	44 392	26
延州		34 918	1 849	36 767	5
同州		69 044	10 566	79 610	13
华州		68 344	11 836	80 180	15
耀州		19 802	6 108	25 910	24
邠州		53 652	6 185	59 837	10
鄜州		19 442	7 674	27 116	28
解州		25 004	3 931	28 935	14
庆州		12 638	6 383	19 021	34
虢州		10 606	6 965	17 571	40
商州		18 089	62 336	80 425	78
宁州		33 268	4 106	37 374	11
坊州		8 236	5 043	13 279	39
丹州		7 988	1 847	9 835	19
环州		4 199	2 384	6 583	36
保安军		919	122	1 041	12
陕西秦凤路		345 172	163 628	508 800	32
凤翔府		127 018	44 511	171 529	26
秦州		43 236	23 808	67 044	36

（续表）

地　　域		主　户	客　户	总户数	客户占总户数之%
泾州		18 218	7 772	25 990	30
熙州		199	1 157	1 356	85
陇州		15 702	9 072	24 774	37
成州		12 000	2 659	14 659	18
凤州		20 294	17 900	38 194	47
岷州		29 960	7 761	37 721	21
渭州		26 640	10 996	37 636	29
原州		16 840	5 561	22 401	25
阶州		23 936	17 725	41 661	43
河州		295	296	591	50
兰州		419	224	643	35
镇戎军		1 434	2 696	4 130	66
德顺军		7 589	9 152	16 741	55
通远军		1 392	3 337	4 729	71
陕西路总	（1）	697 967	264 351	962 318	27
	（2）	971 984	293 271	1 274 855	23
河东路	（1）	383 148	67 721	450 869	15
	（2）	463 418	110 798	574 216	19
太原府		78 566	27 572	106 138	26
潞州		39 378	13 167	52 545	25
晋州		77 486	4 598	82 084	5
府州		1 262	78	1 340	6
麟州		3 790	196	3 986	5
绛州		55 522	6 535	62 057	11
代州		18 779	11 125	29 904	37

（续表）

地 域	主 户	客 户	总户数	客户占总户数之%
隰州	37 836	1 121	38 957	3
忻州	12 471	4 751	17 222	28
汾州	41 655	11 482	53 137	22
泽州	38 991	12 708	51 699	25
宪州	2 741	811	3 552	23
岚州	10 146	1 313	11 459	11
石州	12 624	2 179	14 803	15
辽州	5 578	1 725	7 303	24
丰州	22	136	158	90
威胜军	16 190	7 916	24 106	33
平定军	7 176	257	7 433	3
岢岚军	814	1 692	2 506	68
宁化军	476	640	1 116	68
火山军	1 304	571	1 875	30
保德军	611	217	828	28
淮南东路	418 884	192 691	611 575	32
扬州	29 077	24 855	53 932	46
亳州	86 811	34 068	120 879	28
宿州	57 818	48 060	105 878	45
楚州	59 727	20 018	79 745	25
海州	26 982	20 660	47 642	43
泰州	37 339	7 102	44 441	16
泗州	36 725	17 240	53 965	32
滁州	29 922	10 363	40 285	25
真州	16 790	17 068	33 858	51

（续表）

地　域		主　户	客　户	总户数	客户占总户数之%
通州		28 692	3 247	31 939	10
淮南西路		419 753	318 746	738 499	43
寿州		50 063	72 705	122 768	59
庐州		60 136	30 352	90 488	33
蕲州		74 017	38 356	72 373	53
和州		26 163	13 126	39 289	33
舒州		79 050	47 434	126 484	37
濠州		31 837	15 477	47 314	34
光州		25 296	40 662	65 958	61
黄州		32 933	49 005	81 938	60
无为军		40 258	11 629	52 287	22
淮南路总	(1)	723 784	355 270	1 079 054	35
	(2)	838 637	511 437	1 350 074	38
两浙路	(1)	144 646	383 690	528 336	83
	(2)	1 418 682	361 271	1 779 953	20
杭州		164 293	38 513	202 806	19
越州		152 585	337	152 922	
苏州		158 767	15 202	173 969	9
润州		33 318	21 480	54 798	39
湖州		134 612	10 509	145 121	7
婺州		129 751	8 346	138 097	6
明州		57 874	57 334	115 208	50
常州		90 852	45 508	136 360	33
温州		80 489	41 427	121 916	33
台州		120 481	25 232	145 713	21

（续表）

地　　域		主　户	客　户	总户数	客户占总户数之%
处州		20 363	68 995	89 358	77
衢州		69 245	17 552	86 797	20
睦州		66 915	9 836	76 751	13
秀州		139 137			
江南东路	（1）	902 261	171 499	1 073 760	16
	（2）	926 225	201 186	1 127 411	17
江宁府		118 597	49 865	168 462	30
宣州		120 959	21 853	142 810	15
歙州		103 716	2 868	106 584	3
江州		75 888	19 496	95 384	20
池州		106 657	24 708	131 365	19
饶州		153 605	34 590	188 195	18
信州		109 410	23 207	132 617	17
太平州		41 720	9 277	50 997	16
南康军		55 527	14 969	70 496	21
广德军		40 146	253	40 399	6
江南西路	（1）	871 720	493 813	1 365 533	36
	（2）	835 266	491 870	1 327 136	37
洪州		180 760	75 474	256 234	30
虔州		81 621	16 509	98 130	17
吉州		180 767	142 630	323 397	44
袁州		79 207	50 477	129 684	40
抚州		93 915	61 921	155 836	40
筠州		36 134	43 457	79 591	54
兴国军		40 970	12 890	53 860	23

（续表）

地　域		主　户	客　户	总户数	客户占总户数之%
南山军		34 024	1 775	35 799	5
临江军		68 286	21 111	89 397	24
建昌军		89 582	25 626	115 208	22
荆湖南路	(1)	456 431	354 626	811 057	44
	(2)	475 677	395 537	871 214	46
潭州		175 660	182 164	357 824	51
衡州		74 087	105 963	180 050	59
道州		23 038	13 646	36 684	37
永州		58 625	28 576	87 201	33
郴州		21 912	15 076	36 988	41
邵州		61 841	35 393	97 234	36
全州		29 648	4 737	34 385	14
桂阳监		30 866	9 982	40 848	22
荆湖北路	(1)	350 593	238 709	589 302	41
	(2)	280 000	377 533	657 533	57
江陵府		56 314	133 608	189 922	61
鄂州		53 150	72 107	125 257	58
安州		25 524	35 220	60 744	58
鼎州		33 064	8 096	41 160	20
澧州		19 403	39 276	58 679	67
峡州		12 609	32 887	45 446	72
岳州		50 605	46 079	96 684	48
归州		6 877	2 761	9 638	29
辰州		5 669	3 244	8 913	36
沅州		7 051	3 514	10 565	33

（续表）

地　　域		主　户	客　户	总户数	客户占总户数之%
诚州		9 734	741	10 475	7
成都府路	（1）	574 630	196 903	771 533	26
	（2）	630 523	243 880	874 403	28
成都府		119 388	49 710	169 098	29
眉州		48 179	27 950	76 129	37
蜀州		65 599	13 328	78 927	17
彭州		57 418	14 999	72 417	21
绵州		116 064	17 085	133 149	12
汉州		61 697	16 843	78 540	20
嘉州		17 720	52 826	70 546	75
邛州		63 049	17 081	80 130	20
黎州		1 797	915	2 712	34
雅州		13 461	9 526	22 987	42
茂州		318	239	557	43
简州		32 638	7 576	40 214	19
威州		1 286	383	1 669	23
陵井监		31 909	15 419	47 328	33
梓州路	（1）				37
	（2）	248 481	229 690	478 171	48
梓州		78 707	22 464	101 171	22
遂州		31 651	19 536	51 187	38
果州		38 333	14 085	52 418	27
资州		17 879	21 586	39 465	55
普州		9 122	20 378	29 500	69
昌州		5 822	28 641	34 463	83

（续表）

地　域		主　户	客　户	总户数	客户占总户数之%
戎州		12 833	4 186	17 019	25
泸州		2 647	32 417	35 064	92
合州		18 013	18 621	36 634	51
荣州		4 911	11 754	16 665	71
渠州		10 910	9 894	20 804	48
怀安军		24 141	3 184	27 325	12
广安军		10 521	14 751	25 272	58
富顺监		2 991	8 193	11 184	73
利州路	(1)	179 835	122 156	301 991	40
	(2)	189 133	147 115	336 248	44
兴元府		48 567	9 161	57 728	16
利州		5 535	16 644	22 179	75
洋州		32 159	27 138	59 297	46
阆州		36 536	17 701	54 237	33
剑州		20 659	7 586	28 245	27
巴州		8 605	23 261	31 866	73
文州		11 535	573	12 108	4
兴州		3 192	10 052	13 244	76
蓬州		15 212	20 596	35 808	58
政州		3 796	11 426	15 222	75
三泉直隶县		3 337	2 977	6 314	47
夔州路	(1)				54
	(2)	75 453	178 908	254 361	70
夔州		7 497	3 716	11 213	33
黔州		790	2 058	2 848	72

（续表）

地　　域		主　户	客　户	总户数	客户占总户数之%
达州		6 476	40 165	46 641	86
施州		9 323	9 781	19 104	51
忠州		12 137	23 713	35 850	66
万州		6 457	14 098	20 555	67
开州		8 704	16 296	25 000	66
涪州		2 570	15 878	18 448	86
渝州		11 423	29 657	41 080	72
云安军		4 535	6 543	11 078	57
梁山军		3 623	8 654	12 277	66
南平军		617	3 020	3 637	83
大宁监		1 301	4 329	6 630	80
福建路	（1）	645 267	346 820	992 087	35
	（2）	580 136	463 703	1 043 839	44
福州		114 636	96 916	211 552	46
建州		69 126	117 440	186 566	62
泉州		141 199	60 207	201 406	28
南剑州		59 355	60 206	119 561	50
汀州		66 157	15 297	81 454	19
漳州		35 920	64 549	100 469	64
邵武军		58 590	29 004	87 594	33
兴化军		35 153	20 084	55 237	36
广南东路	（1）	347 459	218 075	565 534	39'
	（2）	356 983	223 267	580 250	38
广州		64 796	78 465	143 261	54
韶州		53 501	3 937	57 438	7

（续表）

地　　域		主　户	客　户	总户数	客户占总户数之%
循州		25 634	21 558	47 192	45
潮州		56 912	17 770	74 682	24
连州		30 438	6 504	36 942	18
贺州		33 938	6 267	40 205	16
封州		1 726	1 013	2 739	37
端州		11 269	13 834	25 103	55
新州		8 480	5 167	12 647	41
康州		8 979			
南恩州		5 748	21 466	27 214	79
梅州		5 824	6 548	12 372	53
南雄州		18 686	1 653	20 339	8
英州		6 690	1 329	8 019	16
惠州		23 365	37 756	61 121	62
广南西路	（1）	163 418	78 691	242 109	33
	（2）	195 144	63 238	258 382	24
桂州		56 791	9 553	66 344	14
容州		10 229	3 547	13 776	26
邕州		4 870	418	5 288	7
象州		5 435	3 283	8 718	38
融州		2 813	2 845	5 658	40
昭州		15 760	90	15 850	1
梧州		3 914	1 821	5 735	32
藤州		5 070	1 312	6 382	21
龚州		4 553	3 486	8 039	43
浔州		2 229	3 912	6 141	64

(续表)

地　域		主　户	客　户	总户数	客户占总户数之%
贵州		4 022	3 438	7 460	46
柳州		7 294	1 436	8 733	16
宜州		11 550	4 273	15 823	27
宾州		4 612	3 008	7 620	39
横州		3 172	279	3 451	8
化州		6 018	3 255	9 273	35
高州		8 737	3 029	11 766	26
雷州		4 272	9 512	13 784	69
白州		3 727	862	4 589	19
钦州		10 295	257	10 552	2
郁林州		3 542	2 003	5 545	36
廉州		6 601	891	7 492	12
琼州		8 433	530	8 963	5
昌化军		745	90	835	11
万安军		120	97	217	45
朱崖军		340	11	351	3
全国合计	（1）		3 949 032	12 333 998	32
	（2）		5 499 601	16 353 833	33.6

我们看了这两个表，有以下的事实可注意：

（一）全国客户占总户的百分数在太平兴国（公元 976—984 年）时，是百分之四一；在元丰（公元 1078—1085 年）时是 33.6%，中间并经降到 32。可见在一百年左右（一个统一和平的时期），土地集中的程度不但没有增加，而且有显著的退减。北宋的土地政策是再放任不过的，像"限民名田""授田""公田"等近于"裁抑兼并"的制度都没有实行过，而结果如此。我们虽然不能照北宋土地分配的情形去类推其他历史上的一切"太平盛世"；但在长久的和平时期中，土地之没有趋向集中的必然性，于此得到坚决的证明。

（二）就最高的行政区域言，太平兴国间土地集中程度最高的似是淮南道（陇右道之记载残缺太多，其总数不可用），其平均客户所占总户百分数为五八；其次山南道（略当今川东及湖北），平均百分数为五五；最低的是岭南道，平均百分数为二〇，其次河东道（略当今山西），平均百分数为二一。

在元丰（公元 1078—1085 年）间，最高的是夔州路，平均数为七〇，其次荆湖北路，平均数为五七（此二路约略相同于太平兴国时之山南道）；最低的是江南西道和陕西永兴军路，平均数皆为一七，其次河东路，平均数为一九。

（三）就州府言，客户占总户百分数七十以上的，在太平兴国间有：

涟水军、莱芜监（以上河南道），德清军、棣州（以上河北道），嘉州、普州、昌州（以上剑南道），涪州（江南道），光州、寿州、建安军（以上淮南道），渝州、开州、达州、渠州、广安军、巴州、蓬州、壁州、金州、邓州、忠州、梁山军（以上山南道），阶州（陇右道），端州、浔州（以上岭南道）。

在元丰间有：

郢州（京西南路），丰州（河东路），处州（两浙路），峡州（荆湖北路），嘉州（成都府路），商州（陕西永兴军路），熙州、通远军（以上陕西秦凤路），昌州、泸州、荣州、富顺监（以上梓州路）、利州、巴州、兴州、政州（以上利州路），黔州、达州、涪州、渝州、南平军、大宁监（以上夔州路），南恩州（广南东路）。

占十五以下的，在太平兴国间有：

滑州、广济军、宿州（以上河南道），并州、汾州、蒲州、绛州、慈州、隰州、威胜军、平定军（以上河东道），定州、莫州、乾宁军（以上河北道），杭州、广德军、歙州（以上江南道），文州、房州（以上山南道），春州、韶州、英州、南雄州、新州、雷州、崖州（以上岭南道）。

在元丰间有：

滑州（京西北路），沧州、瀛州、莫州、雄州、霸州（以上河北东路），深州、祁州、赵州、保州、广信军（以上河北西路），河中府、延州、同州、华州、邠州、解州、宁州、保安军（以上陕西永兴军路），晋州、府州、麟州、绛州、隰州、岚州、石州、平定军（以上河东路），通州（淮南东路），越州、苏州、湖州、婺州、睦州（以上两浙路），宣州、歙州（以上江南东路），南山军（江南西路），全州（荆湖南路），诚州（荆湖北路），绵州（成都府路），怀安军（梓州路），文州（利州路），韶州、南雄州（以上广南东路），桂州、邕州、昭州、横州、钦州、廉州、琼州、昌化军、朱崖军（以上广南西路）。

于此可注意者有两点：1. 土地集中程度最高或最低的州府，在地理分布上不是集中的。2. 各州府的土地集中程度在这一百年中大有升降。

（四）从太平兴国至元丰间中国的社会骚乱，除了兵变及边境内外蛮夷的反叛外，有下列的五次。（参看宋朝陈均的《皇朝编年

纲目备要》）

1.淳化四年至至道元年（公元 993—995 年）王小波、李顺之乱；

2.至道二年（公元 996 年）王鸬鹚之乱；

3.庆历三年（公元 1043 年）王伦之乱；

4.庆历七年（公元 1047 年）王则之乱；

5.熙宁十年（公元 1077 年）廖恩之乱。

我们试考查这些乱事发生的地方的土地分配情形，看它们的起因是否和土地的高度集中有关：

1.王小波、李顺之乱发难于眉州，其地客户所占总户之百分数在太平兴国间为四一，在元丰间为三七。眉州在太平兴国间属剑南道，该道之平均客户百分数为三四；在元丰间属成都府路，该路之平均客户百分数为二八。

2.王鸬鹚之乱，史未确定为在蜀中那一州府。惟观其自称为南邛王，似在邛州。邛州在太平兴国间属剑南道，在元丰间属成都府路。邛州客户数，《寰宇记》缺略，据《九域志》，其客户百分数为二〇。

3.王伦之乱起事于沂州，其地之客户百分数在太平兴国间为五七，在元丰间为四二。沂州在太平兴国间属河南道，该道之平均客户百分数为四六，在元丰间属京东路，该路之平均客户百分数为三二。

4.王则之乱，起事于贝州，其地之客户百分数在太平兴国间为一七，在元丰间（即恩州）为四〇。此地所属之河北道，其平均客户百分数在太平兴国间为三五，在元丰间为二八。

5. 廖恩之乱发生于南剑州，其地之客户百分数在太平兴国间为四〇，在元丰间为五〇。南剑州在太平兴国间属江南道，该道之平均客户百分数为三九；在元丰间属福建路，该路之平均客户百分数为四四。

以上五次乱事发动所在之州府，其客户所占总户之百分数无过五七者，所在道路的这种百分数无过四六者。而同时其他州府的这种百分数有在七〇或八〇以上者，其他道路的这种百分数有至五八或七〇者。可见，此等乱事与土地的集中无甚关系。

附注：张荫麟先生这篇文章是历史研究上极有趣味的一个尝试。作者想从北宋主客户分配的情形证明北宋几次社会骚动与土地集中无甚关系。在一般历史学者对于北宋五次骚动的原因都有相当的认识之情形下，作者想用量的资料再作一个额外的佐证，其用意是很可钦佩的。

在历史研究法之中，尤其在研究社会经济史方面，量的分析是有用且有价值的一种方法。但在运用它的时候必须慎重，要理会它的危险，要认识它的应用限度。第一，"统计可以证明一切"，同样的量的资料可以同时证明完全相反的事情，这是对于引用统计最常有的批评，也就是对于我们采用统计方法的一个严重的警告。第二，量的资料必须精确、完整，足可以供统计的分析。近代统计方法日趋严密，现代的资料的搜集须依统计原理设计，按时集录，乃得其用。至于见诸历史的量的资料，大都不外官厅行政所用的记载或时人认为有意义的数字。例如张先生文中关于主客户的数字似是当时政府征收田赋的记录，能否从中看出当时土地分配的实际情形，大有商榷的地方。故从现代统计学的观点视之，历史上许多量的资料实在无足重轻，大可弃之不顾。但在量的资料极端贫乏的历史学界偶得若干残缺不完的数字用作佐证，有时却也是很珍贵的；不过一定要如上面所说，把它的应用的限度估量清楚，否则很容易把它的用处估量过高。第三，我们要认清每个历史事实都是单独的、特别的，没有两个历史现象是相同的。因此之故，历史上量的资料原为某项事件或某项目的用的，我们很难同时用以类推或佐证其他的历史事项。第四，历史的资料繁多，量的资料不过是其中的一种，若不将其他相关的资料认识清楚而仅用量的资料来证明某一事项是危险的。

我们于读了张先生的文章后，觉得所用的统计资料有可讨论之处，爰附数语，以供读者参考。

汤象龙

（原载《中国社会经济史研究集刊》第 6 卷第 1 期，1939 年 6 月）

北宋的外患与变法

（一）

自从石晋末年（公元 947 年），契丹退出汴梁后，它的极盛时代已成过去。白马岭之战使太宗觉得契丹易与。太原攻下之后，他便要一劳永逸地乘胜直取燕云。这十六州的国防要区一天不收回，他的帝国一天不能算是"金瓯无缺"。但是他的部下，上至大将下至兵卒都指望太原攻下之后，可以暂息汗马之劳，同时得到一笔重赏，回家去享享太平福。太宗却不这样想。将士有了赀财，哪里还肯卖力去打仗？不如等燕云收复后，才给他们一起颁赏也不迟。而将士贪赏求逸的隐衷又怎能向皇帝表示？在迅速的"宸断"之下，太宗便领着充满了失望心情的军队向东北进发。一路所经易州和涿州的契丹官将先后以城降，不到一月便抵达幽州城（今北平）下；附近的契丹官将又络绎来降，宋军围幽州城三匝。城内空虚，自分无幸；契丹主也准备放弃这重镇。独有一大将（舍利郎君），自告奋勇，请兵赴援，他领兵寅夜兼程，从间道兜到宋军的后方，席卷而北。宋军仓卒应战于今北平西直门外的高梁桥（下为高梁河）一带，立时大败，四散逃窜。幸而契丹主帅受了重伤，不能穷追。败军复集后找寻太宗不得，只当他已死。正议拥戴太祖的儿子继位间，却发现了他，只身乘驴车遁归，大腿上中了两箭。十八年后他就因这伤口的发作而死。

高梁桥之战（太平兴国四年，公元 979 年）以后，宋辽边境上的冲突，断断续续地拖了二十几年，彼此都无大进展（京戏中有名的"杨家将"就是在这时代出现的）。太宗于死前三年（公元 994年），正当李顺乱事未平之际，曾两次遣使往契丹议和，都为所拒绝。真宗咸平六年（公元 1003 年），宋殿前都虞侯王继忠孤军力战，为契丹所俘。他本是真宗藩邸的亲信，骁勇著名。契丹摄政太后萧氏，很器重他，授以高官，配以贵女。他既荷新宠，又感旧恩，一心要促成宋辽的和好。萧后和她朝中的领袖们对于边境的拉锯战也未尝不感厌倦，但怎肯平白休兵？次年，他们率领倾国的军队南下，同时由王继忠出面与宋朝通书约和，真宗用宰相寇准的定策，一面严密布置守御，并亲至澶渊（今河北濮阳县西南）督师，一面遣使赴契丹议和。契丹攻瀛州城不下，而其进迫澶渊的前锋的统帅（即去年擒王继忠者）又中伏弩死。两方且战且议的结果，便是所谓"澶渊之盟"。构和的条件载于两方交换的誓书内。兹将宋方的誓书录下。

> 维景德元年，岁次甲辰，十二月庚辰朔，七日丙戌，大宋皇帝谨致誓书于大契丹皇帝阙下：共遵成信，虔奉欢盟，以风土之宜，助军旅之费。每岁以绢二十万匹、银一十万两，更不差使臣专往北朝，只令三司差人般送至雄州交割。沿边州军各守疆界；两地人户，不得交侵。或有盗贼逋逃，彼此无令停匿；至于垄亩稼穑，南北勿纵惊骚。所有两朝城池，并可依旧

存守，淘濠完葺，一切如常。即不得创筑城隍，开拔河道。誓书之外，各无所求。必务协同，庶存悠久。自此保安黎献，慎守封陲。质于天地神祇，告于宗庙社稷。子孙共守，传之无穷。有渝此盟，不克享国。昭昭天鉴，当共殛之！……

据说，宋方的使人临行时，真宗吩咐他道：若不得已，许与契丹的岁币，不妨添到一百万。寇准却把使人召来，对他说：虽有御旨，若许过三十万，我便砍你的头。其后使人定约回来，真宗正在幕内用膳，不及召见，先差太监去探问。使人在幕外，不便扬声，只把三个指头向额上一点。那太监当为三百万禀报。真宗听了道：太多，也罢，姑且了事。

（二）

澶渊之盟后，宋朝边境保持了三十年完全的和平，而有西夏赵元昊之患。西夏原初的地域，大略包括今陕北的无定河以西、延水之北和绥远的鄂尔多斯。这区域在唐以来为羌族所散布。唐末，这区域的守将跋拔氏（北魏之后）割据自主，传世至宋。太宗时，西夏叛而复附，附而复叛。澶渊之盟前一年，西夏攻占灵州（今宁夏灵武县西南），盟后二年，又复就抚。是时西夏之于宋边，还不过是癣疥之患。至仁宗明道元年（公元1032年），赵元昊（赵是太宗时赐姓）继位，而形势大变。元昊从小就是一个异凡的人物，不独精娴武事，并且通蕃（盖指藏族）汉文字，从法律书、兵书，以至佛典，无所不读；又能绘画，能出新意创制器物。他劝其父不要臣属中国。其父说："我们三十年来，周身锦绮，都是宋朝所赐，怎好负恩?"他说:"穿兽皮,勤力牧畜,是蕃人的天性。大丈夫要为王为霸,锦绮算什么?"在继位之前,他曾领兵西征回鹘,连取了甘州和西凉府(并在今甘肃省河西地)。既继位,模仿宋朝制度,改革政府组织。自创西夏字根,命人演成西夏文字,又命人拿来译《孝经》《尔雅》《论语》等书(西夏文译的佛经和其他西夏文书现在还有留存)。他有蕃汉兵十五六万,仍都兴州(今宁夏省会);西取回鹘的沙、瓜、肃三州(并在今甘肃河西),东南寇宋。他继位之初已私自改元,第七年(公元 1038 年)便正式称帝,定国号为大夏。此后,宋在今陕西黄河近岸、延水流域,以迄甘肃的环县、庆阳、泾川、固原一带的边境上,和西夏展开四年的苦战。宋方的主要将帅是安阳人韩琦和苏州人范仲淹。范之参预这次军事,原是由韩的举荐,但初时二人的战略根本不同。韩主张集中兵力,深入进攻,一举击破敌主力。他也知道这是冒险的事,但他以为"大凡用兵,当置胜败于度外"。范却以为"承平岁久,中原无宿将精兵,一旦兴深入之谋,国之安危,未可知也"。"为今之计,宜严戒边城,使持久可守;实关内(即关中),使无虚可乘;若寇至边城,清野不与大战。关中稍实,(敌)岂敢深入?二三年间,彼自困弱。"他又主张军事与外交并用,亲自作书,劝元昊罢兵称臣,时人多以他为怯。庆历元年(公元 1041 年),韩琦巡边至镇戎军(今甘肃固原),派兵数万,深入敌后,窥取羊牧隆城(今甘肃隆德附近)。所遣的统领官贪利轻进,陷入敌人的大包围中,全军尽覆。兵士阵亡的,据当时边庭低折的报告,也有一万零三百人。这是宋与西夏战役中最惨的败仗,中外为之震撼。契丹乘这机会,蠢蠢欲动,次年便向宋朝提出割地的要求。宋朝只得增加岁币银十万两、绢十万匹（加原额三分之二），以为宽免割地的代价。经这一役的教训，韩琦只得接受范仲淹的清野固守政策。从此二人同心协力，作持久计。二人皆名重一时，人心归向，又皆号令严明，爱抚士卒，对近边的羌人部落，也推诚相与，恩威并用。士卒用命，羌人感畏，边境渐安。边民为之歌唱道：

> 军中有一韩，西贼闻之心胆寒！
> 军中有一范，西贼闻之惊破胆！

这两位使西贼"心胆寒""惊破胆"的大将可都不是雄赳赳的武夫，而是温雅雍容的儒者。那羌人尊称为"龙图老子"（因为他带"龙图阁直学士"衔）的范公，并且是一代的作手，他这时在军中的歌咏，为宋人所传诵的，兹录一首如下：

> 塞上秋来风景异，衡阳雁去无留意。四面边声连角起，千嶂里，长烟落日孤城闭。
> 浊酒一杯家万里，燕然未勒归无计。羌管悠悠霜满地，人不寐，将军白发征夫泪。

宋朝虽守住了西北边境，却谈不到犁庭扫穴。因为宋取防堵的战略，需要兵力特别多。自对西夏用兵以来，禁军从四十余万增至八十余万，军队的维持费自然照这比率增加，而战时的非常支出还不算。政府虽把税收入增到无可再增（例如以较真宗景德时，商税酒税皆增四倍余，盐税增一倍余），仍不敷甚巨，只得把太祖、太宗以来的储蓄，拿来支用。到西夏事定时，"百年之积，惟存空簿"了。朝廷对元昊自始就没有关闭和平的路，只要罢兵称臣，在相当限度内，银绢是不吝惜的。元昊见宋边境无隙可乘，又适值国内发生严重的天灾，便于庆历三年（公元 1043 年）遣使来讲和。两方所争的只是元昊称呼，来使所持元昊的文书自称"男邦尼定国兀卒上书父大宋皇帝"。兀卒是他自取的名，意思是"我的祖宗"。继后他的文书，竟直用汉译作"吾祖"。但这不过是一种讨价的刁难，次年元昊便答应取消这个怪名，而对国内自称夏国王，对宋称臣。宋朝则答应每年"赐"他绢十万匹，银七万两，茶四万斤。和议成后四年，元昊因为占夺新娶的媳妇，为其子所杀，年四十六。

（三）

范仲淹自从读书应举时，便"以天下为己任"。他常说，"士当先天下之忧而忧，后天下之乐而乐"。远在仁宗天圣三年（公元 1025 年），即元昊僭号之前十三年，当他任大理寺丞（年三十七，登进士第后十年）时，他已看见国家隐伏的危机，上书朝廷，倡言改革。书中最精警的一段道：

> 圣人之有天下也，文经之，武纬之，此二道者，天下之大柄也……相济而行，不可斯须而去焉。……《道经》曰："祸兮福所倚，福兮祸所伏"；又曰："防之于未萌，治之于未乱。"圣人当福而知祸，在治而防乱。……我国家……自真宗皇帝之初，犹有旧将旧兵，多经战敌，四夷之患，足以御防。今天下休兵余二十载。昔之战者，今已老矣。今之少者，未知战事。

人不知战，国不虑危，岂圣人之意哉？而况守在四夷，不可不虑。古来和好，鲜克始终。……今自京至边，并无关崄。其或恩信不守，衅端忽作，戎马一纵，信宿千里。若边少名将，则惧而不守，或守而不战，或战而无功，再扣澶渊，岂必寻好？未知果有几将，可代长城？伏望圣慈……与大臣论武于朝，以保天下。先命大臣密举忠义有谋之人，授以方略，委以边任；次命武臣密举壮勇出群之士，任以武事，迁其等差……列于边塞，足备非常。……至于尘埃之间，岂无壮士？岂复唐之武举，则英雄之辈，愿在彀中。此圣人居安虑危之备，备而无用，国家之福也。

除了国防整顿外，仲淹于官吏的选任、人才的储养、直谏之奖励、文风浮薄之救正、君德之修省，皆有所规陈。但他这封富于预言性的奏书竟未曾发生一点实际的影响。

庆历三年（公元 1043 年），当元昊使来，西事大定之后，仲淹被召入朝为枢密副使，旋任参知政事。一时朝野倾心瞩目。他于就职的次月，上了一封"万言书"，条陈兴革事宜十项。这十项中除关于民生的两项（厚农桑，减徭役）外，其余大旨不出天圣三年（公元 1025 年）的建议的范围，不过比从前更为周详，更为具体罢了。现在把其中比较最重要的六项归入四纲领，节述如下。

1. 关于国防建设的。恢复唐朝的府兵制："先于畿内并近辅州府召募强壮之士，充京畿卫士，约五万人，以助正兵，足为强盛，三时务农……一时教战。……俟京畿近辅召募卫兵已成次第，然后诸道仿此渐可施行。"

2. 关于民生的。（甲）厚农桑："请每年秋，降敕下诸路转运司，令辖下州军吏民各言农桑可兴之利，可去之害，或合开河渠，或筑堤堰坡塘之类，并委本州运选官计定工料，每岁于二月间兴役，半月而罢，仍具功绩闻奏。"（乙）减徭役：省并户口虚少的县份，使这些县民繁重的徭役可以减轻。（因人民须服役于县衙，县多户少，则役重。）

3. 关于科举制度的。"请诸路州郡有学校处奏举通经有道之士，专于教授，务在兴行。……重定外郡发解条约：须是履行无恶艺业及等者方得解荐，更不弥封试卷。……其考较进士：以策论高、词赋次者为优等，策论平、词赋优者为次等。诸科：经旨通者为优等，墨义通者为次等。……进士，诸科，并以优等及第者放选任官，次等及第者守本科选限"。

4. 关于用人行政的。（甲）明黜陟：是时成例，"文资三年一迁，武职五年一迁，谓之磨勘。……虽愚暗鄙猥，人莫齿之，而……坐至卿监丞郎者比比皆是"。仲淹请严定考绩之法，使无功不擢，有善必赏。（乙）抑侥幸：自真宗以后，恩荫愈滥，"两省至知杂御史以上，每遇（三年）南郊并（每年）圣节（皇帝生日）各奏子充京官，少卿监奏一子充试衔……其大两省等官……复更（例外）每岁奏荐，假有任学士以上官，经二十年者则一家兄弟子孙出京官二十人。仍接次升朝"。仲淹请废圣节恩荫之例，其余恩荫的优待，亦大加减损。

仲淹任参知政事不满一年，便在怨谤丛集之下，不安于位而去。他所提出的改革方案中：复府兵一项因其他大臣一致反对，谈不到实施；变科举一项，已完全实行，但他去职后不久，旧制又被恢复；其他各项，若不是未及着手，便是才开了一点端绪，便因他的去职而停息。他去职后，出巡西北边，其后历知州郡，七年而殁（公元1052年），谥文正。

仲淹字希文，二岁丧父，其母携他改嫁长山（在今山东）朱氏。初从朱姓，名说。至二十九岁，始复本姓，定今名。年二十一，中"学究"科。继后读书于长山的山寺中。这时他的生活很清苦，每日煮一锅粥，划为四块，早晚取两块，加上几茎蔇菜和一些盐便算一餐。年二十三，得知自己的身世，立即带着琴剑，离开朱家。其母派人追及他，他说："十年后，等我中了第，再来迎接母亲。"他投入南京（宋以商丘为南京）的府立学舍，在学舍中更加贫乏，有时连饘粥也不饱，夜间被盖不够，就和衣而睡。真宗巡幸南京学舍，生徒皆往观看，他独不出。南京留守的儿子和他同学，见他的情形和留守谈及。留守命人送了他好些肴馔，他收下，却一直等到腐败也不一动。留守的儿子问故，他说："并非不感谢厚意，可是食粥已久，安之若素，一旦享受了这嘉肴，以后吃粥还吃得下么？"年二十七，登进士第。初仕为广德军司理参军（法官），常为断狱事和郡长官争是非。长官每盛怒临他，他一点也不摇动，归去便把和长官往来辩论的话记在屏风上，等到满任，整副屏风都写满了。后来知开封府时，有一宦官，倚势作威，中外畏惧，他独抗疏弹劾；自知此事危险，疏上之后，嘱咐诸儿子，他若不幸，以后他们不可做官，但在他墓旁设馆，教书度日。他虽显贵，常以俭约表率家人。非宴客，食不重肉。每夜就寝前，自计一日间自奉的费用和所做的事，若觉得两者可以相当，便熟睡，否则终夜不安，次日必设法做一有益于人的事以为抵补。他为次子娶妇，听说妇家以纱罗给她做帷幔，便怒道："罗绮岂是做帷幔之物？我家一向清俭，怎得乱我家法？若敢拿来我家，必定把它当众烧掉。"他的令人景慕的遗闻轶事，可以写一本书，这里所选择的只代表他的不移于贫贱，不淫于富贵，不屈于威武的性格，即孟子所谓"大丈夫"的性格。

仲淹死后八年，当仁宗嘉祐五年（公元 1060 年），王安石（时年四十）自江东提点刑狱，任满应召，赴阙也上了一封"万言书"。他也觉得国家的现状非变革不可，但他认为变法的先决问题是人才的问题。照他的人才的标准，这时无论在中央或在地方，在位或在野，都缺乏人才。"今以一路数千里之间，能推行朝廷之法令，知其所缓急，而一切能使民以修其职事者甚少，而不才苟简贪鄙下人至不可胜数。……朝廷每一令下，其意虽善，在位者犹不能推行，使膏泽加于民，而吏辄缘之为奸，以扰百姓。"为什么人才这样缺乏呢？他以为由于"教之、养之、取之、任之"不得其道。什么是"教之"之道呢？他以为国家应自都城以至乡镇，遍设学校，凡优秀的青年都取入学校，由国家供养；严选教师，教以"朝廷礼乐刑政之事"。所谓"刑政"之事，包括军事。"先王之时，士之所学者，文武之道也。士之才有……大小。……至于武事则随其才之大小无有不学者也。故其大者居则为六官之卿，出则为六军之将也。其次则比、闾、族、党之师，亦皆率两师旅之帅也。"什么是"养之"之道呢？他以为国家于取入学校和仕于政府的士人，应当"饶之以财，约之以礼（自婚、丧、祭、养、燕享，以至服食器用皆有定制），裁之以法"。什么是"取之"之道呢？他说"取人必于乡党，于庠序，使众人推其所谓贤能，书之以告于上而察之（试之以

事），诚贤能也，然后随其德之大小，才之高下而官使之"。至于
"任之"之道，则任期要久，职责要专，并待以严格的考绩之法。
简单地说：要变法，积极方面当从政治和军事教育的普及化做起；
消极方面当首先废除以文辞和记诵取士的科举制度。他认为这是迫
切的需要，他警告仁宗以下面一类故事。

> 昔晋武帝，趋过目前而不为子孙长远之谋。当世在位亦皆
> 偷合苟容，而风俗荡然，弃礼义，捐法制。上下同失，莫以为
> 非。有识者固知其将必乱矣，而其后果海内大扰，中国列于夷
> 狄者二百余年。

但他这封书的效果和三十五年前（天圣三年）范仲淹所上的那
封书一样。

(四)

仁宗在位四十二年，无子，以从侄继，是为英宗。英宗在位四
年，其子继，是为神宗。

神宗即位时才二十岁（以足岁计还未满十九岁）。他做皇子时，
谦恭好学，优礼宾师，很得士林的称誉。他是感觉异常敏锐的人。
他即位之初，和朝臣谈到太宗的死状，至于堕泪。他立志要兴振中
国，收复燕云的失地，湔雪祖宗的耻辱。以稚年临御，承积弱之
后，而发奋图强，在这一点上，他和汉武帝正相符同（他即位时比
武帝长三四岁）。他一生的事业也似乎隐隐以武帝为榜样。但他的
福命不如武帝：武帝寿六十九，他寿仅三十八。他所处的时代也和

武帝所处的大不相同。武帝初年，当长期休息之后，公家的财力绰裕盈溢；而神宗即位时，不独府库虚竭，国计也濒于入不敷出了。武帝承景帝深文酷法、繁刑严诛的余风，其时主威赫铄，法为国是，令出必行；而宋太祖"誓不杀大臣及言事官"的家法，和真、仁两朝过度的宽柔，浸假造成政治上一种变态的离心力；以敌视当权为勇敢，以反对法令为高超，以言事得罪为无上的光荣。政府每有什么出乎故常的施为，必遭受四方八面寻暇抵隙的攻击，直至它被打消为止。范仲淹的改革就是在这样的空气里失败的。英宗朝因为追尊皇帝本生父的名号的小小问题（即所谓"濮议"，英宗本生父原为濮王），笔舌的战争就闹得天翻地覆。到神宗即位时这种政治上变态的离心力久已积重难返了。再者汉初去春秋战国"军事中心"的时代不久，尚武之风未泯，右文之政未兴，故将材易求，斗士易得，图强易效。宋初惩五季军人恣横之弊，一意崇文抑武，三衙实际的长官爵不过四品至六品，唐朝的武举制度也废而不行，军为世贱，士耻言兵，结果良将勇士，两皆寥落。神宗朝重大的战役多委之宦者李宪，其时军事人才的缺乏可想见了。

神宗做皇子时对王安石久已心仪神往。他即位时，安石方以前知制诰的资格，闲住在金陵。他正月即位，闰三月便命安石知江宁府，九月便命安石为翰林学士。其后三年间，安石遂历参知政事而至宰相。这王安石是江南西路临川县人。其父历知韶州及江宁府通判。他少年时代的优裕顺适和范仲淹恰成对照。据说他的"眼睛如龙"，读书过目不忘。他二十四岁便登进士第，本取第一，因赋卷中语犯忌讳，改置第四。可是他一生从没有和人谈及这件得意的失意事。他的诗文在文学史上都属第一流，并且为当代文宗欧阳修深所心折。欧初识他时，赠他的诗有"翰林风月三千首，吏部文章二百年"之句，直以李白、韩愈相拟。他不独以文名，德行、政事也无不为侪辈所推服。他官知制诰时，他的夫人给他买了一个妾，那是当时达官应有的事，安石见了她，就问："哪里来的女子？"答道："夫人叫我来侍候舍人的。"问她的来历，原来她的丈夫是一个军校，因运米损失，家产入官，还不够赔，便把她卖掉，得价九十万钱。安石立即命人把她的丈夫找来，让他们复为夫妇。他官知制诰后，居母丧，年已四十余，却尽极哀毁，在厅堂里以槁枯席地，坐卧其上。有一天，某知府给他送一封信，那差人看了他的样子，只当他是一个老仆，叫他递入内宅。他在槁席上拿了信就拆。那差人嚷骂道："舍人的信，院子也拆得的么？"左右告诉差人那就是舍人！他于书卷外，一切嗜欲都异常淡薄，对衣食住都漠不关心。后来毁他的人便说他"囚首垢面而谈诗书"。他于荣禄也未曾表现过一点兴趣。宋朝的"养馆职"（"三馆"是国家的图书馆和史馆）是朝廷储才待用的机关，地位极清高，也是仕宦上进必由之路。照例进士名列前茅的，初仕任满后可以请求考试馆职，他却不去请求。再经两任（三年一任）外官之后，大臣荐他去考试馆职，他也不赴。再历一任外官之后，朝廷直接授他馆职，他也不就。再经一任外官之后，朝廷又授他以更高的馆职，他于屡辞之后，才勉强俯就。但他不是没有办事的才能。他在政治上的好处，后来的史家极力埋没，但我们于他早年的政绩还可以找得一例：他知鄞县任满后，县人就给建立生祠。这样一个德行、文章、政事的全人，他在仕途愈懒于进取，朝野的有心人愈盼望他进取。当他给仁宗上《万言书》的时候，他久已声满天下。可是到了他由江宁知府，而翰林

学士，而参知政事，而宰相，一直猛跳的时候，到了天爵和人爵极
备于他一身的时候，先进和后进的同僚，包括那正人君子的领袖司
马光，都不免对他侧目而视了。

（五）

我们读史有时可于异中见同。汉武帝初年，财政和军备都没有
问题，所以他的事业的第一步是开边；到了后来因兵事的耗费，财
政不足，才施行新经济政策。神宗即位时的情形正正相反。所以他
的事业的第一步是经济、军事，以至教育上种种建设和改革；后来
这些兴革有了相当成效，才着手开边。两人事业的程序是"易地则
皆然"的。

神宗在王安石的辅导下所行的新法，现在择其重要的，分经
济、军事、教育三类，每类依颁行的次序述之如下。

1. 经　　济

（甲）青苗法（熙宁二年九月颁布）。其法：各地方政府，每年
二次举行放款，听人民自由请贷（第一等户每次所贷不得过钱十五
贯，以下递减），半年为期，取息二分。这种贷款叫做"青苗钱"，
因每年第一次散放是在苗青的时候。此法初行时，官吏邀功，每强
迫富人称贷，这叫做抑配，后立法严禁。二分的利息，现在看来，
似乎不轻，但在当时，因为通货稀少，民间的利息很高，以五分为
常，甚至有一年倍本的。此法固然是政府的生财之道，也是感觉青
黄不接之苦的农民的一大福音。以重利盘剥为业的豪强对此法的痛
恨是很容易了解的，但司马光所代表的一班士大夫对此法之原则上
的反对是比较不容易了解的。

（乙）农田利害条约（熙宁二年十一月颁布）。这法令原文的节略如下：

> 凡有能知土地所宜种植之法，及修复陂湖、河港；或元无陂塘、圩埠、堤堰、沟洫，而可以创修；或水利可及众，而为人所擅有；或田去河港不远，为地界所隔，可以均济流通者；县有废田旷土，可纠合兴修。大川沟渎，浅塞荒秽，合行浚导。及陂塘堰埭，可以取水灌溉，若废坏可兴治者，各述所见，编为图籍，上之有司。其土田迫大川，数经水害；或地势汗下，雨潦所钟；要在修筑圩埠、堤防之类，以障水势，或疏导沟洫、亩浍，以泄积水。县不能办，州为遣官。事关数州，具奏取旨。民修水利，许贷常平钱谷给用。

这法令的实效是：截至熙宁九年（公元 1076 年）止，全国兴修的水利田共三十六万余项。但反对党在这事实下注上一句道："民给役劳扰。"

（丙）募役法（熙宁四年十二月颁布）。其法要点：是令本来有徭役义务的人民，输钱代替，这叫做"免役钱"；官户（即仕宦之家）、寺观、女户等，本来没有徭役义务的也令出"助役钱"，其数比免役钱减半。免役和助役钱的征收率，按各地方政府雇役的需要和资产的等级（分五等）而定；于免役和助役钱的本项外，加征二分，叫做免役或助役宽剩钱，此款原定以备凶荒之用，后来解归国库。募役法对平民是有史以来一大解放，惟官户不免因之蒙受一点小小的损失，其遭受士大夫的反对是势有必至的。

募役法为安石经济政策中最先急的项目。安石曾对神宗说（熙宁四年二月）："今所以未举事者，凡以财不足，故臣以理财为方今先急，未暇理财而先举事，则事难济。臣固尝论天下事如弈棋，以下子先后当否为胜负，又论理财以农事为急，农以去其疾苦、抑兼并、便趣农为急，此臣所以汲汲于差役之法也。"

（丁）市易法（熙宁五年三月颁布）。此即汉武帝时的平准法的扩大。平准法只行于京师，市易法则推行于京师以外。隶属于京师市易务的分支市易务，设置于下列各处：杭州、黔川（今四川彭水县）、成都、广州、郓州（今山东东平县西北）。反对党反对此法的理由是："与商贾争利。"

2. 军　　事

（甲）保甲法。此法实即旧有乡兵制的改良和扩大，其施行有四个重要的步骤。第一步（熙宁三年十二月）：编民户十家为一保，五保为一大保，十大保为一都保；保有保长，大保有大保长，都保有都保正和副都保正，各选本组织内材勇为众所服的主户（地主或自耕农）人丁充当；家有两丁以上的，选一人为保丁，两丁以外的余丁亦选其壮勇的充保丁；每大保每夜轮派五人警盗，同保有犯强盗、杀人、放火等重罪而知情不举的坐罪，保内有容留强盗三人以上过三日以上的，其邻舍虽不知情亦坐罪。此法先行于畿内，以次推及全国。第二步（熙宁四年）：奖励畿内保丁习武，每年于农隙分地举行会试，试骑步射法，上等的授官职，以次至四等予赏有差。第三步（熙宁五年）：许畿内主户保丁"上番"（即赴各县巡检司服巡警之役），十日一换；月给口粮和薪菜钱。第四步（元丰二年至四年）：予保甲长及保丁以严格的武艺教练，先以禁军的教头教大保长，三年艺成，乃以大保长为教头，教保丁。此法先行于畿内，次及河北、河东、陕西三路。到了熙宁四年（公元 1071 年），这三路共有受训完毕的保丁约七十万人。第四步的开始施行已在王安石去位后三年。

与保甲法约略同时实行的是募兵的裁减，但所裁减的，厢兵居多（其数不详），禁兵较少。计禁军总数在英宗末年为六十六万余，在熙宁间为五十六万余，在元丰间为六十一万余。

在安石的军事计划中，保甲法原是恢复府兵制以代替募兵制的准备。在施行保甲法第一步之前，安石已与神宗讲论府兵之制，打算以渐复行之。关于此事，安石在所撰《熙宁奏对日录》中曾有记载，此书已佚（此书百二十卷为我国历史文件中稀有之宝，佚去太可惜，幸大部分已为李焘采入《续资治通鉴长编》中，但经删修，本来面目已失，惟宋人陈瓘《四明尊尧集》引五十余则，可于以见其内容一斑），兹据朱熹所引，摘录如下：

> 余……为上言募兵之害，终不可经久。金以为如此。
>
> 余曰：今养兵虽多，及用则患少，以民与兵为两故也。又五代祸乱之虞，终不能去；以此等皆本无赖奸猾之人故也。
>
> 上因问府兵之制曰：何处言府兵最备？
>
> 余曰：李邺侯传言之详备。
>
> 上曰：府兵与租庸调法相须否？
>
> 余曰：今上番供役，则以衣粮给之，则无贫富皆可以入卫出戍。虽未有租庸调法，亦可为也。但义勇不须刺手背。刺手背何补于制御之实？今既以良民为之，当以礼义奖养。刺手背

但使其不乐，而实无补也。又择其乡间豪杰为之将校，量加奖拔，则人自悦服。今募兵为宿卫，乃有积官至刺史防团者。移此与彼，固无不可。况不至如此费官禄，已足使人乐为之。陛下审择近臣，使皆有政事之材，则他时可令分将此等军。今募兵出于无赖之人，尚可为军厢主，则近臣以上岂不可及此辈？此乃先王成法，社稷之大计也。

上良以为然。

随后安石即奏上记载唐府兵法最详的邺侯家传。此奏原稿曾为朱熹所藏。朱熹说："（予）独爱其纸尾三行，语气凌厉，笔势低昂，尚有以见其跨越古今、斡旋宇宙之意。疑此非小故也。"又说："抑公此纸，词气激烈，笔势低昂，高视一时，下陋千古，而版本文集所载，乃更为卑顺容悦之意，是必自疑其亢厉已甚，而抑损之，其虑深矣。然论其实似不若此纸之云，发于邂逅感触之初，尤足以见其胸怀本趣之为快也。夫以荆公之得神祖，可谓千载之一时矣，顾乃低徊若此，而犹未免有郁郁之怀。君臣之际，功名之会，鸣呼难哉！"

神宗到底认府兵制为不可复行，故安石罢政后，不再谈及，其旨似以保甲为防守的辅助力，而战斗的主力仍任募兵。

（乙）保马法（熙宁五年，元丰七年）。此与汉武帝时之"马复令"（许人民养官马以减免徭役）相近。其法：于畿内及京东、京西、河北、河东、陕西五路，许人民领官马自养，或领官钱买马自养，每户不过两匹；养官马之家，公家给以钱帛，并免除其捐税的一部分（后来畿内不给钱帛），同时养户自然得使用所养官马。属三等以上的养户十家为一保，属四等以下的养户十家为一社；一保之内，马有死者，十家共偿其值；一社之内，马有死者，十家共偿其值之半。后来又令京东、京西两路保甲户一律养马，而免除其教阅及此外若干保甲的职责。

（丙）更戍法的废除（熙宁七年至元丰四年）。更戍法本以防止兵为将有，但结果"兵不知将，将不知兵，临事应变，精神散漫，指挥不灵"；禁军之不振，这是其原因之一。神宗和安石有鉴于此，逐渐于各路的军略要地取消更戍法，而设置固定的驻防禁军，由固定的主将，就地训练。这种驻防军的设置，当时称为"置将"。"将"是当时军队新编制中的一种单位，一将约有三千人上下，仿佛现在的一师。

3. 教　　育

（甲）变科举。熙宁四年（公元 1071 年），罢进士以外的"诸科"（诸科是专考记诵的），令除曾应考"诸科"不第的人外，不得参加此种考试；增加进士的名额；进士试废诗赋，专用经义策论；所试群经，但取《易》《诗》《书》《周礼》《礼记》及《论语》《孟子》，而废弃旧有的《春秋》和《仪礼》（同时太学教授及经筵进讲亦废之）。

（乙）变学制与兴学校。① 宋初的太学只是品官子弟考"取解"（取解即取得应进士试的资格，平民在本州取解）的机关，有学校之名而无肄学之实。至仁宗皇祐末，在湖州大儒胡瑗的管领下，太学才成为一真正讲学的机关，但其时学生不过二百人，胡瑗去后，又渐复原状。神宗即位，增太学生额为三百人，后又增为九百人。熙宁四年分太学为三舍，外舍生无定员，新生充之（太学生仍限品

官子弟）；外舍生经考选入内舍，内舍生额三百人，内舍生经考选
入上舍，上舍生额百人；上舍生考取优等的荐于中书，授以官职。
元丰二年，增太学生额外舍二千，内舍三百，上舍一百；规定除月
考外，每年各舍总考一次，决定外、内舍生的升舍，上舍生的等
第。上舍生考上等的等于进士及第，即授官职；中等的免进士的礼
部试；下等的免取解。② 仁宗庆历四年（公元 1044 年），当范仲
淹为参知政事时，曾"令州各县皆立学（校），本路使者选部属官
为教授，员不足，取于乡里宿学有道业者"。但当时诸州奉行的不
多，其后又限旧时节度使所领州方得立学。熙宁四年（公元 1071
年），复令各路、州、府立学，每郡给田十顷以赡养学生。其后又
派定诸路的州府学教授凡五十三员。③ 仁宗庆历间，胡瑗曾建议
兴武学（即中央军官学校），朝议格而不行。熙宁五年始行其议。

（丙）《三经新义》的纂修和颁行。所谓三经是《周官》《书经》
《诗经》，《新义》始修于熙宁六年（公元 1073 年），颁行于八年
（公元 1075 年），主纂的人物为王安石、其子王雱和安石最得力的
助手吕惠卿。《三经新义》乃安石对付敌党的思想的武器，也是他
所谓"同风俗，一道德"的工具。自从新法开始颁行以来，所有元
老重臣和清流名士一致反对；在朝的谤议汹起，在外任的百方阻
挠，使新党辩护穷于辩护，神宗谪黜穷于谪黜。反对党的最后论
据，可用三朝元老文彦博的话代表。熙宁四年三月，他论新法道：
"祖宗法制具在，不须更张，以失人心。"神宗问："更张法制，士
大夫诚多不悦，但于百姓何所不便？"彦博道："为与士大夫治天
下，非与百姓治天下也。"神宗和安石的坚毅到底战胜了一般士大
夫的口舌，而贯彻了新法的推行。但为巩固国是的心理基础，他们

不得不在经典中替新法找寻或制造理论的根据。《三经新义》便是这种工作的结果。群经中最可为新法掩护的莫如《周官》，故安石也特别推重《周官》。《新义》三种中唯独《周官》一种是安石亲自属笔的，也唯独此种流传至今。《新义》自从颁行以后，在五十余年间，除了短期的被掩蚀外，支配了整个的思想界：太学和州县学校用为主要的课本，科举考试用为绝对的准绳；《新义》以外，"三经"的一切其他注疏，都无人过问了。

后来宋朝贬斥王安石最力的学者，也公认《新义》富于新颖而确当的解释，不容废弃。我们现在读《周官新义》，很容易注意到的却是安石解经的特殊作风，一种奇怪的拆字法。例如他解"遂"字道："豕入而辵则遂。"又例如他解"夫"字道："夫之字与天皆从一从大，夫者妻之天故也；天大而无上，故一在大上；夫虽一而大，然不如天之无上，故一不得在大上。"又例如他解"卿"字道："卿之字从丩，丩奏也；从卩，卩止也；左从丩，右从卩，知进止之意（卩丩古节奏字）；从皀，黍稷之气也，黍稷地产，有养人之道，其皀能上达；卿虽有养人之道而上达，然地类也，故其字如此。"在字形的渊源上都是毫无根据的。但安石确信这种拆字法不独可以得到造字的本意，并且可以得到一切关于人事和天道的重要真理。后来他应用这方法，著了一部二十四卷的字典，名曰《字说》。此书也曾经神宗颁行，其后来的作用和影响与《三经新义》等。此书可惜现在已佚，但从后人所引，还可以看见它的片断。撰此书时安石已罢政，但在书中还念念不忘统一思想；书中解"同"字道："彼亦一是非也，此亦一是非也，物之所以不同；冂一口，则是非同矣。"

以上分类略述神宗的新政见。此外还有一要项为这三类所不能包括的：即元丰三年（公元 1080 年）新官制的颁行。这新官制的内容这里不能细述，大要是恢复唐代台省寺监的实权，而裁减宋朝在这组织外所加的上层机构。新制以尚书左右仆射同中书门下平章事为宰相，以尚书左右丞代替参知政事，枢密院仍保存。

（六）

神宗在熙宁七年（公元 1074 年）以前对边境的经营，从是年三月间韩琦所上的一封奏疏可见大略。在这奏疏里，他列举神宗所为足以引起契丹疑心的凡七事："高丽臣属北方，久绝朝贡，乃因商舶诱之使来，契丹知之，必谓将以图我，一也；强取吐蕃之地以建熙河，契丹闻之，必谓行将及我，二也；遍植榆柳于西山，冀其成长，以制蕃骑，三也；创团保甲，四也；诸州筑城凿池，五也；置都作院，颁弓刀新式，大作战车，六也；置河北三十七将，七也。"

第二项所谓熙河，略当今甘肃洮河流域之地。此地东北邻接西夏，为羌族所分布，久属吐蕃。德安（江西）人王韶建议招降诸蕃部，抚有其地，以为图谋西夏的初步。先是王安石子王雱十三岁时，闻陕西边卒说洮河事，以为此可以规取，若西夏得之，则国家之患无穷。至是安石力赞王韶之说。神宗便派王韶主持开熙河事。王韶于熙宁四年（公元 1071 年）到边，三年之间，剿抚兼施，并击败吐蕃军，遂定其地。有一次捷书到，神宗解所佩玉带赐安石，以赏其功。其后韶入朝，以宦者李宪继之，史（《宋史·王韶传》）称韶"用兵有机略。临出师，召诸将授以指，不复更问。每战必捷。尝夜卧帐中，前部遇敌，矢石已交，呼声震山谷，侍者往往股栗，而韶鼻息自如……人亦服其量"。韶因熙河功，擢枢密副使，后以与安石不协去职。

熙河抚定的次年，契丹忽然蠢动，侵入边境，并遣使来求割所据之地。上文所引韩琦的奏疏就是为此事而发的。宋与契丹往复谈判，经二年之久，至八年（公元 1075 年）秋，神宗终用王安石"将欲取之，必固与之"之说，割河东边地东西七百里以与契丹。

次年有交趾之役。交趾本先南汉节度州，南汉亡，名受宋册封，实自主。太宗时曾乘其内乱，遣军进取，无功而还。至是分三路入寇，陷邕、钦、廉等州，屠邕民五万八千。神宗命老将郭逵往讨，逵派别将收复失地，自领主力，攻其后路，进至富良江，交人以精兵乘船迎战，宋军砍树作炮机，发炮石如雨，尽坏敌船，又设伏邀击，杀敌数千并其王太子。交王恐惧乞降。而宋军八万冒暑行瘴地，也死亡过半。

神宗开边的第一个目标，原是西夏。自从庆历四年宋与西夏和议成后，西北的边境平静了二十余年。到英宗末年，西夏又开始寻衅。自此年至熙宁四年间（公元 1066—1071 年），西夏三次入寇，宋二次反击，互有胜负。但其中熙宁四年西夏最后一次的攻侵是大获胜利的。元丰四年（公元 1081 年）夏，西夏内变，国主为母后所囚。神宗认为这是进攻西夏的最好时机。经三个多月的布置，然后发动。这一役的意义，从他八月底给熙河路军帅李宪和鄜延路军帅种谔的诏书可以看出。前一封诏书里说："今来举动，不同凡敌，图人百年一国，甚非细事。苟非上下毕力，将士协心，曷以共济？须不惜爵赏，鼓励三军之气。……朝廷惟务灭贼，其他固无爱惜。"

后一封诏书里说："朝廷昨于诸路大发师徒，本候齐集，与逐路遣兵并力，择时鼓行，覆贼巢穴。"总之，神宗要一举荡平西夏，要把他十数年来富国强兵的成绩，作一次壮烈的表现。同知枢密院事孙固却不赞成此举，他以为"举兵易，解祸难"。神宗说："夏有隙不取，则为辽人所有，不可失也。"其后孙固又对神宗说："现在五路进兵，却无总帅，即使成功，也怕有内乱。"神宗说："总帅确是难得合式的人。"知枢密院事吕公著道："既然没有合式的人，何不罢手？"九月底，河东路军帅王中正（宦者）领兵六万自麟州出发；鄜延路种谔领兵九万三千自绥德城出发；环庆路高遵裕领兵八万七千自庆州出发；泾原路刘昌祚领兵三万自泾州出发；先是李宪已收复古兰州城，至是领本路及秦凤路军七军（数未详），并吐蕃兵三万自兰州出发；约定五路会师于兴、灵（兴州今宁夏省会，西夏首都；灵州今灵武县）。刘昌祚军首先到达灵州城下，高遵裕军继之，两军沿路皆有大捷。昌祚本受遵裕节制，而遵裕疾恶之，屡加凌侮。两军不协，围灵州城十八日不下，而饷道已断绝。夏人决水灌其营，乘其避水而追击之，宋军溃乱，死已无算，遂退。种谔沿无定河而进，连破银（今陕西米脂一带）、石（今地未详）、夏州（今陕西横山一带）；自夏州继进，粮饷断绝，又遇大雪，士卒死亡十之二三，溃散南奔的亦十之四五，遂退。王中正屠宥州城（今陕西靖边东），继进，粮尽，士卒死二万人，遂退。李宪东进至泾原边境，稍有斩获，时诸路已退，亦于十一月中奉诏撤归熙河。是役，西夏的战略是坚壁清野，纵敌人深入，而聚精兵保兴、灵，以轻骑抄截敌人的饷道。是役，宋军虽不能达到原来的目的，却恢复了沦陷百余年的银、夏、宥等州。这新占领区的设防是一大问题。次年秋，经边将对这问题反复讨论后，神宗决定建筑永乐城（今陕西米脂西北）。这城才建筑成，西夏便派三十万大军来攻夺。这城依山，下临无定河。城中无泉无井，给水全靠城外。既被包围，临渴掘井，得到的水只够将领之用。兵士绞马粪汁充饮，渴死大半。而援兵和馈饷皆为敌人所阻截。城遂陷。将校死数百人，兵士和夫役死二十余万人；辎重的损失，不可计算。神宗得讯，悲愤不食，临朝痛哭。他想到吕公著和孙固的话，有点后悔了。

（七）

我们若更把神宗和汉武帝作一对比，则永乐之役相当于征和三年（公元前 90 年）贰师之役。后者是武帝一生事业的收场，前者是神宗一生事业的收场。贰师之役后三年而武帝死，永乐之役后也恰恰三年而神宗死。神宗死后一年余，王安石亦死。

安石自熙宁三年（公元 1070 年）秒进位宰相后，诋诬怨谤，矢集一身，□背亲交，尽成政敌。似乎为减少新法的阻力计，并为劳极少休计，他于七年（公元 1074 年）四月，请求解职，奏六上乃得请，归居金陵。临去，他荐吕惠卿等自代（惠卿旋擢参知政事），并答应他日可以重来。次年二月，神宗召他复位，他即兼程而至。但复位不到两年，便又坚请退休，从此不复问政。他最后告退的原因，是宋史的一个谜。据反对党的记载，那是因为他和吕惠卿起了内讧，惠卿把他的私信中有一封说过"毋使上知"的，缴呈神宗，神宗从此对他失了信任，他不得不去。安石复位后不久，便与惠卿失和，那是事实，但发私书一事，并无确据。安石与惠卿交恶的原因也是宋史的一个谜。这一段历史安石在《熙宁奏对日录》

的后四十卷中原有详细的记载，但这四十卷给他的女婿蔡卞抽毁掉，不传于世。据吕惠卿家传（李焘引），二人的冲突是由于安石恶惠卿擅政，改了他所定的《三经新义》，并听信了左右的谗间。这当然只是一面之词。至于安石引退的原因，我们在加以推测时，不可忘却此事前三个月他所受的一生最大的打击：他的独子王雱的英年（卅三）摧折。这时他已五十六岁了。他退休后隐居金陵十年而死。

> 自古英雄亦苦辛！行藏端欲付何人？
>
> 当时黮暗犹承误，末俗纷纭更乱真。
>
> 糟粕所存非粹美，丹青难写是精神。
>
> 区区岂尽高贤意，独守千秋纸上尘。

从安石这首诗看来，他身后的遭遇，自己是预料到的。

安石死迟神宗一年余是他的大不幸。神宗死后，长子（即哲宗）继位，年才十岁，太皇太后（英宗后高氏）垂帘听政。她一向是司马光的同志，认祖宗家法为神圣不可侵犯的；她一听政，便开始废除新法，旋起用司马光。一个被宫墙圈禁了五十年的老妇人（她是自幼养在宫中的）和一个被成见圈禁了二十年的老绅士，同心合力，挥着政治的锄头，期年之间，便把神宗和安石辛苦营构的成绩芟除得根株尽绝。

（原载《思想与时代》第 5、6 期，1941 年 12 月、1942 年 1 月）

北宋关于家庭制度之法令

《宋史·地理志》于涪陵一地，独记其"民……亲在，多别籍异财"。据此，以涪陵以外无此俗，至少此俗并不普遍，然据《长编》载，仁宗天圣（公元 1023—1032 年）间，"通判桂州王告言：'刘氏（南□□）时应祖父母、父母在，孙子既娶，即令析产。其后富者数至千金，而贫者或不能自给。及朝廷平岭南，乃知法不得以异居，争讼至今不息，请条约之。'"（文见"天圣七年五月"）据此，则广南亦有亲在其子别籍异财之俗，福建及江南亦有此俗，其证见后。

《宋会要辑稿·刑法二》载，太祖"（乾德六年诏）……近者西川管内及山南诸州相次上言，百姓祖父母、父母在者，子孙别籍异财，仍不同居。诏到日，仰所在长吏明加告诫，不得更习旧风。如违者并准律处分"。此事，李焘《长编》及《宋史·本纪》均记之而较略。二书并系此事于开宝元年（公元 968 年）六月。按开宝元年即乾德六年，是年十一月始改元开宝，《长编》及《本纪》已追改，而《会要》则仍旧文也。

《宋太宗实录》残本载："太平兴国八年十一月……诏曰：'先是开宝二年八月丁亥诏书，应广南、东西川峡路诸州民，祖父母、父母在，子孙别籍异财者，弃市。自今并除之，论如律。'"此开宝二年之诏，《长编》及《宋史·本纪》并载于本年下，而于所涉地域，但言川峡诸路，无广南及东西川等地，于所涉亲属，无"祖父母"三字。后一事为《宋史》及《长编》之误无疑；惟关于前一事，《宋史》《长编》之省略，乃有缘故。盖宋是时尚未取南汉，其法令似不及于广南也。《长编》及《宋史·本纪》亦载上引太平兴国之诏，仍缺广南、西川等，惟"祖父母"三字则不缺，则此三字开宝二年之诏亦不当缺也。

据《长编》，真宗"（天禧三年七月）诏福建州军伪命以前部民子孙别籍异财，今祖父母已亡，诣官诉均分不平者，不限有无契要，并以见佃为主，官司勿为受理，寻诏江南诸州军亦如之"。

又据《长编》，仁宗天圣七年（公元 1029 年）五月，"诏广南民，自今祖父母、父母在而则别籍者论如律。已分居者勿论"。因通判桂州王若之请也。

又据《长编》，仁宗景祐四年（公元 1037 年）正月，"诏应祖父母、父母服阕后，不以同居、异居，非因祖父母财及因官自置财产，不在论分之限。又诏士庶之家，应祖父母、父母未葬者，不得析居。若期尚远，即听以所费钱送官，候葬日给之"。

又据《长编》，天圣七年四月"贝州言：'民之析居者，例皆加税，谓之罚税，惟其家长得免。清河、清阳、历亭三县，户罚丝五分、盐五升、钱五十，武城县又增钱五十，漳南县又增蜀黍八升，而他州悉无此例。请除之。'诏可"。贝州之罪税不知是一种比较普遍制度之残遗，抑始终只限于贝州，尚待稽考。

以上所述皆限制家庭析小之立法。在另一方面，朝廷于例外庞大之大家庭，五世以上同居者，时加褒奖，计太宗、真宗、仁宗三朝，此类事见于《太宗实录》残本、李焘《长编》及《宋史》者凡有十二，兹为表列如下：

宋太宗至仁宗朝旌赏五世以上同居表

旌赏年	籍　　贯	户　主	同居世数	同居情形	旌　　赏
太宗太平兴国五年	襄州襄阳县	张巨源	五	内无异爨	旌表门闾，赐巨源明法及第
太平兴国五年	济州金乡县	李延	自唐武德初至是近四百年	世世结庐守坟墓或父母病截指割股刺血书佛经	旌其门，赐以粟帛
太平兴国八年	潭州长沙县	翟景鸿	五	内无异爨	旌表门闾，常税外免他役
太平兴国九年	襄阳县	刘昉	五（口百）	内无异爨	同上
端拱元年	信州玉山县	俞携	八		同上
淳化元年	江州德安县	陈兢	十四（口千二百余）		其家常苦食不足官岁贷米二千石
至道二年	温州永嘉县	陈侃	五	内无异爨	旌表门闾赐禄米粟帛
至道三年	南康军建昌县	洪元抚	六	同上	赐一人江州助教，旌表门闾
真宗大中祥符元年	曲阜县	东野宜	七		旌表门闾，仍赠粟帛
同上	乾封县	窦益			同上
仁宗天圣元年	江州	陈蕴	聚居二百年（口两千）		授蕴本州助教
景祐四年	定乡县	陆琰	七	内无异爨	赐粟五十斛、帛五十匹，仍复其役

（原载《益世报·文史副刊》第 1 期，1942 年 2 月 17 日）

宋代南北社会之差异

以我国历史所涉地理范围之广漠，在每一时代，各地域之社会状况恒差异甚巨。故研究一时代之社会史，首须注意各地域之特色。近来述国史者每喜谈某时代之社会，然类皆撼拾片段，而不明著其地域之限制，一若以概全国者焉，于显真义，殊有未尽。兹举宋代南方与北方之若干重大社会差异，以为上说之例证。

（一）农奴制度之存在于南方

事有出乎史家意想之外者。至少在北宋，农奴制度在江淮以南，西迄四川，东迄闽浙，犹有普遍之存在。《宋会要辑稿·食货一》之二四载：

> （仁宗天圣五年）十一月，诏："江淮、两浙、荆湖（即今两湖）、福建、广南（即今两广）州军，旧条，私下分田客，非时不得起移，如主人发遣，给与凭由，方许别住。多被主人抑勒，不放起移。自今后，客户起移，更不取主人凭由，须每田收田毕日，商量去住，各取稳便，即不得非时衷私起移。如是主人非理拦占，许经县论详。"

佃户非经田主许可，并给与凭证，不得自由迁移，是即附着于田土之农奴也。诏书以"旧条"为言，明此制得法律之承认也。诏书许以后被锢之佃户"经县论详"，明以前被锢之佃户无此权利也。此"旧条"不知起于何时，在汉以后、唐以前无闻，殆起于唐末五代；当此分崩离析、上无道揆之世，豪强地主，遂得专威，浸假而成为法律也。诏书仅涉及江淮以南诸路，明江淮以北无此制也。仁宗此诏乃解放南方农奴之一大社会变革，亦宋初一大惠政，而《宋史》及李焘《长编》均不载。其他宋人记载，以作者所知，亦无道及者。不有最近《宋会要》之重现于世，此事不几何与时俱湮？

仁宗之诏书未提及四川。然农奴制度在北宋初之曾存在于四川，别有证据。农奴制之在四川似比较不普遍，惟田主对于农奴之权力则更大，直成为事实上之统治者。《宋史》卷三〇四《刘师道传》载：

> 川陕（当作峡）豪民多旁户，以小民役属者为佃客，使之如奴隶，家或数十户（《太宗实录》《宋会要·刑法二》之五均作千），凡租调庸敛，悉佃客承之。时有言李顺之乱，皆旁户鸠集，请择旁户。

《宋会要·刑法二》记此事更详，文云：

> （太宗）至道二年八月……诏制置剑南峡路诸州旁户。先是，巴、庸民以财力相君，每富人家役属至数千户。小民岁输租庸，亦甚以为便。上言者以为两川兆乱，职豪民啸聚旁户之

由也。遂下诏令州县责任乡豪，更相统制。三年能肃静寇盗、民庶安堵者，并以其豪补州县职以劝之。遣职方员外郎时载、监察御史刘师道乘传赍诏书谕旨。既而载等复奏，旁户素役属豪民，皆相承数世，一旦更以他帅领之，恐人心遂扰，因生他变。上然之，其事遂寝。

"旁户"为田主"役属……如奴隶……凡租调庸敛悉佃客承之"，且"皆相承数世"，其为农奴无疑。从彼等"相承数世"之事实推之，可知四川之旁户制度至迟当起唐末。

太宗初下诏，令"州县责任乡豪更相统制"云者，意谓使旁户尽皆易主，而田主与旁户之关系仍旧保存。故时等以"一旦更易他帅，恐人心遂扰，因生他变"为言。从太宗改革旁户制之困难，可知此制之存在于四川，范围盖甚广泛，其非三数州府之特殊情形可断言也。李顺之乱为太宗初年一大变，余尝为文考之（见《清华学报》）。当时未知其与旁户之关系，及读《宋史·刘师道传》"李顺之乱皆旁户鸠集"之语，初疑此为农奴反抗田主之起事，颇合于近时治社会史者所喜谈之"农民暴动"。及读《会要》"两川兆乱，职豪民啸聚旁户之由"，乃知以前涉想之非。此"豪民"二字之增减，遂予读者以完全不同之印象。乃知于史文言外推论之难而不容苟也。盖四川地力较丰，田主对旁户租庸调之征殆尚比较上不甚苛，而旁户一方面又资田主之保护，用能彼此相安。故太宗于旁户制之废除，并不感急切；其后仁宗解放南方之农奴而不及四川之旁户者，殆亦以此故，而非由此时四川旁户制已消灭也。然太宗以后四川旁户之历史于载籍无征。

（二）杀婴习俗之盛行于南方

宋代有一严重之社会病态，特盛于南方，即杀婴之习俗是也。其时间亘南北两宋，其地域遍及于江南东西路、荆湖南北路及闽浙、两广。政府虽严设法禁，力谋救济，终不能止。兹将此事之史证列举于下：

1. 统括数路之证

《宋会要·刑法二》之五十："（徽宗大观三年）十一月九日，兵部侍郎详定一司敕令王襄等奏：'福建、荆湖南北、江南东西有生子不举者，近诏申严禁约，其刑名告实止行于福建，而未及江、湖诸路，乞一等立法。'从之。"

同上《刑法二》之五七："（徽宗政和二年）四月十二日……：'刑部看详：福建路溺子，已有增立新法外，所有江南东西、荆湖南北路溺子，虽有大观四年四月敕生子而杀刑名告赏，今乞于逐项条内，"生子"字下，各添入"孙"字。'"

同上《刑法二》之一四七："（高宗绍兴三年）十一月八日，臣僚言：'浙东衢、严之间，田野之民，每忧口众为累，及生其子，率多不举。又旁近江东饶、信皆然，望赐止绝。'刑部检准现行条法为系江南东西、荆湖南北、福建路，其两浙东西路未有，乞依上条。诏依。"

《建炎以来系年要录》卷一六四："（绍兴二十三年）六月壬戌，国子监丞兼权祠部员外郎吴武陵面对，乞申严荆湖、福建士民不举子之禁，令保伍更相觉察，月上娠产之数于官，兼申给钱之令，则全活婴孺，将不可胜计。诏监司丁宁州县，悉意奉行，其有显绩去处，保明申奏推赏。"

《宋会要·刑法二》之一五八："（孝宗乾道三年）十一月二日，大礼赦：'勘会民间……贫乏下户，往往生子不举，甚伤风俗。可令逐路州军，检举见行条法，令于县镇乡村晓谕，严行觉察，许人陈告。'"

刘时举《续通鉴》卷十三："（宁宗开禧元年三月）申严生子弃杀之禁，仍令诸路文武官常平官月给钱米收养之。"

2. 江南东西路之证

《宋会要·刑法二》之五七："（政和二年）七月三日，宣州布衣臣吕堂上书：'东南数州之地，尚有……狃于故习……男多则杀男，女多则杀女……谓之"薅子"。即其土风，宣、歙为甚，江宁次之，饶、信又次之。愿委守令以禁戒之，联保户以督察之，立重赏以收捕之。有不变者，置以极刑。……'诏依。福建已得指挥，仍委监司按察。如有违犯，重置于法。"

3. 荆湖南北路之证

苏轼《与朱鄂州书》："昨……王殿直天麟见过……言岳鄂间田野小人，例只养二男一女；过此，辄杀之。尤讳养女……初生，辄以冷水浸杀之。其父母亦不忍，率常闭目背面，以手按之水盆中，咿嘤良久乃死。……天麟每闻其侧近有此，辄驰救之，量与衣服饮食，全活者非一。……鄂人有秦光亨者，今已及第，为安州司法。方其在母也，其舅陈遵梦一小儿援其衣，若有所诉。比两夕，辄见之，其状甚急。遵独念其姊有娠将产，而意不乐多子，岂其应是乎？驰往省之，则儿已在水盆中矣。救之得免。……？准律，故杀子孙，徒二年。此长吏所得按举。愿公明以告诸邑令佐，使召诸保正，告以法律，谕以祸福，约以必行。……且立赏召人告官，赏钱以犯人及邻保家财充。……若依律行遣数人，此风便革。……但得初生数日不杀，后虽劝之使杀，亦不肯矣。自今以往，缘公而得活者，岂可胜举哉！"（按此书不见于今本《苏东坡集》。引见明姜南《学圃余力》。）

《宋史》卷三八一《范如圭传》，如圭在高宗朝知荆南府时奏论："东南不举子之俗，伤绝人理，请举汉《胎养令》，以全活之。"

《宋会要·刑法二》之一二六："（光宗绍熙五年九月，明堂赦）：访闻湖广等处州县……贫乏下户，往往生子不举。条法禁约非不严切，习以为常，人不知畏。可令守令检举见行条法，镂板于乡村道店、关津渡口晓谕，许诸色人告捉，依条施行。仍仰监司严行觉察，毋致违戾。"

4. 两浙路之证

《宋史》卷四百《王信传》：信知绍兴府，"禁民不举子"。（按：信，南宋初人。）

《建炎以来系年要录》卷一一七："绍兴七年十二月庚申，礼部尚书刘大中言：浙东之民有不举子者……生女者例不举。"

《宋会要·食货一二》之一九："（孝宗乾道九年）七月十五日……上曰：'范成大谓处州……有不举子之风。'虞允文曰：'诚有之。……'诏曰：两浙……绍兴府湖、处州……生子不举，有伤风化。……"

5. 福建路之证（按宋代杀婴俗在福建路最盛，故宋人之记载与论列亦最多）：

《宋史》卷四五九魏掞之传："建（州）俗生子多不举。（掞之）

为文以戒，全活者甚众。"

《麈史》卷上《惠政门》："闽人生子多者，至第四子则率皆不举，为其赀产不足以赡也。若女，则不待三，往往临蓐以器贮水，才产即溺之，谓之洗儿。建、剑尤甚。四明俞伟仲宽宰剑之顺昌，作《戒杀子文》，召诸乡父老为人所信服者，列坐庑下；以俸置醪醴，亲酌而侑之；出其文，使归谕劝其乡人，无得杀子。岁月间，活者以千计。故生子多以俞为小字。……朝廷嘉之。……复为立法，推行一路。……予（《麈史》撰者王得臣，嘉祐四年进士）尝至其邑，闻仲宽因被差他郡还，邑有小儿数百迎于郊。"

同上，卷下《风俗门》："闽中生子既多不举，……无后者，则养他人子以为息。异日族人或出嫁女，争讼无虚日。予漕本路，决其狱，日不下数人。夫杀己子以至于后世讼狱不已，岂非天戒欤？"

《孙公谈圃》卷中："闽中唯建、剑、汀、邵武四处杀子，士大夫家亦然。"

《宋会要·刑法二》之四九："（大观三年）五月十九日，臣僚言：'伏见福建路风俗……家产计其所有，父母生存，男女共议，私相分割为主，与父母均之。既分割之后，继生嗣续，不及襁褓，一切杀溺。俚语谓之薅子。……建州尤甚，曾未禁止。伏乞立法施行。'上批：'远方愚俗，残忍薄恶，莫此之甚，有害风教，当行禁止。……'"

同上《刑法二》之五六："（政和二年）四月十二日，臣僚言：'福建愚俗，溺子不育，已立禁赏。顽愚村乡，习以为常，邻保亲族，皆与之隐。州县勘鞫，告者认妄。……'"

6. 广南东西路之证

《宋会要·刑法二》之一四七："（绍兴五年）闰二月九日，臣僚言：'不收养子孙，二广尤甚。'诏其赈贷不尽路分，依两浙等路见行条法。"

在以上关于杀婴俗之文献中，凡政府之禁令，公私之论列，皆不及于江淮以北及四川。知此等地域尚无杀婴之俗，或虽有而未盛行至于成为严重之社会问题也。又从此诸文献，可知宋至徽宗时，朝廷始留意于杀婴俗之防禁。徽宗一朝，关于此俗，何啻三令五申。高宗初都南服，朝廷对于此俗，闻见益习，关怀益切，故论奏及诏谕亦更繁。其后孝宗、光宗、宁宗三朝亦不断重申旧禁。然上文只及于直接防禁之建议与法令耳，至间接补救之建议与法令，在此五朝，亦多有之，下文更详。宁宗以后，文献无征，非此俗遂绝也，殆若非因载籍残阙，即因朝廷鉴于过去法令之无效，转持放任态度耳。

宋代名臣，其初生时，为人从"薅子"盘中拯出者，以作者所知，亦有三人。一为章得象，一为章惇，皆北宋人；一为胡寅，南宋人。

《孙公谈圃》卷中："章郇公（得象），建州人，生时家妪将不举。凡灭烛而复明者三。……家人惧甚，遂收养之。"

《道山清话》："章子厚（惇），人言初生时，父母欲不举，已纳水盆中，为人救止。其后朝士颇闻其事。苏子瞻尝与子厚诗，有'方丈仙人出渺茫，高情犹爱水云乡'之语。子厚为其讥己也，颇不乐。"

《齐东野语》卷六："（胡致堂寅），文定公安国之庶子也。将生，欲不举。文定夫人梦大鱼跃盆水中，急往救之，则已溺将死矣，遂抱以为己子。"

由此可见杀婴之事不仅限于"贫乏下户"，士大夫家亦有为之者。

关于杀婴俗盛行之原因，宋人议论纷歧。综而观之，凡有三说：

（1）有谓由于赋敛之重者：

《建炎以来系年要录》卷一一七："（绍兴七年十二月庚申，礼部尚书刘大中言）浙东之民有不举子者。盖自艰难以来，奸臣持不恤之说，虐用其民，为国敛怨。民被其毒，无所赴斫，一身不恤，惶恤其他。臣尝承乏外郡，每见百姓诉丁盐䌷绢（'丁盐䌷绢'乃一种'人头税'，本用盐纳，后折䌷绢，只行于两浙、福建、荆湖南北路及广南东西路），最为疾苦。盖为其子成丁，则出䌷绢，终其身不可免。愚民宁杀子，不欲输䌷绢。"

《宋会要·食货一二》之一九："（乾道九年）八月十四日，宰执进呈两浙诸州丁盐绢数。上曰：'范成大谓处州丁钱太重，遂有不举子之风。'虞允文奏曰：'诚有之。但诸州县丁绢尺寸多少各不等。……'上曰：'有一家而数丁者……'于是诏：两浙州军人户身丁盐钱折纳䌷绢数内，绍兴府、湖、处州比之他州最重……民户避免，至于生子不举……"

同上："（乾道九年）七月十五日，直宝文阁知建宁府赵彦端言：生子娉而杀之者……盖民贫累众，无力赡给；年方至丁，复有输纳身丁之患。……"

宋郑瑶《景定严州志》："前志载……淳熙丙午……丁一十七万五千九百有三。盖昔者丁钱未蠲，民苦重赋，故生子有不举。自乾道五年，张宣公知州，抗疏祈免，奉旨减免有差。至淳熙，丁口之数，比绍兴增凡六万四千五百有九。开禧元年十二月，御笔尽免两浙身丁钱。……今……口凡三十二万九千二百有六，比淳熙之数增益。"

（2）有谓由于婚葬之浩费者：

《宋会要·刑法二》之五六："（政和二年）四月十二日，臣僚言：'福建愚俗，溺子不育。……究其弊源，盖缘福建路厚其婚葬。至如殡葬……供祭罗列，焚献之物，创新缯帛。里闾之间，不问知识，尽行送礼。不顾父母具存，藏凶服以待送葬之用。利赴凶斋，意在所得，使遭丧者所费浩瀚。……'"

又上引《系年要录》绍兴七年十二月礼部尚书云："愚民宁杀子，不欲输绅绢，又资财嫁遣，力所不及，故生女者，例不举。"

（3）有谓由于淫祀者：

《宋会要·刑法二》之四九："（大观三年）五月十九日，臣僚言：'伏见福建路风俗，剋意事佛，乐供好施，休咎问僧，每多淫祀，故民间衣食因此未及丰足。……家产……分割之后，继生嗣续，不及襁褓一切杀溺。'……"

按以上三说皆用以解释局部之杀婴事实，然未能解释杀婴俗普遍盛行于南方之事实。身丁钱之重，婚丧之侈，及佞佛淫祀，就如说者所言，皆非普遍于江淮以南之现象也。即就局部之事实言，三说亦非穷源探本之论。杀婴之直接原因，为生产之家患口多为累。而所以患口多为累之故，则甚复杂。要而论之，患口多为累而至于杀婴之家可分为两类：第一类，其生活标准已达最低可能之限度，无法减低其生活标准以供养增加之人口，即所谓"贫乏下户"是也。第二类，其生活标准本未达于最低限度，而不愿过于减低其生活标准（婚葬之费、淫祀之费，皆构成生活标准之一部分元素），以供养增加之人口。士大夫家之杀婴者，属于此类。由上引之文证观之，由事理测之，大多数杀婴之家当为"贫乏下户"。而如此"贫乏下户"之阶级之存在而且众多，则为社会富力之分配问题。至于身丁钱之特重，只是其局部之助长因，而非其普遍之主因也。杀婴俗之特盛于江淮以南，而无闻于江淮以北者，可见南方之贫者较北方之贫者为更贫而且众，换言之，即南方富力之分配较北方更为不均也。此推论下文将证实之。

宋人对于杀婴俗除严设法禁外，尚有种种救济之法：

（1）限制婚丧礼：

《宋会要·刑法二》之五六至五七："（政和二年）四月……礼部看详：'福建路婚葬丰厚等条已有施行外，今重别拟定下项：诸父母存，非本宗及内外有服亲而辄凶服送丧，受雇行丧人非。……者……杖六十。'从之。"

（2）减免身丁钱：

《续资治通鉴长编》卷一一一："（明道元年三月戊戌），两浙转运司言：大中祥符五年，已放诸路丁身钱，而婺、秀二州尚输钱如故。己亥，诏悉除之。"

同上卷一七○："（皇祐三年七月丙子），减湖南郴、永、桂阳监丁身米。"

《宋会要·食货一二》之一九："（乾道九年）八月十四日……诏：两浙……提举常平官限一月内取见逐州所管户口丁数等第，每丁岁纳若干，有无科折，核实保明，攒具成册，缴申尚书省取旨（减免）。"

同上："（七月十五日）知建宁府赵彦端……乞将本府七县人户身丁钱自今以后并与蠲免。从之。"

（3）资助产子贫户：

《宋会要·刑法二》之一四七："（绍兴）八年五月十六日，诏州县乡村第五等、坊郭第七等以下人户，及无等贫乏之家，生男女而不能养赡者，每人支钱四贯，于常平或免役宽剩钱内支给。……十五年六月二十一日，臣僚言：'已降指挥，生男女每名支钱四贯文，于常平或免疫宽剩钱内支。窃闻州县免役钱所收微细，乞发义仓之粟以赈之。'诏'于见管常平义仓米内每人支米一硕。'二十年六月四日，以臣僚言，复申严行下。二十八年十一月三日，以臣僚言，诏勅令作立法。"

（4）奖励收养婴孩：

《建炎以来系年要录》卷一二〇："（绍兴八年六月庚申）敕令所请福建路以子孙或同居缌麻以上亲与人，虽异姓及不因饥贫并听收养，即从其姓，不在取认之限，著为本路令。其江浙、湖、广州县有不举子风俗处，令宪臣体究申明，依此立法。从之。"

《皇宋中兴两朝圣政》卷五九："（淳熙八年十一月甲戌，臣僚言）在法，诸因饥贫以同居缌麻以上亲与人，若遗弃而为人收养者，仍从其姓，各不在取认之限。听养子之家申官附籍，依亲子孙法。令之灾荒，亦非一处，向去寒冷，弃子或多，若令灾荒州县坐上件法镂板晓谕，使人人通知之，则无复识认之虑，而皆获收养矣。"

此诸法令毕竟实行至何程度，其效果若何，史无可稽。

(三) 南北财富分配之差异及其解释

南宋以文学与政事著名之辛弃疾，于当世南北之社会差异，有一极重要之观察。《宋史》本传载："（弃疾）尝谓……北方之人养生之具不求于人，是以无甚富甚贫之家。南方多末作以病农，而兼并之患兴，贫富斯不侔矣。"

吾人于此宜分别观察与推论。1. 南方财富之集中（即兼并之患）甚于北方，贫富之差甚于北方，此观察所得之事实也。2. 北方工商业（即"末作"）不发达，生活所需，多由家庭自给；南方工商业发达，生活所需多取给与市场；此亦观察所得之事实也。谓第二事为南方农民特别贫困（病农）之原因，亦即第一事原因，此推论也。顾何以工商业之发达能增加农民之贫困，而造成财富之集中与贫富之钜差，此则稼轩所语焉未详者。又工商业何以在南方特别发达，稼轩亦无解释。

吾人于此不禁联想起英人勃刻尔（H. T. Buckle，略与达尔文同时之名史家）地理影响财富分配之学说。其说有云：地力饶裕而气候温燠，则食料之价廉，食料之价廉则人口之增速，人口之增速则佣值低。夫佣力所产之分配，不出三途：一归于佣者为佣资，一归于业主为地租或赢赊，一归于债主为利息。佣值愈贱，则佣者之所获愈少，而业主与债主之所获愈多；故富者愈富而贫者愈贫也。贫与贱为邻，随佣值之低，而劳力者之社会与政治地位愈下。此勃刻尔之说也。我国南方地力之较北方为饶裕，气候之较北方为温燠，此不争之事实也。而宋代南方出产之较富与粮价之较廉，此从政府每岁由南漕北米六百八十万石之事实而可见，此外尚有明证：

真宗景德三年五月戊辰，"三司言，富商大贾，自江淮贱市籴稻，转至京师，坐邀厚利，请官籴十之三。不许"（《续长编》卷六三）。故宋代南北财富分配之差异正可为上述勃刻尔学说之例证，且也，物产富、人口众而佣价贱，正为工商业发展之适宜环境，而工商业愈发达，则食利润之业主与债主愈多，彼等所食愈丰，则贫富之差愈甚。故辛稼轩之解释，实可与勃刻尔之学说相通。

农奴制之特别存在于南方，杀婴俗之特别盛行于南方，皆南方财富特别集中之应有现象也。

［原载《浙大史学杂志》第 1 卷第 3 期，1940 年 9 月；据张荫麟《宋史论丛》，生活·读书·新知三联书店 1956 年版清校本（后因故未出版）刊录，中国社会科学院近代史所图书馆藏］

南宋初年的均富思想

（一）

现在许多青年所为殉身的主义，就它的理想方面而论，差不多是和我国记载的历史同其久远的。自从战国以降，趋向均富的思想和活动，无代无之。我们虽然不能说，人类的历史乃是阶级争斗的历史——假如把阶级解作自觉的阶级，把争斗解作现代劳资对抗式的争斗——但我们至少可以说，战国以降的中国社会史，乃是均富的势力和反均富的势力的争斗史；虽然在这争斗里头，前者较之后者远为微弱。均富的势力每一次出台，便立即被挤到历史的幕后；但经过长期的隐晦，忽又现身。它是狂澜底下打不消的暗潮，它是巨熊掌下压不碎的不倒翁。

不过我国旧有的均富思想和舶来新式的均富思想有这几点不同。前者诉于享着不均之利的人，劝他们大发慈悲，去"行不忍人之政"；后者却诉于受着不均之害的人，要他们去创造自己的命运。前者把自身的实现付于不可知之数；后者却把自身的实现认为历史的必然。前者是绝无"危险"性的，王公大人也可以谈谈；后者却是王公大人所深恶痛疾的"洪水猛兽"。这些差异就是马克思所谓"乌托邦式社会主义"和"科学的社会主义"的差别。

我国的"乌托邦式社会主义"思想史中登峰造极的人物，不是墨翟，不是孟轲，不是《礼运》的作者，不是王莽，而是南宋初年的林勋。可惜这个人和他的学说，竟被埋没了七八百年。在《宋元学案》和所有近来讲中国政治或经济思想史的著作里竟找不到他的名字。所以我忍不住要把他表彰一下，虽然现在所得关于他的史料还不多。

林勋的主要著作有《本政书》十三篇。此书著录于《宋史·艺文志·子部·农家类》，但以后重要的官私书目都没有著录，大约在明代已经亡佚了。幸而罗大经（宋末元初人）的《鹤林玉露》（卷七）里有记《本政书》的一长段，把它的大旨还保存着。李心传的《建炎以来系年要录》（卷二六）于建炎三年八月记林勋献《本政书》下，亦附有此书的提要；《宋史卷四二二·林勋传》大部分是抄录这段提要的。这段提要远不如《玉露》所述的详晰而且得要，但也有可以补充《玉露》的地方。现在讲林勋的生平和思想的只有这三项材料。

（二）

在汉以后所有的"井田论"者当中，林勋的大贡献在提出一个达到"耕者有其田"和平均田地分配之比较切实的办法。他可以说是我国过去所有乌托邦式社会主义者当中最不乌托邦式的。他反对由政府没收民田重行分配的办法（王莽曾行过而失败的办法）。他说："贫富不等，未易均齐，夺有余而补不足，则民骇矣。"他提出的方案如下。

1. 分现有农民为二等："一夫占田五十亩以上者为'良农'，不足五十亩者为'次农'。"

2. "其无田而为闲民，与非工商之在官而为游惰末作者，皆驱之使为'隶农'"。

3. "良农一夫以五十亩为'正田'，以其余为'羡田'。正田毋敢废业，必躬耕之"。

4. "其有羡田之家则毋得买田，惟得卖田。至于次农，则毋得卖田，而与隶农皆得买羡田，以足一夫（五十亩）之数，而升为良农"。

5. "凡次农、隶农之未能买田者，皆使之分耕良农之羡田，各如其夫之数（一夫五十亩），而岁入其租于良农，如其俗之故。非自能买田及业主自收其田，皆毋得迁业"。

6. "若良农之不愿卖羡田者，宜悉俟其子孙之长而分之，官毋苟夺以贾其怨，少须暇之，自合中制矣"。

他的"中制"完全实现了以后的社会，除了凡农民皆是自耕农，而且各各仅占田五十亩外，还有以下的情形：

7. 十六夫为一个单位，他们连耕地和居住地共占九百亩，即一方里，叫做一"井"。万井（即一万方里，即"方百里"），为一同；但"一同之地……三分去二为城郭、市井、官府、道路、山林、川泽与夫硗确不毛之地，定可耕与民居者三千四百井"。

8. "一顷之居，其地百亩，十有六夫分之。夫宅五亩，总十有六夫之宅为地八十亩。余二十亩以为社学场圃，一井之人共之，使之朝夕群居，以教其子弟"。

9. "井复一夫之税，以其人为农正，劝督耕耨赋税之事，但收十五夫之税"。

10. 每一夫五十亩每年纳税米一石、钱二百文（"总八顷之税为米十有六石，钱三贯二百文"）。依林勋的计算，这是什一之税，因为"百亩之收平岁为五十石，上岁为米百石""总计三千四百井之税为米五万一千石，为钱一万二千贯，以此为一同之率"。（以上十事据《鹤林玉露》）

11. 每井赋兵二人，马一匹，一同之率，为兵六千八百人（《宋史》本传作六千四百，似误），马三千四百匹。于此率内，"岁取五之一以为上番之额，以给征役；无事则又分为四番，以直（值）官府，以给守卫；是民凡三十五年而役使一遍也"。应征兵马之粮饷，以同内之租税供之。

12. "匹妇之贡绢三尺、绵一两……非蚕乡则布六尺，麻二两。"

13. 以上之制度"行之十年，则民之口算、官之酒酤，举凡夫茶盐香矾之榷，皆可弛以予民"。（以上三事据《要录》及《宋史》本传。）

以上十三项都是关于土地问题的。但内中第二项"非工商之在官"者云云，似乎暗示林勋也有一种统制资本的办法，就是把工商变成政府的雇员，可惜其详不可得而知了。

林勋的均田主张并不是凌空结撰的梦想，乃是他针对时病而开的药方。南宋初年社会病态，他在《本政书》里也曾扼要地指出。他说："国家兵农之政，率因唐末之故……（而）二税之数视唐增至七倍。""今农贫而多失职，兵骄而不可用。是以饥民窜卒，类为盗贼。"（《要录》及本传）以这样的国家，当金人之锋，不思改弦易辙，而说什么"长期抵抗""收复失地"，岂非欺人之谈？

南宋初年我国土地和资本集中的情形现在还没有被详细考出，但林勋的均田思想的出现正表示着有产和无产两阶级的对立已成为很明显的事实。最足以证明这个推论之不谬的，林勋奏上《本政书》的次年二月，便有钟相、杨幺之徒，打着"均贫富""等贵贱"的旗号起事于荆南。他们"焚官府、城市、寺观、神庙及豪右之家，杀官吏、儒生、僧道、巫医、卜祝及有仇隙之人……谓国典为邪法，谓劫财为均平；病者不许服药，死者不许行丧……人皆乐附而行之，以为天理当然"（《三朝北盟会编》卷一三七）。这场革命，聚众至四十万，历时至二十年，蔓延的地方相当于现今两湖的大部分（参看朱希祖《杨幺事迹考证》）。参加这场革命的主要分子正是林勋所谓"失职"的农民。他们久蓄的怨毒终于发泄了。挥霍他们的血泪以自娱自快的人们终于偿付积欠的代价了。林勋的均田思想正是大乱前夕照例应有的"改良主义"。像一切大乱前夕的改良主义者，他使软心的史家佩服他识见的超越、同情的敏锐、态度的敦厚、计虑的周密，同时又惋惜他的苦口婆心的白费。

（三）

关于林勋的生平，记载甚略。根据《要录》和《宋史》，我们可知以下数事：

1. 他是贺州人。［据《宋史》本传，《玉露》同。《要录》说他是临贺人，临贺盖即贺州治。］

2. 他登徽宗政和五年（公元 1115 年）进士第。（据本传。《玉露》说他"绍兴（公元 1131—1160 年）中登进士第"，盖误。）

3. 他于高宗建炎三年（公元 1129 年）八月以广州教授的资格进呈《本政书》（本传但言其登进士后曾"为广州教授"，《要录》载"广州教授林勋献《本政书》"云云），旋即被任为"桂州节度掌书记"。

4."其后勋又献《比校书》二篇。大略谓桂州地东西六百里，南北五百里，以古尺计之，为方百里之国四十，当垦田二百二十五万二千八百顷，有田夫二百四万八千，出米二十四万八千斛，禄卿大夫以下四千人，禄兵三十万人；今桂州垦田约万四十二顷，丁二十一万六千六百一十五，税钱万五千余缗，苗米五万二百斛有奇，州县官不满百员，官兵五千一百人。盖土地荒芜，而游手末作之人众，是以地利多遗，财用不足，皆本政不修之故"。

5.他又著有《治地旁通》一卷（参见《宋史·艺文志·农家类》），今亦亡佚，内容不详。

他的生卒年无考。假定他登进士第时年约三十，那么，他约生于哲宗元祐元年（公元 1086 年），他献《本政书》时年约四十四。他献《比校书》不知道在哪一年，《要录》系此事于献《本政书》之记载下，两事相去当不远，此后就没有他的消息。我们若说他生于十一世纪的末叶，卒于十二世纪的中叶，当无大差。

《本政书》在十二世纪的末叶还很流行，并且为当时智识界的领袖所称道。《鹤林玉露》说："朱文公（熹）、张宣公（栻）皆喜其说，谓其有志复古。"《宋史》本传说："朱熹甚爱其书。东阳陈亮曰：勋为此书，考古验今，思虑周密，可谓勤矣。世之为井地之学者，孰有加于勋者乎了要必有英雄特起之君，用于一变之后，成顺致利，则民不骇而可以善其后矣。"

《本政书》在南宋政治思想史上的影响是一个值得再加探索的问题。

（原载《大公报·史地周刊》第 87 期，1936 年 5 月 29 日）

南宋之军队

南宋军队究有几何？自然此数目非固定者。

据《宋史·兵志》六，南渡以来兵籍之数：

在绍兴十二年（公元 1142 年），为二十一万四千，

在绍兴二十三年（公元 1153 年），为二十五万四千，

在绍兴三十年（公元 1160 年），为三十一万八千，

在乾道三年（公元 1167 年），为二十二万三千。

以下《宋史·兵志》不详。今勾稽宋人文集，稍补其阙。

约当孝宗、宁宗间，倪思〔据《南宋文范》作者考，倪思，乾道二年（公元 1166 年）进士，后以忤史弥远罢官〕对策言："今以天下之兵籍略计之，行都之宿卫，沿流（长江）之驻扎，州郡之分屯，无虑七八十万。"（《南宋文录》九）约略同时，杨冠卿（据《四库提要》所考，冠卿当孝宗淳熙五年四十岁）撰《省兵食说》，则谓"今日之兵，仰给大农者，亡虑百万"。而其后叶适亦谓"（今）竭国力而不足以养百万之兵"（《兵总论一》）。故在南宋中叶，中国之兵但就中央政府给养者计，已及百万。然其后尚有增加。据《宋史·兵志七》，理宗绍定九年（公元 1236 年），贾似道疏云："景定元年迄今，节次招军凡二十三万三千有奇，除填额创

招者九万五千。"此乃理、度两朝内之事耳。其前，宁宗末年，韩侂胄开边，兵额之增当不少。虽其确数不详，然观王迈论此事，谓"蜂屯蚁聚，扶携来归。……辇安边（按指安边所）之财以给之，惟恐不赡；航东南之粟以饷之，惟恐失期"（《臞轩集》一），亦可概见。

北宋兵额最多之时为仁宗庆历朝，总一百二十五万余。由上所考观之，南宋在亡国前夕之兵额，至少当与此数相埒。当南宋初叶，李纲尝言："户部岁入无（北宋）承平时三分之一。"（《南宋文范》一四李纲《论财用札子》）后纵开源，以幅员所限，税收当亦无法过北宋之半。以不及北宋一半之税收，养北宋最高之兵额，南宋国家，安得不破产？

理宗端平二年（公元1235年）乙未（元兵入临安前四十年），馆阁考职策问有云："今国家罄一岁所入，曾不支旬月，而又日不辍造十数万楮币，乃仅得济。"南宋亡国前夕之财政状况，此语尽之矣。

顾理财者虽苦军费之重，兵数之多，实际负军事责任者又苦兵数之少。端平初，魏了翁已言：

> 蜀中诸军，旧管九万八千，马二万。嘉定核实（谓裁虚额），裁为八万二千，马八千。则气势已不逮昔矣。近者更加核实，官军才六万余人，忠义万五千，而其间老弱虚籍者又未可计。是以五六万人，当□（中阙一字）千七百里之边间，众寡强弱，此盖（不？）难见。（本集十九）

其后宝祐四年（公元1256年），文天祥亦言：

自东海城筑，而调淮兵以防海，则两淮之兵不足。自襄樊复归，而并荆兵以城襄，则荆湖之兵不足。自腥气染于汉水，冤血溅于宝峰，而正军忠义空于死徒者过半，则川蜀之兵又不足。江淮之兵又抽而入蜀，又抽而实荆，则下流之兵愈不足矣。荆湖之兵又分而策应，分而镇抚，则上流之兵愈不足矣。夫国之所恃以自卫者，兵也，而今之兵不足如此，国安得不弱哉！扶其弱而归之强，则招兵之策今日直有所不得已者。然召募方新，调度转急，问之大农，大农无财，问之版曹，版曹无财，问之饷司，饷司无财。自岁币银绢外，未闻有一画策为军食计者。（本集三）

一方面不胜军费之负担，一方面感觉兵不敷用。所以然者，南宋军队大部分腐化也。此事略具于予所撰《南宋亡国史补》（《燕京学报》第二十期），今不赘。

除兵不敷用之感觉外，尚有一事使裁兵在当时为不可能者。宋以军队为失业游民之尾闾，自其祖宗以来，即视此为潜消反侧之妙法。此政策之需要，在南宋犹不减。南宋初吴儆（绍兴二十七年进士，淳熙十年卒，据本集附传）尝奏言：

臣窃见朝廷平时以募兵为急，而应募者少。今岁正是募兵之时，而未闻广募。臣不知其故何也。臣闻饥岁莫急于防民之盗，而防盗莫先于募民为兵。盖饥困之民，不能为盗，而或至于相率而蚁聚者，必有以倡之。闾里之间，桀黠强悍之人，不事生业，而其智与力足以为暴者，皆盗之倡也。因其饥困之际，重其衣食之资，募以为兵，则其势宜乐从。桀黠强悍之人既已衣食于县官而训制之，则饥民虽欲为盗，谁与倡之？是上可以足兵之用，下可以去民之盗。一举而两得之，孰有便于此者？（《吴文肃公集》一）

同时范浚亦言：

今日召募，可以安未难（此字疑衍）动之寇也。何以言之？江浙之人，传习妖教久矣，而比年尤盛。绵村带落，比屋有之。为渠首者，家于穷山僻谷，夜则啸集徒众，以神怪相诳诱，迟明散去，烟消乌没，究之则鬼，迹捕之则易以生事。根固蔓连，势已潜炽。其人类多奸豪，拳勇横猾不及，此时因召募而收用之，以消患于未萌，臣恐吴遽未必跳梁于今而张角、孙恩决复响动于后也。且奸豪横猾之人，居心好动，殆非荷桑秉耒，低首安作，为良民者。譬之修蛇巨蝎，取以备药物，或能已疾蠲病，苟弃不用，日以滋息，则缘墙肖屋，螫人而肆其毒必矣。故臣愿因召募而收用之，亦已时病之细术也。（《范香溪文集》十四）

其后卫博（光宗、宁宗间人，与朱子同时）更从失业之来源上，推论继续募兵之不容已。其言曰：

比年以来，富家大室擅兼并之利，诛倍称之息，械系设于私室，椎剥于肤髓。贫民下户，雕之到骨，诗张怨詈，所不堪听。顷在田间，实所亲见。当知幸乱之众，何止曩昔起于贫穷而狃于轻剽者？虽然，若此之民，所在而有，未必皆能特起。
至于徽、严、衢、婺、建、剑、防、吉数州，其地阻险，其民
好斗，能死而不能屈。动以千百为群，盗贩茶盐，肆行山谷，
挟刃持梃，视弃躯命与杀人如戏剧之易，饮食之常。异时有司
之所不敢呵问。其贪暴残鸷之心，特未有以发之耳，使其时有
可乘，事有所激，奋臂一呼，正在此辈。尤不可以不察。当是
之时，朝廷能忘内顾专志外侮乎？然则于今之计，莫若检举往
年忠义、巡社、乡兵、弓手之制别行讨论，厚立赏格，多为爵
级，多给告命州委之守，县委之令，劝诱豪民，纠合乡里。应
募之士，奸民、惰卒、亡命、废锢之人尽得出于其间。其愿保
乡里者为一将，其愿卫边者则为一将。明谕之以不刺面，不涅
手，事已则复归田里。为之纠合者，及几人，授某官，满岁无
过增某秩，有克获者受某赏。其在募之士爵几级，赏几等，皆
当倍于弓兵赏格之旧。训之以坐作，齐之以等级，纠之以主
率，居可以备他盗，保桑梓；行可以保卒乘，助边防。无向来
椎剽啸聚之虞，而良民有得安田里之幸。一物而三善从之。
（《定庵类稿》四）

夫国家方恨未能扩张军额，以容失业无产之民。若语以裁兵，岂非
以方枘入圆凿？

既不能裁兵，又无法养兵，此南宋之所以不得不束手而待
毙也。

［原载《益世报·史学副刊》（渝版）第 5 期，1940 年 5 月 30 日］

南宋末年的民生与财政

（一）

在一个农业社会里，最重要的经济因素当然是土地。对于我国自汉代以后的历史，近来有一种很普遍的看法，就是：在一个长期的和平里，土地渐渐地被"豪强兼并"，渐渐地集中在少数人手里；同时人口一天天地增加。结果在和平状态下无法维持生活的人愈多，更加上剧烈的天灾，大乱便起。在大乱中，人口因屠杀而锐减；土地也换了主人，到此，比之大乱前略有平均的分配。接着又是长期的和平。这样循环下去。这看法大致是不错的，不过也是很粗的。到底在某一个豪强兼并盛行的时代，有几分之几的土地，是集中于几分之几的人口呢？这个问题似乎还没有人试探过。而大部分时代的记载也没有供给我们以解答这个问题的资料。旧史记"兼并"的情形的，不外是"富者田连阡陌，贫者无立锥之地"一类笼统的话，分量的分别和比较是没有的。而且在户籍、田籍不完不密的时代，这种比较也是无从做起的。土地分配的情形就我所知道的，在南宋末年才可以间接得到比较确定的估计。

在作这估计之前，得先把宋代的土地制度略为一说。

宋仁宗的时候，曾定过一个限田的办法，其内容不详，但有两点可以知道：

1. 最高的文官（公卿以下）占田不得过三十五顷。

2. 最高的武官（牙前将吏）占田不得过二十五顷。

但这种办法，因为大臣的一致反对，压根儿没有实行。在北宋初期，不独官户占田没有限制，而且官户的田还有一种特权：免除徭役。到了徽宗政和（公元 1111—1118 年）间，才规定下一品官免除徭役的田，以一百顷为限；此下按品减少，至九品则以十亩为限。凡是限外的田，皆照编户一般供应徭役。这制度是被实行了的。南宋人所谓"祖宗限田之制"便是指此而言。

我们从这两次法令中占田的最高限度，可以看出兼并的进步。因为法令的规定，总不能和现实的情形相差太远的。换句话说，在仁宗时最大地主所占的田，与三十五顷为近，在徽宗则与百顷为近的。

南渡之初，官户田免徭役的特权曾被取消，但后来又恢复了。这变迁在南宋史里是看不出的，我别有考证，因为在这里无关宏旨，不去说它了。

关于土地分配的比例，在北宋时代我还没有考出，但在南宋初年，则于新近印行的《皇宋中兴两朝圣政》（这书旧只有《四库全书》抄本，近来翻印在《四库珍本丛书》里）中泄露了一点消息。这书卷十记载绍兴二年（公元 1132 年）右司谏方孟卿，在一道反对恢复官户田的免役权的奏议里说道："今郡县之间，官户田居其半，而占田过数者极少。"这里所谓过数，从上下文看来，是指政和中一百顷的限度。

我们要注意绍兴二年是南渡后第五年，"占田逾限者极少"，并不是因为当时的统治阶级特别讲究"中庸之道",只因为中央政府刚从开封搬到临安,他们在播迁流徙之际,问舍求田的余暇不多罢了。因为过去一个阶段的中国社会里,地主以官户为主体,而越接近政治中心,官户越多。所以我们推想:在北宋末年,大河南北的兼并情形要比江淮以南厉害得多。所以当宋室南渡之初,江淮以南,土地是没有十分集中的。然而不到五年,"郡县之间,官户田(已)居其半"了。

到了南宋末年,情形又大变。在南宋初年,占田过一百顷的还极少。但据刘克庄在端平元年(元兵破临安前 42 年)上给理宗的奏疏里所说,当时的大地主往往有"吞噬千家之膏腴,连亘数路之阡陌,岁入号百万斛。……自开辟以来未之有"的(《后村大全集》五一,《四库丛刊》本)。这段引文里有两句需要解释。第一,路是宋代最大的行政区域,略当现在的一省。"连数路之阡陌",用现在的话说,就是田地遍于数省了。好比现在的头等阔人,在上海、南京、西湖、青岛以及北戴河都有别墅。当时因此出现了一个特别的名词,叫做"侨产"。即是指不在本籍的州府或路的产业。第二,刘克庄说当时的大地主岁入百万斛,但岁入百万斛的田地到底有多少呢?据《宋史》,理宗淳祐六年(公元 1246 年)侍御史谢方叔请限田,亦言:"贵势之家,租米有及百万石者。"可见后村的话是不错的。《宋史·食货志》有一处(下文将再要提到的)说:一千万亩的田,每年收租可得六七百万斛。用比例一算:X 亩/10 000 000 亩 = 1 000 000/7 000 000,X = 10 000 000/7 = 1 430 000 余亩。则岁收百万斛的田,约有一百四十三万亩,即一万四千三百顷,比之政和间所定一百顷的最高限度,要大一百四十三倍。南宋末年的兼并情形，比之政和间，比之南渡初，其进步是显然的。官户的田在南宋初已占了郡县田的一半。在南宋末，更要大大地增加，远在一半上了。

在南宋精华的西浙和江南东西路，在宋末土地集中的情形，我们还可得到更亲切的印象。在理宗景定四年（公元 1263 年），即元兵入临安之前十三年，因为一个财政改革的需要，殿中侍御史陈尧道、监察御史虞安等统计过，在这三路里，"逾限"的田，也就是大地主所占过了政和间所定的限度的田，共有三千万亩。此外，他们在限内所占的田有多少呢？史无明文。现在从最低限度，姑且假定那是限外的一半，那么光这三路，集中于占田逾限的大地主手里的田，至少已有四千五百万亩。这三路约略相当于现在的浙江、江苏和江西三省。一直到现在，浙江省已垦的田总共不过四十一万六千多顷，江西省已垦的田才不过四十一万二千多顷（据一九三二年国民政府主计处统计局报告。见是年《统计月报》"农业专号"）。当南宋末年，在这三省里，集中于占田逾限的大地主手里的田已超过现在浙江或江西省田亩总数！其他占田未逾限的地主还没有计算在内呢。

（二）

南宋末年第一个经济大问题，是怎样抑制兼并，第二个经济大问题是怎样补救纸币的低折。南宋末年中国已经成了纸币的世界。宋朝有许多情形是出乎意料之外地"摩登的"。纸币问题即其一端。纸币虽说是渊源于唐代的飞钱，但唐代的飞钱只是汇票的性质，不能随时随地用作交易的媒介的。真正的纸币在宋朝才开始。最初在真宗时出现于四川，由民间发行，不久收为政府专利，而推广到别处，到南宋才普遍地流行。关于宋代纸币的记载，以戴埴的《鼠璞》里的《楮券源流》一篇为最佳。《宋史·食货志》里"会子"（即当时纸币之称）一段，零碎而不得要领。纸币问题是宋末元初人人受到切身影响的大事，宋亡后不久，好几万万的纸币尽成废纸。最奇怪的，作《玉海》的王应麟和作《文献通考》的马端临都是宋末元初的人，而他们对于这件大事竟无只字记载。大约因为他们都在抄书，对于无书可抄的近事，只好从略了。

据《鼠璞》记载，宁宗末年（约公元 1220 年）纸币已出到二万二千万贯。宁宗以后便是理宗，通常以为理宗朝为南宋末叶的开始，因为这时蒙古才开始向中国侵略。在理宗初元的绍定六年（公元 1233 年），据《鼠璞》记载，纸币出到三万二千万，市价跌到对折。此后纸币的情形，《鼠璞》没有记载。但和戴埴同时的孙梦观，却有一段记录，恰可补《鼠璞》之缺。据孙氏《雪窗集》卷一《丙午轮对第二札》里说：当时发行的纸币，旧者已及四十二千万，新者已及二十三千万。方来者伪造者盖又不知其几多。这是理宗淳祐六年（公元 1246 年）的事。这时纸币的低折更甚于绍定间，是可以推想的。

因为纸币低折，物价抬高，更增加民生的困苦。怎样改良币制，降低物价，成了普遍的期望。据周密《癸辛杂识》，当理宗即位之初，大家把这期望属于鼎鼎大名的理学家真德秀。他不独是个理学家，也是以政治才干著称的。当时临安的人民唱道："若欲百物贱，直待真直院。"后来真德秀入朝，只管和理宗谈什么正心诚意，进献什么《大学衍义》；对于纸币问题毫无办法。人民大失所望。乃又在上面的歌谣上，添了两句："吃了西湖水，打作一锅面。"市井小儿纷纷地唱着。

除了豪强兼并和纸币低折外，使民生困苦的还有所谓"和籴""和买"的制度。"和籴"就是官定价格，向人民收买谷子，以供军用；"和买"就是向人民收买布帛之类。名叫做"和"，实则是"和"的反面。因为官定的价格，照例比时价低，官用的度量，照例比通用的大，而胥吏又要从中向人民渔利。而且这制度并不是限于一时一地的。每年每一户（自然除了官户）都得按照家产的多寡，被"和籴""和买"若干。这是使人人诅咒的一大秕政。

(三)

自理宗朝以下，财政上的一大问题是怎样开辟一个财源，使政府可以废除"和籴"（当时称籴兼赅和买）的制度，同时补救纸币的低跌。——一方面停止增发纸币，一方面保证兑现。赋税，大家是认为已经加到无可复加的。此外，还有什么办法呢？

理宗初年，刘后村曾献过这样的计策：第一，把大地主在本籍的田地的岁入没收十分之七，其"侨产"的岁入完全没收。暂以十年为限。第二，追缴大吏侵吞的公款；只追赃款，并不没收他们财产的全部。据刘克庄说："比年颛阃之臣，尹京之臣，总饷之臣，握兵之臣，拥麾持节之臣，未有不暴富者。"后村的建议并不算怎样过激，然在当时，也如在现今一样，只能是书生的空言。

到了理宗末年，贾似道和他的策士，想出了一个更温和的办法：由政府备价收买"逾限"的田为公田，以公田的收入代替"和籴"及添发纸币。

然而这温和的办法，一经提出便引起朝野汹汹的攻击。经贾似道以去就力争，理宗终于允许把这办法从浙西起逐渐推行。贾似道无论怎样遗臭万年，至少有一件事值得我们佩服：他首先把自己在浙西的一万亩田献出，作为公田。

收买逾期（限）的田，已够使大地主叫苦的了。何况政府所估的价又很低。并且政府所给的大部分不是现洋而是钞票、度牒、官诰之类。

关于公田制实行的情形，有一重要点，《宋史·食货志》没有表明，但我们从刘一清的《钱塘遗事》可以得知：公田制实行的范围，始终只及于浙西，因而得免"和籴"的也只有浙西。但即使如此，南宋政府已和本国的资产阶级（包括大部分的士大夫）结下不解之怨。当无产民众没有组织的时候，资产阶级是主要的政治力量。内面失去资产阶级的拥护，外面受着强寇的压迫，南宋政府遂不得不解体。在帝㬎德祐元年（公元 1275 年），即贾似道贬死的次年，南宋政府终于向资产阶级认错求援，那诏书道："公田最为民害，稔怨召祸，十有余年，自今并给田主，今率其租户为兵。"但这错是白认了。蒙古兵就在这年入临安。有那样的资产阶级，南宋之亡国也亦宜。

（原载《华北日报·史学周刊》第 111 期，1936 年 11 月 12 日）

师 儒 与 商 贾

军兴以来，大学师儒，每有兼为商贾者，甚且居积钓奇，沦为孟子所谓"贱丈夫"者。或引"赐不受命，而货殖焉，亿则屡中"为说，若曰：货殖，居积也；亿中，钓奇也。子贡居积钓奇，不害其为圣门高弟，今贤又何独不容依仿焉？时下方倡兴复儒家，以立仪轨。教授经商之事，竟有儒家先哲之榜样为后盾，可以肆行而无谴。将见庠序与阛阓合化，师儒与驵侩同流。师生交征利，而教育亡矣。是不可以不辨。请陈三义以破斯惑。

一曰：子贡货殖亿中，原非孔子所许，故曰"不受命"。此犹言违背师训也。其上文云："回也其庶乎，屡空。"则孔子斥责子贡之意尤明。今曰"崇儒"，自以孔子为楷式。若一方以孔子为楷式，一方以违背孔训之行立训，岂不自悖？

二曰：子贡之名位与今之大学教授不同也。当子贡货殖亿中时，彼特私塾中之一生徒耳，未受国家之禄养，亦不为一国风化之泉源。彼之所为，以孔子之更高道德绳准较之，诚有所歉，顾尚无损于群纪之毫芒。孔子亦不能预料其弟子之行，将为他日大学教授所援据，故于其事虽不之许，亦不必绝之过甚而屏之于门墙外。今大学教授非私塾生徒比也。其职在为民族进学，为国家育才，此其事与市侩之牟利，意向迥殊，心计悬绝，万不能并营而兼善。精勤于市事，则必昏惰于进学与育才。心市侩之心，则必不能任师儒之任。故教授而经商或为类似商贾所为之事，无论其精神或行为，皆属渎职。且国家之命脉全在一辈不以私利为利之国士，而造成此辈国士者，大学之功能也。今大学师儒，而以身作则，孳孳为利，则其所能造成之士当为何等耶？教授而经商，或为类似商贾所为之事，其所关于群纪者，殊非细故。所谓差以毫厘、谬以千里者，此类是也。

三曰：子贡所处之时世，与今之大学教授所处不同也。子贡之世，鲁虽有敌国外患，尚未致忧虑危亡，礼教虽已凌夷，而道揆法守未经颠覆。一命之士，所以扶翼世运之责，未若今日之亟且重。其下焉者，更无论也。孰谓今日中国所处之境地，不有以远劣于子贡时代之鲁国耶？

由上三义，可知援子贡货殖亿中之事，以为今日大学教授之市侩化作解辨者，决无有当。

呜呼！凛哉！作君作师，职赋自天；士具尔则，民具尔瞻。师道不守，则一切哲学道德、古今新旧，举皆盗名欺世之妄言。吾于此，有欲为教育当局献者二事：

1. 大学教授待遇改善办法实行之后，宜明令禁止大学教授经商，或为类似商贾所为之事。

2. 以后部聘教授候选人资格之一，须证明其自此次禁令公布之后，并无经商或类似商贾所为之事。宽其既往，即所以励其将来也。

（原载《思想与时代》第 16 期，1942 年 11 月）

洪亮吉及其人口论

（一）引　言

　　清乾嘉间之汉学大师，其能于汉学以外，有卓然不朽之贡献者，惟得二人：在哲学上则戴东原震，在社会科学上则洪稚存（亮吉），而其学说在当时及后世皆未尝有丝毫之影响，徒为今日历史上之资料而已。戴氏之学，近十余年来，经蔡元培、梁启超、胡适诸氏之阐扬，已大显于世；惟洪氏之学，至今犹湮没不彰。梁氏之《清代学术概论》及《中国近三百年学术史》中均无只字及之。吾读洪氏遗书，不禁掩卷而太息，太息夫古人之立言，亦有幸有不幸如此也。因不揣谫陋，草为此文。非敢云发前人未发之秘，亦无资格以表彰先贤，聊吐吾心中所不吐不快者而已。

　　迩来"整理"旧说之作，副刊杂志中几于触目皆是。然其整理也，大悉割裂古人之文，刺取片词单句，颠倒综错之，如作诗之集句；然后加以标题，附会以西方新名词或术语，诩诩然号于众曰"吾以科学方法董理故籍者也"，而不知每流于无中生有，厚诬古人。此种气习，实今后学术界所宜痛戒。予介绍洪亮吉之学说，不敢自陷此弊；故惟摘录原文，未加案语，以待读者之玩索思考，而判吾言之当否。且原文本末毕具，条理清晰，断不容妄加斧斤也。

（二）洪亮吉之人口论

稚存一生所著书，高可等身。然其关于思想方面者，除散见文集中者外，惟《意言》一卷二十篇。其人口论，即具于此书之《治平》《生计》两篇中。其言曰：

> 人未有不乐为治平之民者也；人未有不乐为治平既久之民者也。治平至百余年，可谓久矣。然言其户口，则视三十年以前增五倍焉，视六十年以前增十倍焉，视百年、百数十年以前不啻增二十倍焉。

> 试以一家计之，高、曾之时，有屋十间，有田一顷，身一人，娶妇后不过二人；以二人居屋十间，食田十〔一〕顷，宽然有余矣。以一人生三计之，至子之世而父子四人；各娶妇有八人；八人即不能无佣作之助，是不下十人矣。以十人而居屋十间，食田一顷，吾知其居仅仅足，食亦仅仅足也。子又生孙，孙又娶妇，其间衰老者或有代谢，然已不下二十余人；以二十余人而居屋十间，食田一顷，即量腹而食，度足而居，吾知其必不敷矣。又自此而曾焉，自此而元焉，视高、曾时，口已不下五六十倍。是高、曾时为一户者，至曾、元时不分至十户不止。其间有户口消落之家，即有丁男繁衍之族，势亦足以相敌。或者曰：高、曾之时，隙地未尽辟，闲廛未尽居也。然亦不过增一倍而止矣，或增三倍五倍而止矣，而户口则增至十倍二十倍。是田与屋之数常处其不足，而户与口之数常处其有余也。又况兼并之家，一人据百人之屋，一户占百户之田，何

怪乎遭风雨霜露颠踣而死者之比比乎？曰：天地有法乎？曰：水旱疾疫，即天地调剂之法也；然民之遭水旱而不幸者，不过十之一二耳。曰：君、相有法乎？曰：使野无闲田，民无剩力；疆土之新辟者，移种民以居之；赋税之繁重者，酌今昔而减之；禁其浮靡，抑其兼并；遇有水旱疾疫，则开仓廪、悉府库以赈之，如是而已。是亦君、相调剂之法也。要之，治平之久，天地不能不生人；而天地之所以养人者，原不过此数也。治平之久，君、相不能使人不生；而君、相之所以为民计者，亦不过前此数法也。然一家之中有子弟十人，其不率教者常有一二。又况天下之广，其游惰不事者何能一一遵上之约束乎？一人之居，以供十人已不足，何况供百人乎？一人之食，以供十人已不足，何况供百人乎？此吾所以为治平之民虑也。（《治平》）

今日之亩……为农者十倍于前，而田不加增；为商贾者十倍于前，而货不加增；为士者十倍于前，而佣书授徒之馆不加增。……何况户口既十倍于前，则游手好闲者更十倍于前？……是又甚可虑者也。（《生计》）

读者当注意，凡上所论，皆就治平时代而言，明乎战争与变乱之为例外也。试将上文分析之，则可见其含有下列各原理：

1. 生产之增加不能与人口之增加成正比例。人口于百数十年间可增至十倍至二十倍，物产则只能（因土地开辟之结果）增加一倍至五倍。（注意：洪氏此处，并不谓土地之生产力有增加之可能。因其时中国科学未盛，不知农学可以改良土地，增加耕种效率也。）

2. 天灾（水旱疾疫）尽不能消灭过剩之人口。

3. 全人口中未必尽皆从事生产。

4. 财力之分配未必平均。

坐是之故，洪氏遂"为治平之民忧"。所忧者何？生存之困难而已。然则洪氏亦尝思所以补救之之术乎？曰：上文已略发其凡矣。不外：

1. 发展生产事业，即所谓"使野无闲田，民无剩力；疆土之新辟者，移种民以居之"是也。而减少"游惰不事"之民，亦其一策，上文虽未明说，亦可于言外推之。

2. 使富力之分配平均。即所谓"抑其兼并"是也。

3. 由政府出力救济。即上所谓"遇有水旱疾疫，则开仓廪、悉府库以赈之"是也。

而其最重要之方策则为：

4. 节省消费。即上所谓"禁其浮靡"是也。关于此点，洪氏别于其所著《寺庙论》中详言之曰：

> 户口至今日可谓极盛矣。天不能为户口之盛而更生财，地不能为户口之盛而更出粟。一州一邑之知治理者，唯去其靡费而已矣。靡费之道有二：一则前议中所云饮食服用是也；[一则寺庙是也。]（《卷施阁文·甲集补遗》）

上文所谓"赋税之繁重者酌今昔而减之"，亦节省消费之一端也。

然斯四者，不过无法中之法而已，终不能彻底解决人口问题。

此稚存所以始终抱悲观态度。使稚存而生于今日，得聆珊格尔夫人生育节制之演说，吾知其必当鼓掌不已也。

洪氏之"人口论"已尽于是矣。吾料读者至此，必当联想及英人马尔萨斯（Thomas Robert Malthus）。马、洪二氏，其学说不谋而同，其时代复略相当（洪生于乾隆十一年即一七四六，卒于嘉庆十四年即一八〇八；马生于一七六六，卒于一八三四）。其学说完成之期，相差亦不过数载（洪氏《意言》成于一七九三年，马氏 *Essay on the Principle of Population as It Affects the Future Improvement of Society* 出版于一七九八年）。斯亦学术史上极奇异、极凑巧之现象也已。以言精密详尽，洪说自不逮马说，稍读社会科学书者类能言之，无待吾赘加申释。所当附述者，西方人口论在马氏以前已有希腊之柏拉图、亚里士多德，及十八世纪之意人波德罗（Geovanni Botero）、奥尔德斯（Giammaria Ortes）、英人雷利（Walter Raleigh）、斯多亚特（J. Steward）、杨恩（Arthur Young）、汤生（J. Townsend）、美人法兰克林（B. Franklin）、德人默泽尔（Justus Möser）诸学者相继讨论，马氏不过承众说，而组织成系统耳；至于洪氏则蹊径独开，一空依傍者也。其难易相去远矣。独是西方自马氏《人口论》出，经济学及社会学上辟一新天地，其直接间接影响于政治及社会上一般人之思想至钜且重。反观洪氏之论，则长埋于故纸堆中，百余年来，举世莫知莫闻。不龟手之药一也，或以伯，或不免于洴澼，岂不然哉！

（三）洪亮吉传略

吾侪既得闻洪氏之"人口论"矣。孟子曰："颂其诗，读其书，不知其人，可乎?"请略述洪氏之生平。稚存，江苏阳湖北江人。
六岁而孤，随母侨居外家。贫而力学，稍长为童子师。年二十四补
县学生。三十五始举顺天乡试。遂游陕西，依毕沅。阅十年成一甲
第二名进士。官京师三年，视学贵州返，以仲弟丧告归。会高宗逝
世，例当奔丧来京，事毕将返，遗成亲王书万余言，痛陈当时朝政
及吏治之弊，语甚率直。王惧祸，上之仁宗，遂下狱，律当斩；免
死，戍伊犁。逾年，京师大旱，祈祷术穷。命赦亮吉以为禳，遂得
归。年五十五矣。韬居里门，读书以终（卒六十四）。

稚存学甚博：精音韵训诂；喜为诗词骈俪文，尤笃志于史；一
生精力所萃，则在地理沿革。生平治学精神，尽见于《致钱季木论
友书》中，其略曰：

> 学问之友，必先器识。拘于一隅，难与高论。谈性命则为
> 周、孔，言训诂则称郿儒；特牲所祠，纠其违即同非圣；方册
> 既载，举其失便为违经。此一蔽也。言无智愚，时有今昔；浑
> 敦穷奇，以古而足贵；垂棘和氏，以近而不珍……此一蔽也。
> 据近定远，屈前就后；荀卿儒术，见绌于后贤；蒙叟著书，致
> 讥于里塾……此一蔽也。……若夫事必究其本原，论必求其
> 是；解带一室，邹鲁不欺其半言；驰轮九垓，崶华不能摇其一
> 瞬；研几极神，深识殆圣；吾党亦有人焉。

其对于史学之见解云：

> 近时之为史学者有二端焉。一则塾师之论，拘于善善恶恶

之经，虽古今未通，而褒贬自与。……一则词人之读史，求于一字一句之间；随众口而誉龙门，读一《通》而嗤《虎观》，于是为文士作传，必仿屈原；为队长立碑，亦摩项籍。……夫惟通训诂则可救塾师之失。……亦惟隶事故则可以救词人之失。（《集杭董甫三国志补注序》）

精思高识，诚非一孔瞥儒所能梦见者矣。

稚存虽汉学家，独有出乎其类者存焉。当时考据之儒，大悉生死书丛，不闻世事；此虽半由于惧触时忌，亦实风气有以溺之。惟稚存则留心时政，恒思建策敷言。观其犯大祸而上书成亲王，汉学家中除杭世骏而外，无其偶矣。当时考据之儒，大悉寻行数墨，嚼字咬文，不事遐思，惮言义理。惟稚存不然，其《意言》中反对命定论，辟鬼神、仙人、雷神之妄等篇，识见远追王仲壬（充）。其《真伪篇》追溯"礼"之起源，明"礼"与"真情"之冲突，亦发前人所未发。而百余年来称洪亮吉者，惟知其考据之学而已。

附　　言

洪亮吉之著作，已刊者有：《洪北江遗书》二百二十二卷（光绪丁丑授经堂重刊）。关于洪亮吉之传记，以其门人吕培等所编《北江先生年谱》为最详实（附刊《遗书》中）。

（原载《东方杂志》第 23 卷 2 号，1926 年 1 月 25 日）

甲午战前中国之海军

（一）沈葆桢之经营

当同治末年（公元 1874 年）日人之借故进兵台湾也，朝命沈葆桢率福建水师赴台，观动静而备守御。葆桢是时方以前江西巡抚之资格，督办船政于福州。其人既廉正有能，于海军在国防上之重要复知之切；创立造船厂及水师学堂，延用西洋技士教习，遣派留学生。七年之间，成绩灿然。此后奋勇殉身及临难苟免之著名海军将校，与乎折樯裂舷、沉沦海底之败舰中，颇有为福州船政之产品者焉。葆桢既至台，亲诣日本司令官西乡从道，并巡行其营垒，语之曰：两国海军方始萌芽，同间遽构战，令西人尽见底蕴，益启窥伺之心，不如各归，大治海陆军，二十年后相见，庶彼此具有规模，不为人藐视。西乡颇受感动，旋亦不得大逞于台，遂罢兵归。甲午战后，葆桢孙翊清奉派赴日观操，西乡犹健在，亲款宴之，出妻见子，备谈前事，曰："日本海军之粗有成绩，不敢忘令祖之赠言。"

西乡归后十年而有甲申中法之役，以考验我国海军之造诣。时葆桢已前卒，然其于海事，亦既尽心矣。初，光绪元年（公元 1875 年）六月，总理衙门会同户部奏准，于关税厘金项内每年分

拨南北洋大臣各二百万两，专为海军之用。会葆桢移督两江，兼领
南洋大臣，鉴于畿辅海防重要，以为海军宜先尽北洋创办，分之则
为力薄而成功缓，因奏请暂将四百万两尽给解北洋海军，俟其兴办
稍有端绪乃已。无何，晋豫告饥，北洋大臣徇朝士请，提海军款以
赈，葆桢以为大戚，贻书争之，谓"国家安危所系，葆桢老病不及
见，必为我公异日之悔"。然鸿章终不省，旋复移用。四年二月，
葆桢奏请将前项协款仍分解南北洋。六年冬，葆桢正力疾调集款
项，拟派学生出洋监造新舰，适日本夷琉球为冲绳县。庶乎王先谦
请兴师问罪，诏交南北洋大臣会议。葆桢遗疏言，"天下事多坏于
因循，但纠因循之弊，至于卤莽，则其祸更烈于因循。日本自台湾
归后，君臣上下，早作夜思，其意安在？若我海军全无基础，冒昧
一试，后悔方长"。

葆桢卒后，以迄甲午，海军之发展，仅限于北洋，而其规划组
织之任，则专属于李鸿章。李乃于天津设水师营务处（初以马建忠
主之），及水师学堂（始终以严复主之），造大沽口船坞，筑旅顺炮
台，奏调淮军宿将陆路提督丁汝昌统领北洋海军，延聘英人琅威理
为总查司训练事，益订购军舰于外国。

（本节参考书：沈瑜庆新译《帝国海军之危机序》、《沈文肃公
政书》、池仲祐《海军大事记》）

（二）甲申闽海之战

光绪十年（公元 1884 年）夏在德国订造之定远、镇远二巨铁
甲舰及济远巡洋舰已告竣工，尚未驶来，而中法在安南之冲突日益
烈。朝旨严戒海防。五月，李鸿章出海巡阅，值张之洞、吴大澂、

张佩纶诸大名士，各奉朝命，联翩出京，道过天津，鸿章邀之，共预盛典。一时纶巾羽扇，掩映于汹涛飞浪间。意气之壮，可想见焉。鸿章归后奏报巡阅情形，略曰："臣先……檄天津镇总兵丁汝昌所统超勇、扬威两快船，康济、威远两练船，齐集大沽口外。镇东、镇西、镇南、镇北、镇中、镇边等炮船齐集烟台。五月二十九日……督率各船放洋操演雁行、鱼贯各阵式，帆缆、灯旗各号令，及枪炮施放之法，尚能整齐灵便。闰五月初一日，驶抵金州之旅顺口，察勘新筑炮台营垒，全仿洋式，坚致曲折，颇具形胜。道员袁保龄督挖船澳船池，修建军械库屋，工程已及大半；操演水雷、旱雷，均渐熟习。该处……现有提督宋庆等陆军，与丁汝昌水师互相犄角，布置已就绪。设遇海上有事，冀可凭险固守，牵制敌船，使不遽深入。初二日，过烟台，会操各船，声势略壮。……初三日，抵威海，阅看所延德国副将哈孙教演鱼雷，员弁兵匠齐力操作，射放有准，驾驶雷艇，快捷如风，洵为制敌利器。道员刘含芳会同哈孙督操布置，诸务甚有条理。惟该处濒海，南北西口，地阔水深，若筑台设守，需费极巨，一时不易措办耳。"

是时我国海军显然以北洋一支为较强，其所属船舰，什九造于外国。（超勇、扬威及"六镇"皆造于英。威远轮机由英厂承办，铁骨由法厂承办，运归闽厂装配。惟康济全为闽制。）南洋及福建两舰队，则大部分以马尾船厂及江南制造局之出品充数。而南洋诸舰，拖船载勇，迎送官吏，习以为常。训练既荒，战备更阙。福建水师之脆弱，则于马江一战而尽见。法人之不向北洋进攻者，殆有见避坚击瑕之义欤？而恶运遂首先降临于侍讲学士、会办福建军务、挟积年清望与盖世英名而自告奋勇之张佩纶身上。

六月，法舰十三艘陆续抵马江口。于是张佩纶出驻马尾，督扬武、福胜、建胜等十一舰及其他较小之兵船八号，炮船十号以拒守。先是闽督何璟自以书生不谙兵事，属请解职，朝令杨昌濬代之。旋命大学士左宗棠督闽师，皆未至。军事皆主于张佩纶。彼实不知兵，而意气极盛。何璟及巡抚张兆栋，皆曲意事之。彼狃于李鸿章之议，谓和约旦夕可成，戒军士勿妄战，听法船入口，而又蕾然无备。我方主舰与敌舰密迩而泊，或言此险势也，敌若先开炮，则我军立烬。佩纶以为怯，置不理。敌既照会开战时刻，起碇换帜矣，我方诸舰犹屹然住碇如故。及敌弹丛至，乃始斩锚链而还炮。是役也，闽海军全部覆灭，造船厂复被毁。而奉命赴援之南洋五舰中，复有二艘为敌轰沉于浙江海面。

（本节参考书：罗惇曧《中法兵事本末》、池仲祐《海军实纪述战篇》、《李文忠公奏稿》、《清季外交史料》光绪十年部分）

（三）北洋海军之经营

经此役后，朝中自帝后王大臣以下，咸知以兴海军为号召。十一年（公元 1885 年）九月，诏设海军衙门于京师，以醇亲王为总理，庆郡王与李鸿章为会办。李负办事之责而不驻衙门，醇亲王等驻衙门而无事可办，惟司经费之出纳而已。李于海军，非不尽瘁，然既未之学，复窘于财，荏苒九年，以迄甲午，北洋海军，质量上皆大体仍旧。其睹南洋及闽粤舰队，则更自郐以下，而又不预甲午之役，可无述焉。

是年十一月，鸿章致书醇亲王，陈述北洋海军现状，及其之初步发展计划，略曰："北洋现有船只惟定远、镇远铁甲二艘最称精美，价值亦巨，济远虽有穹甲及炮台甲，船身较小，尚不得为铁甲船，只可作钢快船之用。此外，则惟昔在英厂订造之超勇、扬威两快船，船身较小，更炮巨机巧，可备巡防，至康济、威远等木船，专作练船，海镜仅可装运兵丁，以上三艘皆闽厂所造，旧式也。镇北等蚊船仅可守口，不便在大洋备战。……鸿章前在京师舰面陈俟英德续购四船（按时已定造致远、靖远两穹甲于英国，经远、来远两弯甲舰于德国）到后应归并操练，庶气势较厚，将来饷力稍充，须添购浅水钢快船三艘，鱼雷小艇五六支，合之原有铁舰雷艇，庶可自成一军矣。……前在英厂购到蚊船数支……吃水仅八尺，故先在大沽建坞修理……此坞水底无石，为费颇省。嗣购到超勇、扬威吃水十五尺，不能进大沽，每年赴上海洋商船厂修理已形不便。今又添定远、镇远、济远吃水至二十尺、十六尺……非借英之香港大石坞、日本之长崎大石坞不能修理。……今年始聘到德国监工名启威者，相度旅顺口内地基堪以创建船池石坞，其口门有导海机器挖沙船随时浚深，铁舰可入内停泊修洗，估计坞厂厂房各工……约需银百三十万两，限三年竣工。"以上之计划，除添购浅水快船一项始终未办外，其余部分，逐渐实现。十二年（公元1886年）购福龙鱼雷艇于德，十三年（公元1887年）购左一出海鱼雷艇于英，购左二、左三、右一、右二、右三五鱼雷艇于德。十八年（公元1892年）八月旅顺船坞告成，距甲午衅起才两年耳。

此外，北洋海军之新建设则有威海、大连及胶澳诸军港之经营，威海、大连以及旅顺之布置情形，详各该地战事之记述中。胶墺军港之完成，在甲午战役后而又不在战役范围，今不之及。（此文为拙作《甲午战役史》之一部分，故云尔。）

（本节参考书：《海军大事记》《李文忠公海军函稿》）

（四）北洋海军发展之停顿

自十四年（公元 1888 年）春，致、靖、经、来四舰驶到后，北洋无复添购外舰之事，船之增者惟十五年（公元 1889 年）闽厂所成之平远一艘而已，盖朝廷于发展海军初无诚意，吝给巨款。十七年（公元 1891 年）四月，户部尚书翁同龢甚且提议南北洋购买外洋枪炮、船只、机器暂停两年。丁汝昌等以我国海军战力远逊日本，添船不容少缓，力陈于李鸿章，李据以入奏，终以饷力匮绌，户部之议得行。然如李鸿章后来解嘲之言，"倭人心计谲深，乘我力难添购之际，逐年增置"。甲午战时日本新旧快船推为可用者共二十艘，其中有九艘自光绪十五年后分年购造，最快者每点钟行二十三海里，次亦二十海里上下。我国诸船定购在先，当时西人船机之学，据说尚未精造至此。致远、靖远二船定造时号称一点钟行十八海里，后因行用日久，仅十五海里。此外各船则愈旧愈缓。黄海战前李鸿章《覆奏海军统将折》中有云："海上交战，能否趋避，应以船行之迟速为准，速率快者，胜则易于追逐，败亦易于引避。若迟速悬殊，则利钝立判。"此事实鸿章盖早已见及之也。然当户部议兴之日，鸿章何不痛陈利害，反复力争，以求贯彻己之主见？

周馥者，鸿章幕府旧僚，是时方任直隶臬司，一日密告鸿章曰："北洋用海军费已千余万。只购此数舰，军实不能再添，照外国海军例，不成一队也。倘一旦有事，安能与之敌？朝官皆书生出身，少见多怪。若请扩充海军，必谓劳费无功。迨至势穷力绌，必归过北洋，彼时有口难诉。不如趁此闲时，痛陈海军宜扩充，经费不可省，时事不可料，各国交谊不可恃，请饬部枢通筹速办。言之而行，此乃国之大计，幸事也。万一不行，我亦可站地步。"鸿章曰："此大政须朝廷决行，我力止于此。今奏上必交部议，仍不能行，奈何?"周馥复力言之，鸿章嗟叹而已。

果也，甲午战起，朝野皆以海军不振归咎于鸿章。是年七月初七日，上谕："自光绪十年越南用兵之后，创办海军已及十载，所有购船、制械、选将、练兵诸事，均李鸿章一手经理。乃倭人自上次朝鲜变乱，经我军勘定，该军败挫而归。从此蓄谋报复，加紧练兵，此次突犯朝鲜，一切兵备，居然可恃。而我之海军，船械不足，训练无实，李鸿章未能远虑及此，豫为防范，疏慢之咎，实所难辞。"不知鸿章读此作何感想也。而周馥亦可谓有先见之明矣。

（本节参考书：《周悫公（馥）自著年谱》《李文忠公奏稿》《海军大事记》《光绪朝中日交涉史料》卷十六）

（五）西后与海军

世之谈海军掌故者，每致憾于西后移海军费修颐和园，使海军发展中辍，为甲午致败之一大原因。王照于《德宗遗事》、罗敦曧于《中日兵事本末》、沈瑜庆于《中译日本帝国海事之危机序》、池仲祐于《海军大事记》中均有此说。至移用海军经费之数目，罗氏云三千余万，沈氏云二千余万，颇有出入。王、罗皆曾广交朝中缙绅，而沈、池皆海军界耆旧，其言宜非齐东野语可比。惜予寡学，至今尚未能详细迹溯此事之第一手的文籍证据。按李鸿章《海军函稿》，光绪十二年（公元 1886 年）五月二十四日，有《内提要款请指发解还》一函，致醇亲王者，中云"奉宸苑承修三海工程款不敷用，奏准于发存汇丰银行生息船款内，暂提银三十万两"。夫自京师海军衙门成立后，海军经费已入于醇亲王等之手，鸿章凡有所需，只能向该衙门请领。此所挪用之款，乃早已发交鸿章者也。夫既已发出之款，尚可提借，则其未发出者更当何如？为三海之工程可如此，则为颐和园之工程更当何如？又按于式枚所编《李文忠公尺牍》，有《致两江总督曾国荃》一函，商请拨海防经费为西后筑颐和园者。以予所知，此为王等传说之唯一确证，然其于移用款数，无明文也。

据李鸿章《海军函稿》，北洋海军经常费，在致、靖等四舰下水之前，岁不过百二三十万，其后当亦不过百四五十万两。此外，临时之大宗支出，在海署成立后者，不外旅顺船坞建筑费百四十万，威海、大连军港建筑费各四百万。盖自光绪十一年（公元 1885年）九月（海署成立）至二十年（公元 1894 年）八月（甲午战起），凡八年间北洋海军支出平均每年至多不过二百六七十万左右。而每年收入，则各省从前分解南北洋之款，拨归海署，名四百万，实可得二百万内外；海防新捐可得二三百万；自十三年后鸦片加税解海署年可二百余万。出入相比，大有盈余。惟海署供给东三省练饷为数亦颇巨，即报效园工，当不至有二三千万之多耳。关于本问题，在海署报销册（如其有之）发现以前，吾人所得而推论者大略如上。

（六）琅威理之就聘与去职

光绪十六年（公元 1890 年）我国海军界发生一重要变迁，即英员琅威理（Captain Lang）去职是也。泰乐尔（W. P. Tylers）曰："当时不知此为关系全世界之大事，实则然也。琅去而（中国）

海军衰坏，日本之敢藉高丽事与中国挑战者以此，其后能获胜者以此。因日本谋占高丽，故有日俄之战；因俄国战败衰弱，故启德国席卷世界之心"。斯言虽夸，非无根也。琅威理者，故英国海军大佐，于光绪八年（公元1882年）始加入北洋海军，主持教练。彼精于所业，精而勤于任事，为僚佐所敬惮；一时军容顿为整肃，中外交称之。先是我军与驻防外舰向无交际，海上相遇，不通问讯。自琅任事，始讲迎送、庆吊、往来之礼。十年（公元1884年）中法事起，琅回避去职。越二年乃复职。是岁丁汝昌率定远、镇远、济远、威远、超勇、扬威等赴朝鲜海面巡操。既毕，前四舰入长崎船厂坞理。我水兵因恋妓与日捕口角。次日水兵休假登岸，日捕堵塞街巷，聚而攻之，街民亦持刀追杀，死伤甚惨。时琅威理从行，力请汝昌，即日宣战。汝昌不敢从，终受赔款了事。初北洋之用琅也，畀以提督衔，以示优崇，本非实职。而军中上下公牍，则时有丁、琅两提督之语。故自琅及诸西人视之，中国海军显有中、英二提督，而自海军奏定章程言，只有一提督。十六年（公元1890年）春，北洋舰队巡泊香港（冬季北洋封冻，海军例巡南洋），丁汝昌以事离船。依例提督外出，则下提督旗而升总兵旗。总兵刘步蟾令照办，琅威理争之，以为丁去我固在也，何得遽升总兵旗？不决，则电质于北洋大臣，复电以刘为是，琅遂拂然告去。或谓闽籍将校恶琅督操甚严，而刘（闽人）与琅有违言，不相能，乃以计逐之。琅去，海军纪律大弛。自左右翼总兵以下争挈眷陆居，军士去船以嬉，每巡南洋则相率淫赌于上海、香港。

然琅去职后，对北洋海军始终保持良好之印象。高升事件之后，黄海之战以前，琅尝著论刊于英报，曰："中国海军实有不能轻视者，其操阵也甚精，其演炮也极准，营规亦殊严肃，士卒亦皆用命。倘与日本海军较，中国未尝或逊。……至中国考试海军之道，较诸英国，则似稍滥。所尤惜者，文官每藐视海军将弁……世禄之家，不屑隶名军籍；日本则视武员为甚重，尝有亲王子弟、宗室近支投入水陆军营，愿效微力者。以此相较，中国信有不及日本之处。虽然，中国海军之力，四年前已称充足。时予正握大权，曾于深夜，与其中军官猝鸣警号以试之，诸将无不披衣而起，各司所事，从容不迫，镇静无哗。而华人聪颖异常，海军虽练习未久，然于运用炮位、施放水雷等事，无不异常纯熟。即如日前英国兵舰操时不幸域多利亚铁甲座船偶被他船误触，遂至沉溺；中国海军操演极熟，断不致有此意外之忧。……其沿海各炮台，亦均精整。前听鄙人筹划，在威海卫炮台安置克虏伯巨炮三十六门，其炮架皆用活机，便于升降，鄙意此处堪称金城之固，日舰断不能敢于此一逞其能也。"证以后来之事实，琅氏之印象，盖非夸诞。然孰使其善意之寓言，终于不验哉？

自琅氏去职后，先后加入舰队之洋员至少有六人：在定远旗舰者为英国退伍水兵尼格路士 Nicholls（其后死于黄海之战），德国工程师亚尔伯利希特 Albrecht；在镇远者有德国炮术家赫克曼 Heckman 及美国航术教师马吉芬（Philo N. McGiffin）；在致远者有英国工程师普菲士（Purvis）（大东海之战与邓世昌同沉）；在济远者有德国工程师哈高门 Hoffmann，皆位望甚低，不预机要。其后战时加入之洋员中，有德国陆军工程师汉纳根（Von Hanneken）及英国海军后备少尉泰乐尔（W. P. Tylers），位望较崇，然亦无实权，只备顾问。丁提督自知于海军技术为门外汉，遇事执谦，然既不能完全信任洋员，复与之有言语隔阂，大权遂尽落于其部下最高官佐，英国海军留学生（出身马尾水师学堂）、右翼总兵、旗舰管带刘步蟾手。凡战略之决定，号令之发施，皆彼主之。此事实上之提督，北洋海军之存亡所系者，不幸如后来历史所展现，乃一变态之懦夫也。

（本节参考书：W. P. Tylers，*Pulling strings in china*；《李文忠公尺牍》第二册；《海军大事记》；《东方兵事纪略》；林乐知、蔡尔康《中东战纪本末》卷七）

（七）甲午战前之大阅

今于本文终结之前，当略述甲午海军大战之序幕，即是年四月北洋海军大阅之壮观而与甲午战前之大阅遥遥相对者。此本循例之举，盖先是十二年（公元 1886 年）丙戌醇亲王等巡阅归后奏定，继此每四年巡阅一次也。然是时东学党之乱已起，日本将侵高丽之流言已兴，备战之需要，朝鲜盖多感觉之矣。大阅起初三迄二十一，绵亘十九日。李鸿章以年逾七十之老叟，久犯风波，可云健者。惜乎关于是役之报告，吾人所得，惟官样文章，只记外表。而李鸿章之出巡，亦只能奉行故事，其所得而阅见者，亦只外表而已。兹参据李公奏报及蔡尔康所辑日记（见《中东战纪本末》卷一），略表一时之感。

初三日：傅相自天津节署出，首冠凉帽，缀以头品顶戴，身穿黄马褂，乘紫疆舆，至紫竹林招商局，集诸随员，共登海晏轮船。旋鼓轮起行，各营站队两旁，炮声隆隆。

初六日：海晏自大沽口出海。诸兵舰左右随行，帅节巍坐船头而远眺之。随船海军员弁，日间以旗帜为讯号，夜间以灯光为号。各舰均站桅班，掌军乐，炮声隆隆。

初七日：入旅顺口，接见守将宋庆。李所信任洋员天津税务司德璀琳（Detring）亦乘官艇来谒。抵码头，会海军帮办定安，旋答拜。

初十日：帅节乘小舢板出海口，先看演放水雷，次看炮台营打靶，旋往视水师学堂。是日，英兵船两艘，日兵船一艘，来观操。

十一日：看海军演阵。凡演一阵，各舰放炮三次。演至犄角攻敌阵炮声不绝。是日，美兵船两艘，日兵船一艘同到。

十三日：帅节在大连湾。申正赴美国兵船，拜会其舰长。入夜众舰悉张电灯，而诸铁甲舰悬灯桅顶，其光旋转，四面可射三十里许。鱼雷六艇演偷营法，黑暗中驶入重地，各兵舰疾开枪炮拒敌，山巅炮台，亦张电灯，其光更巨。

十四日：上午定、镇等七大舰演放鱼雷，均能命中。午后各舰次演习打靶，于驶行之际，击笃远之靶，发速而中多。经远一船发十六炮，中十五；广东三船，中的亦在七成以上。是晨，日、法、俄海军官来谒，款以茶点。

十七日：帅节在威海卫。挑选各舰水兵枪队二十名，打靶，每名三出均能全中。夜间合操水师全军，万炮齐发，起止如一。英法俄日海军官来观者，皆称为节制精严。

十九至二十一日：帅节经青岛、烟台、山海关以返天津，到处检阅炮台及防营。

　　鸿章于巡视结果，深为满意，至少在其奏报中，对北洋军，只有褒誉之词，绝无指摘之点。然鸿章却忽略一命运所关之事。彼曷不一查问各舰中子弹之储备？最可异者，当时军械局长张士珩，及以俾斯麦自命之德璀琳均在左右，竟无提醒之者。盖定远及镇远之十寸口炮，为本军最巨之炮，而日舰各炮所莫敌者，其战时所用之开花巨弹通共只有三枚，定远旗舰存一枚而镇远则存一双也。即其练习用之小弹亦奇绌。其后开仗时，欲求添补，竟已无及，是为黄海大败之一主因。此事自一九二九年泰乐尔之自传发表后，世始得知其详。据云，前此一年鸿章已从汉纳根之议，令制巨弹，备二主力舰用，为军械局总办所厄，未得实行。此时汉纳根已不在场，然鸿章奚竟忘之？

（原载《大公报·史地周刊》第 1、2 期，1934 年 9 月 21、28 日）

民生主义与中国的农民

目前中国最重要问题之一是：

1. 研究民生主义中关于农民部分所假定的事实。

2. 认清民生主义中关于农民部分所提出的理想而谋所以实现之。

先谈事实。中山先生在民生主义第三讲中，关于农民的现状，指出了许多重要的事实，分析起来，计有四个项目，现在用原来的话，列举如下：

1. "中国的人口农民是占大多数，至少有八九成。"

2. "中国现在虽然没有大地主，但一般农民有八九成都是没田的。"

3. 农民"所生产的农品大半是被地主夺去了。……最近（按，民十三左右）我们在乡下的调查，十分之六是归地主"。

4. 农民在一年之中辛辛苦苦所收获的粮食，结果还要归到地主，所以许多农民，便不高兴去耕田，许多田地便渐成荒芜而不能生产了。

根据这些事实，中山先生认为农民问题是民生主义中最严重的问题，"如果不能解决这个问题，民生问题便无从解决"。换句话说，解决民生问题要从解决农民问题入手。

表面的文章放下，从近十年的历史动向观之，他这一条遗教似乎被冷落了。但在一切中山遗教当中，这一条尤其是应当写成标语，写成壁挂，写成图解，写成表格，写在国民政府的门前，写在任何"一命以上"的人的座右的。

自然，当中山先生演讲民生主义的时候，中国社会调查的事业还没有真正起头，他根据个人观察和周咨博访所得的印象终是有限制的。但他所认识那问题的严重性，却一点也没有过火。目前中国社会调查的结论，对于上面所列举的事实稍有修改。关于中国佃户的数目，近来最有权威的说法是张心一氏在 1930 年所发表的估计。根据这估计，平均全国自耕农约占农户百分之五一点七，半自耕农占百分之二二点一，纯佃农占百分之二六点二。纯佃农及半佃农（即半自耕农）合共约占农户之半。中国农民约占人口的百分之八十，是至今社会科学家所承认的。那么，即使照张氏的估计，纯佃农及半佃农已占全人口的三分之一以上了。至于田租的数目，近年美侨卜凯氏（即以《大地》小说知名的赛珍珠女士的丈夫）曾在晋、豫、皖、苏、浙、闽六省内九县作"选样"研究。在他所涉及范围内，平均计之，田租约占佃农所生产的百分之四十而强，最高有占百分之六六点六的。不过这些估计到底是以偏概全的估计。目前中国还没有精密的人口统计。假如有之，所得的结论或者会更接近中山先生的印象也未可知。所以说，把中山先生所假定的事实，加以彻底研究，目前是需要的。

但即使按照目前的估计，三分之一以上的人口终岁辛勤所获，大部分被掠夺去了！我不知道世间再有比这更急切的社会问题。

关于农民问题的解决，中山先生所提出的方案，可分为两个项目：

1. 改良农业技术，提高农民的生产力。

2. 循政治和法律的途径，以做到"耕者有其田"：换句话说，就是用和平的手段（不没收，不暴动）使地主阶级消灭。

前一项是科学的问题，而且有西洋科学先进国的前例在，无甚可论。目前最要考虑的是：

1. 用什么政治和法律的步骤去做到"耕者有其田"？

2. 在实施上，这两项应当孰先孰后，抑或应当双管齐下呢？

大约一半因为《三民主义》是未完成的书，一半因为得所措手以解决农民问题的机会当时离中山先生还很远，故此他对于这两个问题，都没有答案。但目前民生主义既有了实施的机会，这两个问题的解答遂刻不容缓了。

这两个问题之中，后者尤为急切。因为，假如改良农业技术宜先，趋向使"耕者有其田"的步骤宜后，那么，偌大一个中国的农业技术改良是颇需时候的，如何使"耕者有其田"的问题，就不妨暂时搁下，等慢慢商量了。

目前似乎有些人主张改良农业技术宜先，趋向使"耕者有其田"的步骤宜后。其理由是：在目前生产条件下，多数自耕农入不敷出；我们即使把佃农变为自耕农，他们仍要把田出卖，变还佃农的。对于这个主张，我不敢苟同。我不敢苟同的理由如下：

第一，如若在目前的生产条件下，大多数自耕农的地位无法维持一二十年，何以解于这件事实：目前的生产条件至少已存在了一二十年，而自耕农尚占农民的百分之五十？假如在现状下大多数自耕农的地位尚可勉强维持一二十年，那么，一二十年后，他们所沾农术改良的利益，就够保护他们自耕的地位了。

第二，在使目前大多数自耕农的地位无法维持，就农民本身而论，做有田可卖的自耕农，终胜于做无田可卖的佃户，好比半饱终胜于全饿。因为不能使人全饱，就宁可让人全饿，这似乎是说不过去的。

所以我认为改良农业技术和趋向使"耕者有其田"的步骤，在民生主义的国是之下，至少有双管齐下的必要；而怎样使"耕者有其田"，遂成为目前急切的问题了。

至于这个问题的解答，不是这篇短论所能涉及，且俟异日。

（原载《申报·星期论坛》，1937 年 3 月 14 日）

梁漱溟先生的乡治论

　　一面知其确有必要，一面又深知其难，则不得想个好方法。我若无好方法，我断不敢下手去作。

　　梁漱溟先生是现今国内很少有的一个肯思想、敢思想而且能思想的人。近来他的思想集中于一个问题：中国民族如何自救？结果的一部分，便是我现在所需要论及的一部书：《中国民族自救运动之最后觉悟》。在这部书里，他对于我国政治上的一个根本问题及其答案，想得透彻，看得清楚，说得有力。因此，凡对于我国政治，不拘有理论的或实行的兴趣的人，都应当细读这部书，而且读了一定会发深省。

　　这部书的内容可析为两部分。甲、一个改革运动的方案；乙、一种历史的解释，用来作这方案的根据。梁先生把乙项放在前头，甲项放在后头。我现在却要颠倒其次序来讨论。因为，依我看来，这两者之间并没有密切的关系。他的改革方案的价值，绝不视乎他的历史解释的真确程度而定。几乎没有例外的，自来伟大的社会改革理论家总喜欢提出一种历史解释来把他的政治方案"合理化"（rationalized），而亦同样没有例外的，他们的政治方案虽然适合于一时一地的需要，而他们的历史解释却是错误的。"国家的契约起源说"之于民治主义，黑格尔的历史哲学之于国家主义，唯物史观之于共产主义，都是很好的例子（关于黑格尔的历史哲学及唯物史观，予别有说，参看《国风》第三卷第一号拙作《关于历史哲学》之文），所以我们不必把一个改革方案的"历史理由"看得很重。

（上）

梁先生在近三十年来我国的政治运动里，看出一件很可悲的事实。我国本来是一个漫散的村落社会，而过去的改革家却置村落于不顾。他们的工作，大抵是要把种种西洋都市文明的产物，无益而有害于村乡生活的组织，加诸这村落社会之上，结果他们的组织固然失败，而这三十多万的村落，为中国的躯干的，已被蹂躏到体无完肤：

> 欧洲近代文明，一都市文明也。景仰都市文明，岂所以振拔乡村痛苦者？自教育、实业、警察、陆军之兴，法律、政治种种之改良，而乡村痛苦乃十倍于前！……自国民革命兴，而军阀益以强，捐税征发益以重。……乡村墟里日以毁。纵将巍巍的中央政府成立起来，其如早已离开民众而至背叛民众何？

> 乍见其（欧洲人）强在武力，则摹取之；乍见其强在学校，则摹取之；乍见其强在政治制度，则摹取之。乃其余事，凡见为欧人之以致富强者罔不摹取之。举资本主义的经济组织

之产物，以置办于此村落社会，而欲范之为近代国家。近代国家未之能似，而村落社会之毁其几矣。凡今日军阀、官僚、政客，一切寄生掠夺之众，百倍于曩昔。苛征暴取千百其途，而彼此相争杀，更番为聚散，以肆残虐创夷于村落者，何莫非三四十年来练新军、办学校、变法改制之所滋生、所酿造乎？

现在中国社会，其显然有厚薄之分、舒惨之异者，唯都市与乡村耳。此厚薄之分，在旧日固已有然。自西洋式的经济、西洋式的政治传入中国，更加取之此而益于彼。近年军阀与土匪并盛，一切压迫掠夺所不敢施什一于都市者骈集于乡村，现饱则飏于都市。固然中国无所谓逃于封建领主的自由市民，然身体、生命、财产的自由，在都市居民还有点，乡村居民已绝对无可言者。乡村居民的痛苦，表现中国问题的焦点。

这些话说得何等沉痛而切当！总观这四十年来列强的侵略，和本国政治上一切改革措施的结果，无非直接地或间接地、消极地或积极地诱迫人民离开乡村，抛弃农业，而这些离开了乡村，抛弃了农业的人，大部分并得不到其他生产的工作。这便是国家贫困和扰乱的来源。欧洲近二百年来的社会趋势，也是"都市化"和"反乡村化"（disruralization）同时并进。但是，在那里促进"反乡村化"的原因，乃在工业和国外贸易的发达。故此，离开了乡村的人有工厂可入。他们诚然是被榨取者，又因为国际贸易的伸缩性，他们诚然有时会失业，但到底还有人肯去榨取他们，他们到底还有业可失。若在我国，则工业和国外贸易只有退而无进。日渐增加的离开了乡村的人除了自杀以外，只有四条路可走：当土匪、当流氓、当兵和做官，而土匪、流氓、兵和官终成为四位一体，国家安得不乱！

因乡村崩坏而无业的人增加，因无业的人增加而乡村愈崩坏。同时，守着乡村、无路可走的人，大多数离"饿死线"不远。简单地说，这便是中国的现状，这便是中国的问题。

在这种情形之下，谈改革的人（除了追随欧洲的覆辙以外）理论上有三条路可供选择：

甲、用国家资本主义的方法，促进工商业的发达，使无业的人有业可归，把不能乐居于乡村里的人吸收到都市里。

乙、改善乡村生活，一方面使现居乡村的人得以遂其生，乐其生，以防止更进一步的"反乡村化"，而同时使在乡村外无业的人可以回到乡村里来，以促进乡村的繁荣。

丙、以上两条路（至少在理论上）并不是互相冲突的，因此可有一种折中的办法将二者兼容并取。以我所知，南京《旁观》的编者何浩若君便是主张这种办法的。而现今俄国所走的，大致上亦正是这条路：一方面发展国家的实业，一方面鼓励并扶助私农合作。

梁先生是主张第二条路的。他的着眼点完全在乡村。就这方面而论，我认为梁先生是完全对的。我并不是说，要造成一个独立自足的国家，可以忽略了工业。但发展工业的方法，不外个人私营和（地方政府或中央政府）公管。现在若提倡私人资本主义，无论其不能实现，即能实现，直不啻为将来造恶因，而于目前大多数人的福利也无补。现在若提倡国家企业，还远非其时。看啊，一个招商局和几条国有铁路，已经闹成个什么样子！在廉洁政治未有保障以前而讲国家的企业，只是为贪官污吏制造发横财的机会而已！在目前，我们如若对于国民生活的改善，不愿做些基本的工作则已，如若愿之，最有效的路，确是如梁先生所指示的，到乡村去！

但是，到乡村去做些什么？

让我们先问一要做成功些什么？次问二怎样做法？

对于第一个问题，梁先生的答案如下：

> 然则吾民族自救之道将如何？天下事固未之思耳，思则得之。夫我不为一散漫的村落社会乎？一言以蔽之曰，求其进于组织的社会而已。组织有二：一曰经济的组织，一曰政治的组织。欲使社会于其经济方面益进于组织的，是在其生产及分配的社会化……使旧日主于（各村落？）自给自足的经济而进为社会化，则散漫的村将化为一整组织的大社会，是曰社会主义的经济组织之社会。……欲使社会于其政治方面益进于组织，是在其政治的民治化。政治的民治化愈彻底，则社会于其政治方面益进于组织的。所谓政治的民治化者，含有个人自由权之等量，与公民权的普遍二义。

对于第二个问题，梁先生的答案如下：

> 窃尝计之，使吾人能一面萃力于农业改良试验，以新式农业介绍于农民，一面训练人才提倡合作，一面设为农民银行，吸收都市资金而转输于农村，则三者连环为用：新式农业非合作而贷款莫举；合作非新式农业之明效与银行贷款之利莫由促

进；而银行之出贷也，非其新式农业之介绍，莫能必其用于生产之途，非其合作组织。苟所介绍于农民者其效不虚，则新式农业必由是促进，合作组织必由是而促进，银行之吸收而转输必畅遂成功。一转移间全局皆活，而农业社会化于焉可望。……迨农业兴，工业必伴之而起。或由合作社以经营之，或由地方自治体以经营之，及不虑其走入资本主义。……农村产业合作组织既立，自治组织乃缘之以立，是则我所谓村治也。盖政治意识之养成，及其习惯能力之训练，必有假于此；自治人才与经费等问题之解决，亦必有待于此。……乡村自治体既立，乃层累而上，循序以进，中国政治问题于焉解决。

而实行这方法之先决条件，为智识分子回到乡间去。梁先生推想中国问题解决的步骤如下：

1. 必须有相当联络组织。

2. 即从回乡的知识分子间之广大联络，逐渐有于散漫无统记的中国社会，形成一中心势力之望。

3. ……在乡间人一面（受了智识分子的影响），则渐得开化，不再盲动于反对的方向去，不为土豪劣绅所采弄，乐遇智识分子而不疑。双方各受变于对方，相接近而构生一种新动力，于是仿佛下层动力得了头脑耳目，又系上层动力得了基础根干。

4. 此广大联合而植基乡村的势力一形成，则形势顿即转移过来，彼破坏乡村的势力乃不得软化威胁克服于我。……

以上所引都是很浑括、很抽象的。更具体的办法，我们似乎不能在书里找到。但梁先生对他人所采用的具体办法的批评却很值得注意。梁先生根本不赞成"慈善式"的乡村事业。看他对于职业教育社在昆山徐公桥所办的乡村事业的批评：

> 诸位先生这般用精神、用气力来作，效果安得无有？……但以全国之大数十万农村之多（职业教育社出版之《农村教育丛辑》，有每县三四十村、全国七八万农村的算法，殊为笑话，大约加三倍算，差不多了），以这般人才、钱财倒贴进去的做法，其人其钱将求之于哪里？若说做完一处，再做一处，并希望别人闻风兴起，却怕中国民族的命运等不得那许久呢！这都且在其次，最要紧的是照此做法不是解决问题而是避开问题了。因为我们要做农村改进运动时，所最感困难的问题：一就是村中无人，一就是村中无钱。要有点知识能力的人回到乡村工作，村中亦无钱养活他。即能养他了，亦无钱去办种种的事。照此徐公桥的做法：人是外面聘请来的，他的生活费是外面贴给的，办公所是外面贴钱修建的，道路是外面贴钱修筑的，教育事业亦是外面贴钱举办的。国难虽没有了，问题却并未解决——避开问题了。

梁先生对于农村改革运动的难题，看得甚为清楚而周到，这可算是本书的最重要的贡献。我在篇首特别摘引那几句话就是为此。关于这类困难，梁先生在批评山西村政时，列举了七项，说得尤为透彻，可惜我在这里不能引入，只能提醒读者的注意。

对于这些难题的解决，梁先生在本书里实在不曾给予我们以什么"好方法"。我很怀疑他到现在已经想出了什么"好方法"。而且，若坚持着他的期望和标准，我实在不能看出有什么"好方法"。

让我们把他的难题放在更广大的背景。梁先生不是希望靠农村改革运动，在短时期内把中国起死回生、至少替中国大多数的民众消灾救难吗？（"恐怕中国民族的命运等不得那许久呢！"）要做到这步，至少得把改革运动的开端普及于全国的乡村。照梁先生的估计，全国有三十多万村落（这数目并不算夸大），想在一村做出有效的改革，恐怕至少要三个有智识、有热心而且能办事的人作领导，其中至少有一个要懂得农业。这一来我们需要九十万领袖的人才，更不算上其联络、组织和指导的人才。而其中每人更要适合下列两条件之一：

甲、能够维持自己及家庭的生活，而不靠改革运动去赚钱——至少在运动开始后一长时期内如此。试想一个人还未替村里做出有效可睹的好事，而先求村人维持他的生活，除了用武力，他说的话有人听吗？还有，如若他是主脑的人（每村至少要有一个），须把全副精神用在改革运动，而不从事其他职业。这样的人至少要有三十万。

乙、在本村里找到可以维持自己和家庭的生活的可靠的职业，而同时有相当的余力去做改革运动。

这是人的问题。讲到钱的问题，梁先生希望"吸收都市资金而转输于农村"，就每村而论，这只能是改革事业有了基础，有了成效以后的话。梁先生不是说，都市的资金"唯在军阀、官僚、商人、买办之手"，而"屯之都市租界银行"吗？除了用革命没收的手段（但现在"革命"也革不到外国银行），我们有什么法子使他们把这些资金，从租界银行里提出，交到乡村里去呢？道德的训说吗？主义的宣传吗？"跪哭团"吗？以我所能想象，唯一的方法，只是用事实证明给他们看：农村的投资较有利可图，而这只能是新农业的建设有了成效的话。但在每一村要达到新农业的成效，就首先非钱不可，这些钱从什么地方来呢？假如像梁先生和我这样无拳无勇、无势无位的人，对一位多财的军阀、官僚、商人或买办说："我们要在某村举办一些改革事业，非钱不行，请你仁慈地借给我们一些，将来定必本利清还。"甚至说："并且要替你在村里起牌坊，要请国府主席赠你'急公好义'的匾额。"他们不会嗤之以鼻吗？

试以最低限度每村五千元的发动费计算，我们得有十五万万元的资金。请问这些钱从什么地方来？

而且人才和钱财还不是主要的难题。现在已经举行的农村改革运动的试验，都是在大都市附近而且是秩序较好的乡村，而且主持的人若不是本村开明的巨室，便是与本村开明的巨室有了联络的。所以梁先生看见的只是人才和钱财等难题，但是全国大多数的村落都是在大都市附近，而且有安全的秩序的吗？都是有开明的巨室的吗？事实恐怕恰恰相反。在大多数离大都市遥远的村落，一个县长、一个区长（现在大约都改为"公安分局长"了）、一个土豪、一个劣绅，就是皇帝，就是有"Divine □"的榨取者，而土匪比军队来得多，而且有力，甚且土匪和军队有时就分不清。诚想几个有暖衣足食的能力的青年（自己不能暖衣足食，哪里有资格谈改革？）要回到那里，在路上恐怕就有被掳的危险。就算幸而回到那里，并且纠集了些资财来做改革运动，这正是土匪、恶吏和豪劣们最好的榨取对象。即使恶吏和豪劣们先不积极地来榨取，而他们迟早是要和这些人的利益起冲突的。试想几个无拳无勇的青年，在互相勾结的恶吏包括军队和豪劣积威所劫的地方，要说反抗，岂非空话？而且，热诚去做改革事业的人，从来是贪官污吏的公敌。在僻远的地方，他们把你加上"赤化"或"反动"的美名，杀了，囚了或暗杀了，有谁来问？我们睁眼睛看事实罢！不要以为全中国都是像徐家桥或翟城村这样的乐土，须知这是很少数的例外啊！我有一个很热心替国家做事的朋友，在广东一个稍僻的县份（高明）当县长，最近接他的信，竟说无如"豪劣"何！因为豪劣天然是与军队勾结的。诚想豪劣与恶吏，有时虽官府亦为之束手，何况几个从事农村运动的书生？我想梁先生也许说，若从事农村运动的人联络起来，情形就另是一样，所以组织是必要的。殊不知当交通未开辟以前，在偌大的中国里，联络和组织也是空话。设想如今梁先生领导了一个农村改革运动，总机关设在北平、或河南、或山东、或山西，他有几个弟子回到四川或广东一处僻地工作，因而被土劣或恶吏们"刷"了，他要得到消息恐怕还在一个多月以后，得到了消息又怎么办？至多不过打几封石沉大海的电报。

照这样看来，难道农村改革这条路竟又是走不通的吗？

我说，这条路是可以走的，但是不要期望，或要求太大。

第一，不要认为农村改革运动是救国的单方，或唯一重要的药品（我相信梁先生也不作如是观）。

第二，不要希望在短期内把这运动普遍全国。我们非由小扩大不可，非忍耐等待不可。如若这是中国民族自救的唯一路，如若"中国民族的命运等不得那许久"，那么，我敢说，中国的命运是已经注定的了，但事实上是如此吗？

关于农村改革运动的切实办法，我愿意侧重下面几点：

第一，目前初步的工作，自然是训练这方面的人才，但这种训练要即寓于实行之中。绝不是在都市里办几所专事摇铃、上堂、听课、背书的学校所能收效的。如若办这类的学校，最低限度要设于一些正在改革历程中的乡村里，而且所有学员要同时就是在乡村里做事的人，自然他们的工作在质的方面可以由不重要的而渐升为重要的，在量的方面可以由少而渐升于多。那升到无可再升的人便是学成的人，其中一大部分可移到别处去用。

第二，在一个农村的改革发动的时候，不要避免"慈善事业式"的嫌疑。要用"慈善事业式"的领导做手段，以达到"非慈善事业式"的自治为目的。如若本村里的人肯自动的出钱，那是再好没有；如若不然，不妨商用公产；若更连公产也没有，不妨向外面找钱来开办。"愚民不可与虑始，而可与乐成"，等实效摆给他们看的时候，他们自然会愿意出钱来扩大。如若本村里有相当的人才，用本村的人才最好没有；如若没有，只好靠外处的人来创始，而训练本村中有希望的人，期其自立。这是唯一的正路。若不如此，只有束手唱高调！

第三，因此，从事农村改革运动的人，不妨与小资产阶级甚至资产阶级中开明的人联络（这种人虽然很少，却未尝绝无），利用他们的捐助或投借。

第四，农村改革发动的中心，要在都市附近，比较安静的乡村，取其交通便而阻力小。由此渐及其周围的乡村，而渐扩张其交通的便利，如是则联络易，而组织密。这并不是要避难就易，为的是，若不如此，则无从发动。不信试试看。曾国藩说得好，"大处着眼，小处下手"。我们可以套他的话说，"难处着眼，易处下手"。

至于在每一乡村里应做的事，梁先生主张：1. 农业改良；2. 农民银行；3. 合作会社。三者连环为用，然后缘合作的事业以立自治的组织，我们认为这是不易的纲目和程序。就这方面而论，梁先生所见的深刻确是值得我们称颂的。

在农村改革运动的进程中，梁先生理论上和实行上似乎都赞成和地方政府中可与合作的人合作。但他对于现在的政府，无论为好或为丑，似乎都看得很轻。他理想中的政府，是要由乡村自治而上，一层层地由人民自动建筑起来，但在这样的政府成立以前，对于现在的政府存什么希望，作什么样要求呢？抑或不存任何希望，不作任何要求，而置之不闻不问，静听全国乡治完成后的自然变化呢？似乎后一说为近。梁先生是不赞成少数人以武力夺取政权，不赞成"替人民革命"的。这种方法，我们也和梁先生同样不能赞成。我们不能赞成的道理是很简单的。第一，在外忧煎迫之下，再经不起内变；第二，现在的政府若真正本着它所号称本着的主义做去，并不是会有很大的流弊的；第三，在更有希望的新政治势力出现以前，换汤不换药，是有损无益的，而每新政治势力的形成，乃是社会一般情势的结果，决不是几个人所呼唤得来的。

但便是一个最弱的政府，为善不足，为恶却有余，单就其对于乡村改革的阻力和助力而论，其关系已不少。何况在现状之下，如有一个像样的政府，国家无以自存？我们既不主张推翻，便当设法改善。

怎么把现政府改善？这也是中国有知识的人目前一个急切的问题。所以我说乡村改革运动不能认作救国的单方。

我们不能像梁先生那样，把现政府漠置。我们对它不能不作一些迫切的要求。我们对它初步的要求，不能过奢，但最低限度要它做到下列二事：去贪污；守法律。

这两点的重要是人人承认、人人知道的。不绝贪污，政府多办一事，便多耗国家一分元气，即不办一事，也坐耗国家的元气。法律无效，大部分人民还不知安全和自由为何物，遑言乐生遂生？遑言急公爱国？去贪污和守法律只是一件事的两方面。法律绝不会容许贪污，贪污的人必定玩法。在上的把法律看作儿戏，在下的必定贪污。在上的贪污，在下的必定把法律看作儿戏。这也是人人知道、人人承认的。但光知道、光承认，有什么用处？我们至少要集中一些力量对这些恶势力作不懈的、鲜明的、有组织的搏斗。倘若我们相信舆论是有效的，我们应当调动舆论的全力去对付它们（舆论所要讨问的不是笼统的、抽象的贪污或玩法，而是具体的、特殊的贪污和违法的事件和个人，不然舆论只等于放空炮，便是贪污和玩法的圣手也不妨厚着面皮，扯起嗓子，应和几声。这是以后领导舆论的人所当注意的）。倘若我们相信消极的不合作是有效的，我们应当互相告诫，互相号召，对于那些有贪污和玩法的劣迹的人，尤其是那些口说心违、朝三暮四的人；那些一面大喊打倒贪污，一面在租界大买洋房，一面严令铲烟，一面包运鸦片的人，应当贱之若狗彘，远之若蛇蝎，秽之若粪溺，更不用说在他们手下作走卒，更不用说以一望他们的颜色、一聆他们的馨欬为毕生莫大的荣幸了！

积极地集中舆论去诛讨贪污和玩法，消极地提倡对于贪污和玩法的人绝对的不合作——这些，我认为与农村改革运动有同等的重要，而是一部分不打算做政治活动却愿意对于国事有所尽力的智识分子所应为的。我这篇文章原是为这种人而作。

上二项的需要和农村改革运动在目前所受的限制和所当取的步骤，乃是极明显的事实，原不恃乎个人对于中西过去历史的解释而立的。但梁先生既要拿一种历史的解释来作他的主张的出发点，让我们在下篇里把这个历史的解释，仔细检验。

（上篇完，下篇待续。附注：下篇涉及许多历史问题，作者因近时课忙，及海外中籍未备，须俟月后续出。）

按：梁漱溟先生所著《中国民族自救运动之最后觉悟》一书，已有郭斌龢君评文，登载本报《文学副刊》第二百五十七期。今张君此文，亦系讨论梁先生之书而加以引申发挥者，读者可并观焉——编者识。

（原载《大公报·社会问题》第 5 期，1933 年 4 月 15 日）

土地法的修正和民生的改善

今年（1937 年）五月初《修正土地法原则》的公布是年来许多有心人所睽睽期待的消息，是民生主义和实际政治发生关系的第一声，也是二千多年来"裁抑兼并"的恒永问题重见天日。这些原则的决定应当竭尽全国的智虑。

不过在检讨这些原则之前，我们有一点要注意：从土地法的修正到农民生活的改善，其间有很长的路程。无论怎样完善的法，不能保证自身有实际的效力。试即以旧土地法为例。旧土地法的要项之一是规定田租额不得超过所产的千分之三七五，比之新原则的规定似乎温和得多了。我们从自己的观察，从可靠的社会调查报告，知道地租占所产百分之五十以至六十，乃是司空见惯的事。然而自从旧土地法公布以来，可曾有一个地主因为它而减轻田租，或一个佃户或官厅依据它而强迫地主减轻田租？打开天窗说亮话，恐怕这篇文章的大部分读者以前还不知道有那样的规定存在哩！何况穷乡僻壤的农民？就其改革的成分而言，旧土地法实等于废纸，何以保证将来的新土地法不致有同样的命运呢？以新废纸换旧废纸，又有什么意义呢？

凡牵涉广泛（兼空间与社会关系言）而与现状相远的新法，只有在下面的两种情形之一之下，才会生效。第一，造成新法的原动力，乃是大多数人的要求：先有了某种积极的、声张的民意，然后立法机关顺承之而制定新法。第二，新法虽然是出于少数"先知先觉"的"发政施仁"，但它是依据于一种主义，真正成了全国在政治上最活动的分子的宗教的；他们以教徒卫道的热情拥护这主义和它所决定的一切法令；他们以教徒布道的强聒，向民众宣传这主义和它所决定的一切新法；他们真能深入民众去做唤醒民众的工作；同时政府也以雷厉风驰的手段去推行新法。

至少就土地法的原则而言，这两种情形之一，目前中国具有了吗？对于不惯向时世作诌谀的人，这是无待龟蓍的。那么，目前讲求那些原则岂不是太早计吗？不过目前中国的政治确是朝着轨道走，政治一天要走上轨道，这两种情形或其中之一总得设法使其存在的。讨论立法的原则就是于抽象的主义之下，进一步寻求更具体的目标。既然决意要前进，目标总得预先确定的。

本着这个了解，我们可以察看那些新原则。

在放弃没收政策的前提之下，那二十三条《修正土地法原则》，就法论法，大致上是差强人意的。内中最可注意的是第十一条："耕地出租人为不在地主时，或承租人继续耕作五年以上，而其出租人非农民或老弱孤寡，藉土地为生活时，承租人得依法请求征收其耕地。"在所有"非社会主义国"的土地立法中，这算是最急进的规定。它扫除了耕者"有其田"的一大障碍，许多国家还没有克服的障碍——佃户要收买所耕地时地主拒绝出卖。又原则的第二条云："国家为实施土地政策及调整土地分配，得设立土地银行及发行土地债券。"这一条似乎有这样的用意：遇着佃农想取得所耕的土地而无力购买时，政府可以用土地债券（全用或参用）把他原来所耕的土地征收，无偿地转授给他；或有偿地转授给他，而让他赊欠地价，定期清还。这是促进耕者有其田的最有效办法。假如原则里确有这样的用意最好明晰地说出。

许多人都已注意到，原则里没有采用累进土地税的规定，而认为是一大缺憾。从这些原则所表现的"法意"看来，立法者似乎不会理论上反对累进税。他们也许顾虑到这办法在目前中国的困难。这种困难，从前吴景超先生在《从佃户到自耕农》（《清华学报》第九卷第四期）一文里曾经指出。他说：

> 在我们不知道某人有若干土地之先，累进税是无法施行的。
>
> 在一个土地没有登记的国家，我们如何能够知道某人有若干土地？即使我们制定法律，强迫登记（按：《修正土地法原则》里已有这样的规定），地主不会以多报少吗？他不会用几个人的名字，来登记他一个人的田地吗？（按：原则第八条"土地登记遇土地所有权人非家长时应注明家长姓名"，就是要防此弊。）如欲登记准确，政府须添多少官吏，民间要生多少纷扰？

我们并不否认这些困难。但在这里，施行的困难并不成其为反对采用累进税的理由，因为原则里所规定的好些办法，施行起来，也同样有困难，而且或者有更大的困难。例如原则第三条："1. 参酌地方情形，规定一自耕农户应有耕地面积之最低限度，并限制其处分；2. 限制自耕农之负债最高额。"

又第十八条："以申报地价为法定地价，申报前得先由地政机关参酌最近五年土地收益及市价查定标准地价（按：自然各地不同）公布之，以为申报之依据。"

又第二十条："特殊建设区域，因地价激增，致土地税收入较原额有增益时，得呈准以增益部分拨偿是项建设经费；此种区域内无移转之增值税，得于建设开始后第六年征收之。"

又第二十一条："土地增值实数额内，应扣除土地所有权人设施劳力资本，为特别改良所得之增值及已缴之特别经费。"

这些条文所需要事实的确定，岂不比之在土地登记中防止"匿名诡户"之弊，更为繁难？更进一步言，我们能因为三民主义实现困难便抛弃三民主义吗？我们能因为抵抗困难便接受无抵抗主义吗？

也许有人说这些条文的施行已经够困难的了，所以不能再加上累进税的困难。我们的答复是：等是困难，何因去取？

原则中对累进税的缄默是没有理由可说的。

将来的土地法不独应当采用累进税制，并且应当利用累进税制以达到历来我国儒者所提倡的"限民名田"的效果。这怎么说呢？我们可以拿地价或面积为单位，定一限度：对于过了这限度的田产，征相当高的税（甚至可以把过了这限度的租益完全征收），使得名田超过这限度的人所得净利益，与名田刚及这限度相等。这一来名田便不限而自限了。这限度的高低可以测一个社会之"均"的程度。

限田的理想能否在土地法中实现或实现到什么境地，就视乎现在操立法大权的人"哀多益寡，称物平施"的感觉如何了。

（原载《申报》，1937 年 6 月 6 日）

评冀朝鼎《中国历史中的经济要区》

留美学生以西文言中国事，对于中国学人，例无一读价值。此为厥中少数例外之一。

冀先生为一马克思主义之服膺者，此从字里行间可见，挽近案据马克思主义讲中国史者，大抵议论多而实证少。此等著作自有其时代之需要，而非桎梏于资产阶级意识之井底蛙所得妄诽。唯此书以马氏为立足境，而根柢于邃密之探究，达以严整之条理，虽曰马氏之真精神则然，今实罕觏而可贵。

吾人读此书宜分别二事。一为作者所创发之新"达塔"，一为作者依据此新"达塔"而建设之理论。

作者所创发之"达塔"谓何？本书之骨干实为中国水利发展史，取材则以正史中之《河渠书》《沟洫志》之类及各省省志中之水利、河渠、堤防等门为主。作者根据方志，统计十四省区在秦以后至鸦片战争以前之水利建设事项，而得若干重要之概括，举其大略如下：1. 汉代陕西、河南数目最大，前者一八，后者一九。2. 三国、晋及南北朝，南部诸省数目增加，北部则有减退。3. 唐代各省多有增加，而南方特甚，浙江多至四四，而首都所在之陕西与李氏发祥地之山西各仅三二。4. 宋代长江以南水利事业进展甚速。江苏、浙江、福建俱达三位数字（浙江三〇三，福建四〇二），为前此所未有。广东以一六数始出现于北宋，至南宋进为二四。浙江在北宋为八六，在南宋为一八五（尚有不能区别南北宋者）。5. 元、明、清三朝，有可注意者三事：（a）长江流域及广东仍沿唐、宋之趋势发展。（b）湖北、湖南、云南在元代分别仅为六、三、七；在明代则为一四三、五一、一一〇，可见进展之速。（c）三朝皆于直隶省之水利特别注意，其他北方诸省则多受忽视。

于此等事实之解释中，作者应用"经济要区"之概念。何谓"经济要区"？作者之界说若曰：过去中国为一农业经济之大帝国，中分许多区域，各各自足，在此经济上散漫而不抟结之广土上，如何能获得政治之统一，获得政治权力之集中？是有一道，亦唯一道：众区之中，有一区焉，其本地之农业出产，其接受他地转漕之利便，均优于余外诸区，以是故，凡取得此区者，即取得征服统一全中国之钥。此即所谓经济要区也。往时作史论者每喜谈所谓形胜，以乱世群雄竞争之胜负，归于形胜地之得失，如以楚项羽之失败由于弃关中而都彭城，以刘先主之失败由于舍荆州而就西蜀，皆其例也。所谓形胜每仅就军事言，于经济无与。经济要区之观念似无不受"形胜说"之暗示，然已化腐臭为神奇矣。军事上之形胜随战争技术而转移，此旧日史论家之所不知也。经济要区因人事而改徙，此则本书所着意发挥也。

经济要区改徙之关键何在？在水利建设。故比较某时代各地水利建设事业之多寡，则其时之经济要区可得而知也。

作者举秦以后至鸦片战争前之中国史，分为五期，与前所述统计事实相应：1. 第一统一和平期。即秦汉，以黄河流域为经济要区。2. 第一分裂斗争期。包三国、晋、南北朝，此时四川及长江下游之水利事业渐发展。3. 第二统一和平期。即隋、唐，于时长江流域成为经济要区，运河之开凿，即以连接新旧两经济要区。4. 第二分裂斗争期。即五代、宋、辽、金，此时长江流域之水利事业急进。5. 第三统一和平期，即元、明、清，于时统治者力谋密接都城与经济要区与连络，并屡图发展都城所在之海河区域为新经济要区。以上之结论并不全凭统计事实，尚引用许多史证，今不具详。

作者以为在先秦封建制度崩坏后二千余年社会结构凝定不变之中国史中，有极显著之两项运动。一曰：合与分之更代。在由分而合之历程中，经济要区是一决定因素。二曰：文化之南移，与文化俱移者为政治及经济之重心。吾人若暂置外族侵略、农民革命、商业发展诸事不论，则此之移徙之问题，即经济要区移徙之问题也。故经济要区之观念虽不能解释中国历史之全部，实为了解中国历史之一要钥云。

本书之时间范围止于鸦片战争者，因作者以为经济要区之观念只适用于农业经济之半封建社会。在彼时之割据局面中经济要区之领有每为成功之钥。今则问题已非地方势力之割据，而是帝国主义列强之分割。此时列强政治经济势力之根据为诸大商埠。此诸地方与旧日经济要区虽略相契合，然其经济基础及所代表之意义，则迥殊矣。故曰，中国门户之开放结束一历史阶段。欲摹述新关系，分析新形态，非再造新观念不可。

下最本书大意竟。请附末见。

其一，涉及时间之划分者。作者以五代、两宋（包辽、金）统为一分裂斗争期，似不伦。按作者固以隋唐为一统一和平期。夫北宋（公元 960—1127 年）和平之久，实超于初盛唐（公元 620—

755年），而中晚唐之分裂与扰乱实甚于南宋。何以唐属于统一和平期，而宋则属于分裂斗争期？不审作者亦有说否？

其二，涉及空间之划分者。本书之基本观念"经济要区"，作者虽曾予以抽象之界说。然此抽象界说，并不足以在地理上厘定任何时代之经济要区之范围。此之厘定尚有何更具体之标准？作者似未注意及此。从表面上观之，彼似依河流或河流之段落（如黄河中游区、长江下游区）分区。然同一流域每包含若干在过去经济上自足，而在各时代经济重要性不同之区域。若囫囵然以全此流域为一经济要区，似失肤泛。例如黄河中游，在秦汉以上当可分为四区。一为关中，余为古所谓三河（河东、河内、河南）。《史记·货殖列传》言三河相继为夏、商、周人所都，似为古代经济要区移徙之迹。而秦汉之世，关中一区，在经济及政治上，比其余三区为要，则甚显然。作者在本书论楚汉之争时，固明认关中为经济要区，然就全书之大体言，则又当以黄河中游为尔时之经济要区。此一大一小之两种经济要区单位，作者似游移不定于其间。然从作者之出发点言，吾人盖无理由焉，不以范围较小之关中，而以范围较大之黄河中游全部为尔时之经济要区也。此外，以长江下游全部作一经济要区，亦似嫌同此肤泛。凡科学上用作解释基础之单位，愈简单愈微小则愈佳。吾人若将经济要区之范围缩至最小可能之限度，则所得结论，固不能推翻，亦必大有异于本书所得者，毕竟此限度如何建立，乃为本书一辙之研究之方法论上一大问题。其解决须求助于地理学。然吾言乃为更进一步之探讨而发，而非所以求全责备于此大刀阔斧之开山工作也。

（原载《大公报·史地周刊》第107期，1936年10月16日）

与陈寅恪论《汉朝儒生行》书

　　比闻希白先生言，尊意以为定庵《汉朝儒生行》所咏实杨芳事，拙考以为其中之某将军乃指岳钟琪者误。拙考所提出者乃一假说，未敢遽以为颠扑不破也；苟有其他假说能予本诗以更圆满之解释，固不惮舍己以从。然尊说似不无困难之处。考本诗作于道光二年（公元 1822 年）壬午（定庵诗自编年），而叙某将军再起定乱时已"卅年久绾军符矣"。然壬午以前杨芳颠后复起定乱之事，仅有嘉庆十八年（公元 1813 年）平天理教匪一次。自是役上溯其初由千总升守备（嘉庆二年）相距仅十一年，使所歌者为杨芳，定庵何得作"卅年久绾军符"之语？

　　然此诗遂与杨芳全无关系欤？似又不然。因先生之批评之启示，使愚确信此诗乃借岳钟琪事以讽杨芳而献于杨者。诗中"一歌使公惧，再歌使公悟"之公，殆指杨无疑。杨之地位与岳之地位酷相肖似也。杨以道光二年移直隶提督，定庵识之，当在此时，因而献诗，盖意中事。次年定庵更有《寄古北口提督杨将军芳》之诗，劝其"明哲保孤身"也。本诗与杨芳之关系，愚以前全未涉想及之。今当拜谢先生之启示，并盼更有以教之。

二十三年（1934）三月七日

（原载《燕京学报》第 15 期，1934 年 6 月）

致傅斯年 (七通)[1]

(一)

孟真先生：

　　荫假中出游，大札及聘书等昨日始得见，致未能于先生南下前趋晤，至歉。乙藜先生处，已径函答复矣，鄙意，研究费亦以七月后始付为宜，因此时助手未请，征稿未至，实无用款处也。匆上，余俟先生北上后面谈。此颂

撰安

晚　荫麟上

（1935 年）二月一日[2]

(二)

孟真先生：

---

[1] 前六通书信今藏台北"中央研究院历史语言研究所"的傅斯年档案，王汎森教授惠允使用，并提供整理本，谨此致谢。最后一通书信亦源出"傅档"，录自周忱编选《张荫麟先生纪念文集》（上海汉语大词典出版社，2002 年，第 362 页），但据云原件"只见一页，似未完"。

[2] 原整理者系年于 1936 年，疑误。因为此函讲的是张氏受聘编纂高中历史教科书之事，且有"假中出游"的时间佐证（参见李欣荣《张荫麟年谱简编》（清华大学出版社，2009 年，第 616 页），见《天才的史学家——追忆张荫麟》，当可确定时间为 1935 年。

秋间辰伯来言，先生以彼与仆之误会，曾贻书相规，今辰伯与仆已友好合作如初，先生力也。仆于先生本荷知遇，重承维顾，感胡可言。半年未有片楮奉候，比者尊驾北来，又未及趋谒，非真委隆谊于草莽也。念所以报先生者，在工作不在礼文耳。近闻仆之思想倾向，颇不理于南中士夫之口。仆于现状，素抱逾常之不满则诚有之，然亦止于闲居放言。若云鼓动学生，则告者过也。仆对先生之感念，有非政见之异同所可掩者！谨布区区，并请
著安

晚　张荫麟上
十六（1937 年）、一、七[1]

（三）

孟真先生：

大札敬悉。春晗兄以肺疾微征，已请假疗养。医言下学期开学前决可愈。先生垂问甚殷，吴君嘱代致谢。何时来平？请赐示知，当携稿往就正也。此颂
著安

晚　张荫麟
（1937 年）四月廿三

（四）

孟真先生：

---

[1] 原整理者系年于 1937 年，但又云"此函年代，请再确定"。

抵遵义不觉逾月，每思典型，时用神往。闻贵所已决迁，不审何时能成行？又将何往？北大文史研究所，今年录取诸生中有李埏者，为仆在清华所见史系学生中最有望者，其毕业论文《北宋楮币考》，于史料之搜集及解释陈述均几无憾，幸留意焉。此候

撰安

晚　张荫麟上

（1940 年）九月八日

（五）

孟真先生：

闻尊体违和，入居医院，料是轻恙，不久当可复原，谨奉笺致候痊安

晚　张荫麟

（1941 年）三月四日

（六）

孟真先生左右：

九月十五日示敬悉，仆于七月底往贵阳中央医院检验，知有慢性肾炎病 chronic nephrites，程度尚轻，体中自觉亦不剧，医嘱休息半年。闻此症类别颇多，贵阳中央医院无肾脏专家，不能析断，而贵阳一往返，劳顿逾月方平复（肾病忌劳）。以现时交通工具之劣，不敢遽往重庆，以增其病，且冒覆车之危险也。承垂问，谢谢！近阅贵所《集刊》中，劳榦先生《跋汉画像刻石》（题不确忆）一文，于东汉罢都试其事有所怀疑。按，此事及其恶果，应劭在

《风俗通》（严可均辑本）中曾有详论，劭虽生东汉末，然熟于本朝典故。"朝廷制度、百官仪式所以不亡者，由劭记之"（本传）。于此大事不容或诬。不审劳先生于此尚有他说否？便中盼以告之。谨此布复。并请

大安

晚　张荫麟拜上

（1941 年）九月廿七日

（七）

孟真先生：

在昆明得读一月十日手教，当以奔走接洽，日昃不遑，久未报命为罪。弟之赴昆，□承关注，至为感激！此行明知其难，以生平未干过容易之事，故不敢畏难。幸成，读尚不差，勉可交代。即如大函……

致李埏（七通）^[1]

1940 年七月杪，荫麟先生离昆明赴贵州遵义县浙江大学讲学。我留昆明。先生赐我手教若干通。十年浩劫中，我书斋被抄掠，先生手教多已丧失。此数通为幸存者。李埏谨识。

（一）

埏兄：

得书快慰至极。七月底不见足下来昆，又无消息，时甚诧异。原定八月上旬末行，忽得友人助，可提早一旬，仓卒间于七月廿九日起程。未及去函问讯，至以为歉。今始知连遭拂逆，未得北行，不胜惋惜。然非足下志有不足，无可悔也。且留昆一年，看定世局再作计划，亦佳。关于足下婚约，照现行法律，如足下不承认，无不可解之理，不审何以有困难？北大文史研究所录取，可喜可贺。

---

[1] 前六通书信影印件由李埏教授提供，谨此致谢。最后一信，整理自李埏、李伯重：《良史与良师——学生眼中的八位著名学者》（清华大学出版社，2012 年，第163—164 页）所附影印件。另，徐规先生在《张荫麟师培养学生情况述略》一文（收入《天才的史学家——追忆张荫麟》）中，曾引用第一、二、三、五等函大段文字；编者在释读影印件的过程中曾予参考，唯个别文字的释读结果略有不同。

该所原可利用史语所书籍，但闻书已装箱，研究工作想一时无可措手，惟有精读基本书耳。如欲读哲学书，可先读休谟（Hume）之论人性及悟性两书；次读格林（T. H. Green）对休谟之批评（书名不确忆，似为《休谟引论》，见《格林全集》中。联大哲学系办公室有之，可问石俊〔峻〕先生）。如细读此三书而通其意，则于西洋哲学已得门径矣。近人哲学概论一类书不必看也。愚在此甚顺适。越南假道殆无问题。滇南不久将成战场，就此而言，愚迁遵义，一时不致废业，未为失计。匆复。余续详。此问

近好

荫麟

（1940 年）九月八日深夜

附笺请致郑毅生先生

（此系二十九年九月在靛花巷收到。埏注。）

（二）

埏兄足下：

十一月七日信及照相收到，谢谢。前托友人转致之书函及烟草，恐无缘投递。因由筑赴渝之车不在遵义歇夜，即路过稍停，亦为时甚暂，而浙大校舍距车站颇远也。然送到与否，厚谊则均。望以后勿更为此等事费心。关于足下在所计划事，弟有数言。既入社会，自不能事事如己意而行，须承认其若干限制，而加以适应，否则徒自苦耳。姚先生意亦有相当理由，如取宋史与其他宋代主要史料校读一遍，自于宋事深熟，而打好宋代史研究之基础，惟以此施

于全部宋史，恐非两三年所能竟功，而两三年间专做此事，未免枯燥耳。何不商之姚先生，用此计划，而缩小范围，暂以北宋为限？至于毕业论文如何写法，可听凭姚先生意。如札记、考异一类杂缀，姚先生及所中人可以承认为毕业成绩，即以此缴卷。至于其他论著，可随意写作，不必作缴卷用也。学贵有创获，如真有创获，自无不为人承认之理。毕业论文如何写法，非重要之事也。时局自较前更可乐观，而了结之期则愈远矣。弟在此尚适，见所中向郑、姚诸先生请代致候。此复，并问

近祉

弟　荫麟

（1940 年）十一月十五

弟近未有照相，他日有之，当以报赠。

（此系廿九年同月在龙头村收到。埏注。）

（三）

埏弟如晤：

一月廿二日书欣悉。从温公史论及胡注中寻宋史料，是见读书精细。两项工作自均有价值，可以余力为之。《中国史纲》上册（共十二章）石印底本已腾就一大半（至第七章），印成一小半（至第三章）。大约四五月间可出版。俟出版，自当分赠昆明同好。《宋代南北社会》一文，诸多不满。初拟更为一"后记"，印出后乃合并寄赠友人。今承提及，当即捡寄一份。其实宋代南方社会之特色甚多。不仅农奴存在、杀婴盛行及工商业盛而已。例如吃菜事魔亦

为南方之俗。社会骚动，亦以南方为最多，凡有均贫富性质之叛变均起于南方。又北方人对南方之〔人〕之偏见，及南北政治势力之消长，亦可为此大题目下之一小题。又南方工商业之发达，从宋代商税之统计，当可看出。《宋会要》中商税之材料甚多（《长编》亦有之），愚手头无此书，无从利用。又身丁钱亦为南方所特有，《宋史·食货志》《文献通考》及李焘《长编》均语焉不详。不知《会要》中有此项资料否？亦因手头无此书，故对身丁钱问题未得解决。身丁钱与杀婴习俗之关系甚大，弟文中轻轻搁置，乃最不自慊之点。吾弟有《会要》在手，何不先作一"宋代身丁钱考"？愚对此问题之见解大要如下：宋代之身丁钱乃沿自五代。只南方有之者，因在五代时本只南方诸国有之也。各地轻重不等者，亦沿五代各地之旧额也。何以五代时只南方诸国有身丁钱？盖自两税法行后，本已无计口之税。北方五朝，犹沿唐制；此五朝者，皆以北方人而统治北方，因乡土关系，过度之掊敛有所顾忌，且地广财丰，无须添此苛税。淮南诸国则不然。其国主本以驻防之将而据地自雄。其上层统治者以至原初之下级将校及士兵，大抵来自〈北〉方（此为假说，须待证实）。此等人于所驻之区，本以殖民地视之，自然无乡土之顾忌，而得恣意掊敛。且地狭兵多，财用苦绌。故计口之税又复出现也。因追溯身丁钱之起源，而猜想到五代时南北方统治性质之差异。若能证实此说，亦五代史中一重要发现也。吾弟有意并为之否？除身丁钱问题外，即宋代杀婴俗之史料，文中所采亦未备。此文印成后，又陆续发现许多，此又不自慊之一点。此文只能视为大辂之椎轮。吾弟若对此大题目感觉兴趣，与愚分工合作，将其所包涵之小题目一一解决，先为零篇发表。将来可集合为一书也。

近成《宋太宗继统考实》一篇，颇觉满意，已属人录副，数日后录毕，即寄与足下一商榷之。此问

近好

荫麟

（1941 年）二月五晚

（首页有眉注："晤丁则良君，盼告知稿费已收到，谢谢。日内另有书复之。"）

（四）

埏弟鉴：

前函想达左右，兹寄上《宋太宗继统考实》一篇，阅毕请并附札转致丁则良君为盼。专此并问

近祺

荫麟

（1941 年）三月三日

（五）

埏弟如晤：

三月廿五日书悉。宋代身丁钱考盼先为之。为此考时，自可不必涉及其远源，唯其为承五代之旧，则须提及。文中当注意下列各事：

1. 各地轻重不一。

2. 各地征收之方式不一，或征钱，或征实物。

3. 各地蠲免之先后不一。

（李心传《要录》亦有身丁钱资料，惟不多。）

诸项足下当已知之，姑一提到。拙文何幸，而为足下所偏好，承为校正，谢甚谢甚。卢逮曾君适有书来，为《文史》征稿。愚已草《宋太祖誓碑及政事堂刻石考》一文应之。俟刊出当寄上一观。《考实》文不必寄去，便中请向孙君取还，挂号寄来，因尚有待增改之处也。《史纲》抄印甚慢，现只印成八章（有十万余字），决即以此八章为第一册先出版，数日内可有若干册装订好，当即寄上一册。此复并问

学祺

荫麟

（1941 年）三月四日

（三月，四月之误。埏注。）

（六）

埏弟足下：

书及刊物一册妥收，谢谢。近来研究工作进行如何？愚近方留意吕惠卿，拟为作一年谱，惟苦材料少耳。有所见盼示知。昆明近空袭甚烈，足下在龙泉当不受影响。惟联大友人不知有受惊者否？匆复并颂

学安

荫麟

（1941 年）五月廿三

（信开头有"下次来信请将足下别号示知"等字。）

（七）

埏弟：

　　来书收到已久，稽复为歉。云南留美考试，吾弟参加，希望必甚高，盼好为预备。想近线装书自不能不搁置也。愚假中专阅宋代史书，下学期将开宋史课也。考试结果不知何时揭晓？录取后、动身前，盼见告。关于吾弟留美时期计划书有所参说也。此复并问近好

荫麟

（1941 年）七月廿八

　　（1941 年夏，一日见报载消息一则，大意谓云南省府将考选一批学生，公费送美国留学。我亟欲一试，即以告荫麟师。师遂复以此函。然不久确悉，报考学生资格以高中生为限。我不可能参与，于是作罢。埏志。）

附录一　张荫麟先生传略

李　埏

（一）生 平 述 略

　　20世纪三四十年代，一颗光芒四射的彗星，从中国史坛上倏焉升起，又倏焉消逝。这在当时曾使许多人感到震惊和哀痛，在以后很久，也还有不少人为之叹息和思念。这颗彗星是谁？他就是现代著名史学家张荫麟先生。

　　张荫麟先生是广东东莞石龙镇人，清光绪三十一年（公元1905年）十一月生于镇上的一户"书香人家"中。他还幼小时母亲便去世了，父亲把他抚育长大。他的父亲既是一位慈父，又是一位严师。从他开蒙受书，便给他以严格的旧学训练，要他把五经、四书、三《传》《史》《汉》《通鉴》、诸子书、古文辞……一一熟读成诵。他天赋很高，有异乎常人的记性和悟性，对读书又特别爱好。因此，课业虽重，不惟不以为苦，且常常愉快地超过了规定的课程。到十六七岁他辞家赴北京时，他的旧学根底已经很坚实，知识颇为广博了。

　　然而，这还不是他少年时所学的全部。另一方面的学习，也许对他是尤为重要的，那就是对新学新知的追求。石龙镇这个地方，濒东江下游南岸，当广州惠州中权；广九铁路建成后，又为广州、香港间一大站。[1] 从这里西往广州，南下港、九，舟车都很方便，因此常得风气之先，不似内地的闭塞。荫麟先生之生，上距戊戌变法七载，下距辛亥革命六年。变法的首倡者为南海康有为和新会梁启超；革命党的领导人为香山孙文。南海、新会、香山和广州、东莞都属珠江三角洲，相距咫尺。以乡里壤地相接之故，这些地方的知识界多稔知康、梁、孙诸人的活动、言论、学术，受其影响也特深。童年的荫麟先生，用心理学的术语说，是个"超常儿童"。他和许多成年人一样，争着传诵进步书刊，比许多年长的朋辈常有更好的理解。新思潮的洗礼使他很早就能出入旧学，不受传统局限。他特别喜好那"笔锋常带情感"的辟蹊径开风气的饮冰室主人的学术著作，每得一篇，都视作"馈贫之粮"，细加玩索，可以说，早在清华亲炙之前很久，他已经私淑任公先生了。

1923 年秋，荫麟先生年十七，负笈北上，考入清华学堂中等科三年级。那时梁任公正在清华主讲"中国文化史"课，所以他一入学便得亲受业为弟子。他素不喜交游，在校中惟与贺麟、陈铨相友善。贺麟先生回忆说："他是一个天天进图书馆的学生。……他给我的第一个印象是，一个清瘦而如饥似渴地在图书馆里钻研的青年。"[2] 贺先生还讲了一个故事，大意是，一天晚上，梁任公讲

---

[1] 新化曾鲲化著《中国铁路史》（1924 年燕京印书局印行）第 639 页有云："……石龙镇为东江州惠等处往来总汇之区，极称繁盛。而广州首站僻在东隅，九龙与香港又一水相隔，不能及焉。"
[2] 荫麟先生逝世的噩耗方传开，贺先生便立即写了一篇悼念回忆的文章，述荫麟先生的生平最详。本文在很多地方依据它，不一一注明。文章题为《我所认识的荫麟》，载《思想与时代》第 20 期。

课，"从衣袋里取出一封信来，问张荫麟是哪一位。荫麟立即起立致敬。原来他写信去质问梁任公前次讲演中的某一点，梁任公在讲台上当众答复他"。贺先生又说："他那时已在《学衡》杂志上登过一篇文章，批评梁任公对于老子的考证。那时他还是年仅十七、初进清华的新生。《学衡》的编者便以为他是清华的国学教员。哪知这位在学生时代质问梁任公、批评梁任公的荫麟，后来会成为承继梁任公学术志业的传人。"就我所知，荫麟先生确乎是"最向往追踪"梁任公的，但在学术研究上他真是"吾爱吾师，吾尤爱真理"，做到了"当仁不让于师"。而梁任公呢，不惟不因此有慊于心，反而对他更加器重、奖掖。他们之间的师弟高谊，真是现代学术史上的一篇佳话啊。

荫麟先生在清华求学历时七年（1923—1929）。这是他学术生涯中最重要的时期。北京，毕竟是中国的文化名城。当时，尽管军阀混战不休，但清华、北大等学术重镇仍能屹立不坠。在清华园里，有许多第一流学者和一批优秀青年，学术空气和各种思潮是很活泼的。荫麟先生生活其中，学业大为精进。他先后在《学衡》杂志、《东方杂志》、《清华学报》、《燕京学报》、《大公报·文学副刊》等刊物上发表论著四十余篇，甚得学术界的称誉。他苦攻英语，入清华才三年，已能纯熟地阅览英人典籍，翻译英文英诗。他的英语译文之典雅，曾受当代名家吴雨僧先生的嘉许。而此时的他，才是一个年方弱冠的青年呢。

以一个青年学生而著述如此之富，主要当然是由于他学力深厚，才思敏捷；但也有别的原因，那就是他太贫寒了。据说，他幼时，家道已经中落。他到北京的川资，他的父亲几经筹措才勉强足数。入清华后，因为家庭供给微薄，常常是靠烧饼度日。为了解除经济上的困难，他不得不为文求售。1926 年夏，他的父亲去世了。他是长男，所以此后还得兼负教养诸弟之责。这样，卖文不足，只好到城里兼课，给一些广东学生补习英语。学生中有知名学者东莞伦明的女儿伦慧珠。后来，他们间发生了爱情，结为伉俪。

1929 年，荫麟先生在清华毕业。这年初秋，以公费出国留学，东渡太平洋，赴美，入斯坦福大学，攻哲学和社会学。他之所以选择这所大学，原因是这所大学僻处美国西部，费用较低，可以节省出一部分公费供给弟弟们上学。至于他之所以选习哲学和社会学，则是为了将来能更好地研究祖国历史。这是他研究史学的一种战略计划。1933 年，他在给友人的一封信中说："国史为弟志业。年来治哲学、治社会学，无非为此种工作之预备。从哲学冀得超放之博观与方法之自觉；从社会学冀明人事之理法。"可见他的研究规模是非常宏远的。在美四年，他按照自己的计划修完了课程。于是不待五年期满，取得博士学位，便束装归国。归程横贯美国，游览了东部地区，然后渡大西洋，游历英伦欧陆，经地中海、印度洋，于 1933 年冬抵香港；旋即北上，年底到北平。去程与归程合计，恰好绕地球一周。贺麟先生认为，荫麟先生之所以提前归国，原因有三：一是"九一八"事变后忧国情殷；二是希望回来专心致志于国史研究；三是与伦女士完婚。但婚礼因伦女士患肺病，直延至 1935 年 4 月初乃举行于北平。

荫麟先生一回到北平，即应清华之聘回母校任历史和哲学两系专任讲师，同时兼北京大学"历史哲学"课。1935年暑期后，应当时教育部之聘，编撰高中历史教科书（后来改为专著，即《中国史纲》），于是向清华告假，专事著述。1937年"七七事变"爆发，他南下浙江，在天目山小住，为浙江大学作短期讲学。冬间，一度到清华、北大、南开合成的长沙临时大学。因学校又将西迁，遂回东莞故乡住了些时。到1938年夏初，西南联大已迁昆明，乃自粤入滇，向清华销假，仍任历史和哲学两系教授。初到昆明，正值暑假，暂住安宁温泉小憩。学期开始，回城中住吴晗先生家。每周为历史系讲宋史，为哲学系讲逻辑各一次。寒假间（1939年初），忽然接到重庆军委政治部陈诚部长的一个电报，请他立即命驾飞渝。他去了。原以为此去或能对抗战大业有所贡献，哪知去到以后不过备顾问、资清谈而已。他觉得事无可为，乃不辞而别，仍回联大授课。回校不久，伦夫人奉母携幼自东莞至。不幸，来未一载，琴瑟失调，伦夫人一行又回粤东。恰当此时，荫麟先生不容于学校某当轴，遭受不公正待遇，不得已离开联大，到遵义浙江大学任教。那时的遵义还是一个古老的、闭塞的山城，医药条件甚差。荫麟先生，由于积劳和连遭拂逆之故，到遵义不过一年，便染上肾脏炎症；延至1942年10月24日，竟与世长辞，终年才37岁。

（二）历 史 哲 学

1923年9月，《学衡》杂志第21期刊出荫麟先生的第一篇论文《老子生后孔子百余年之说质疑》。从那时起，到 1942 年 10 月先生逝世止，为时共十九年，发表论著近两百篇，百余万言（详见同门徐规先生所编的《张荫麟先生著作系年目录》及增补）。这些论著，什九为史学的或与史学有关的。涉及的范围很广，从先秦到近世，从社会经济到科技文艺、学术思想、风俗习惯都有所考究。当时的学术界多惊叹于这位青年学者的渊博，但不甚明了他为什么要考究那些问题。对他有所了解的朋友和门人都知道，他不是一个以记览为工、喜和人夸多斗靡的学者，也不是一个全凭兴会、信手拈来、卖弄雕虫小技的文人。他所志者甚大，早在留美期间，已郑重声言：国史是他的志业。从后来他对《中国史纲》之高度重视，可知他所说的"国史"就是《中国史纲》那样的著作。为了专心致志撰写这书，他宁可向清华告假，而且以他才思之敏捷，还花上五年工夫才成其"上古篇"，其严肃认真可以想见。在浙大和他时相过从的谢幼伟教授说："在遵义，作者曾看他写《中国史纲》上关于宋史部分的几章。他的原稿涂改之处甚多。他每对作者说：'写这种文章是很费苦心的。'"[1] 为什么这样费苦心呢？因为这是时代的要求，祖国的需要。他在青年书店版的《中国史纲》[2] 里，冠有一篇《自序》，一开头便说：

现在发表一部新的中国通史，无论就中国史本身的发展

[1] 见谢幼伟著《张荫麟先生言行录》。
[2] 《中国史纲》有一个青年书店版，1940 年 6 月刊于重庆。

上看，或就中国史学的发展上看，都可说是恰当其时。就中国史本身的发展上看，我们正处于中国有史以来最大的转变关头，正处于朱子所谓"一齐打烂，重新造起"的局面；旧的一切瑕垢腐秽正遭受彻底的涤荡剿割，旧的一切光晶健实正遭受天捶海淬的锻炼，以臻于极度的精纯；第一次全民族一心一体地在血泊和瓦砾场中奋扎以创造一个赫然在望的新时代。若把读史比于登山，我们正达到分水岭的顶峰，无论回顾与前瞻，都可以得到最广阔的眼界。在这时候，把全部的民族史和它所指向的道路，作一鸟瞰，最能给人以开拓心胸的历史的壮观。

又说：在这个时候，"写出一部新的中国通史，以供一个民族在空前大转变时期的自知之助，岂不是史家应有之事吗"？这篇自序是 1940 年 2 月在昆明写的。那时正是汪伪政权即将在南京成立、国民党已经掀起第一次反共高潮、抗战处于极端危急的时候。可是，荫麟先生不惟对祖国的前途依然充满信心，而且深刻地预见到这是"中国有史以来最大的转变关头"，是"一个赫然在望的新时代"。后来的历史发展证明正是这样。

在这篇《自序》里，他说：写一部通史，"显然不能把全部中国史的事实，细大不捐，应有尽有的写进去"；也不能"凭个人涉览所及，记忆所容，和兴趣所之，以为去取"。要有一个判别史事重要程度的"笔削"标准。他列举过去通史家们部分地、不加批判地或不自觉地采用过的标准有五：

一是"新异性的标准"。所谓新异性就是史事"内容的特殊性",也就是每一史事具有的"若干品质,或所具若干品质的程度,为其他任何事情所无者"。关于这个标准,他特别着重指出:"历史不是一盘散沙,众史事不是分立无连的;我们不仅要注意单件的史事,并且要注意众史事所构成的全体;我们写一个民族的历史的时候,不仅要注意社会局部的新异,并且要注意社会之全部的新异;我们不仅要注意新异程度的高下,并且要注意新异范围的大小。"

二是"实效的标准"。所谓实效即是"史事所直接牵涉和间接影响于人群的苦乐者"。

三是"文化价值的标准"。所谓文化价值即是"真与美的价值"。

四是"训诲功用的标准"。所谓训诲功用"有两种意义:一是完善的模范,二是成败得失的鉴戒"。

五是"现状渊源的标准"。即"众史事和现状之'发生学的关系'"。

他认为"以上的五种标准,除了第四种外,皆是今后写通史的人所当自觉地、严格地,合并采用的"。他说:"我们的理想是要显出全社会的变化所经诸阶段和每一阶段之新异的面貌和新异的精神。"那些"对文化价值无深刻的认识的人不宜写通史","'知古而不知今'的人不能写通史"。当然,应用这些标准去权衡史事的轻重是不容易的,因为要使"权衡臻于至当,必须熟习整个历史范围里的事实"。

接着，他进一步指出：除标准外"还有一个同样根本的问题"，就是："我们能否用一个或一些范畴把'动的历史的繁杂'统贯？"他认为可以用四个范畴去统贯：

第一个是因果的范畴。这个范畴指的是"因果关系"，而不牵涉因果律，因为历史事实是不能复现的。

第二个是发展的范畴。所谓发展"是一个组织体基于内部的推动力而非由外铄的变化"。这个范畴又包括三个小范畴：

一是定向的发展，即循一定方向分阶段而变化的历程。

二是演化的发展，即进化的或退化的渐变的历程。

三是矛盾的发展。这"肇于一不稳定组织体，其内部包含矛盾的两个元素，随着组织体的生长，它们间的矛盾日深月显，最后这组织体被内部的冲突绽破而转成一新的组织体，旧时的矛盾的元素经改变而消纳于新的组织中"。

这四个范畴，他认为"应当兼用无遗"。但即使如此，也不能统贯全部重要的史实。其不能统贯的就属偶然了。每个历史家应当尽量减少那种本非偶然，只因知识不足，而觉其为偶然者。

以上所述是《自序》的提要。这篇《自序》，对了解荫麟先生的史学，是极为重要的。在《自序》的末了，他有这样两句话："到此，作者已把他的通史方法论和历史哲学的纲领表白。更详细的解说不是这里篇幅所容许。"事实上，《自序》所讲的，不仅是他写作《中国史纲》时所遵循的纲领，也是他治史的总则。他写那么多论文，若问为何那样选题，那样论述，读了这篇《自序》就大致可以理解了。回想四十年代之初，当《自序》初问世时，史学界所受的影响是很大的。尤其是一般有志于史的青年，为《自序》的新颖理论和进步思想所吸引，争相传诵。他们敬佩这位追求真理、前进不已的学者和老师。[1]

历史哲学是荫麟先生治史的一个重要方面。早在 1932 年留美时，他已撰成《传统历史哲学之总结算》一文（翌年一月刊于《国风》二卷一期），列举以往的各种史观，一一加以评价。他认为生产工具和经济制度的变迁"对文化其他方面恒发生重大的影响"，但不必尽然。这篇文章可以代表他留美时期的历史观点。他回国后，不只一次开出"历史哲学"课。最后一次开于西南联大，所讲内容已与此文颇不相同，特别是对唯物史观的评价。假若我们以此文和前述《自序》对读一下，就可看见他前后观点变化之大了。到遵义后，他曾着手写一篇《马克思历史观的晚年定论》，可惜未竟而卒。他殁后半年，《思想与时代》又把他的《总结算》一文重新登出，但这不是他的遗愿，他已不能修改了。

(三)《中 国 史 纲》

自西学东渐，中国的史学家们采用章节体裁撰写通史以来，要在旧史学林中找一部既深邃而又通俗、既严谨而又富趣味的，像英人韦尔斯（H. C. Wells）的《世界史纲》那样的著作，是从未曾有的；若有之，那就是荫麟先生的《中国史纲》了。遗憾的

---

[1] 1941 年，浙江大学史地教育研究室石印《中国史纲》五百册，翌年又重印，这篇《自序》均未收入。作者另作短序冠篇首，亦名《自序》。其所以如此，乃因作者欲以青年书店版《自序》为主，另成《通史原理》一书，故不复收入《史纲》。或谓因《自序》中有唯物史观的观点，研究室执事感不便，故而删削。以荫麟先生之耿介，若非己意，盖不可能，今不取。

是，这部优秀作品的命运，并不比它的著者好一些。它是一部未完之作，到东汉便中止了。中华人民共和国成立以前，它始终没有一个好的版本，也没有在全国流传过。直到1955年，始由三联书店出版一个较佳的本子，印行万余册，流布于国内外。

国内和国外的读者对这本著作都给以高度的重视。它赢得了许多赞誉，当然也受到一些批评。据我所见，一位苏联历史学者鲁宾的书评是颇为全面而中肯綮的。书评作者在文末如此概括地写道[1]：

> ……这位历史学家的全部论述，给人以这样独特的印象——可以说，从本书的字里行间也会感觉到他不但是位历史学家，而且是一个人。

接下去继续写道：

> 处理史料时感情丰富，能激发读者对于以自己劳动创造伟大中国文化的普通人命运的热烈关怀，这是此书最吸引人的特点之一。
>
> 把科学的解释和通俗性成功地结合起来也是《中国史纲》的一个突出的优点。在张荫麟的笔下，中国古代的历史是鲜明生动的、容易了解的，对现代的读者是亲

[1]　鲁宾：《评张荫麟著〈中国史纲〉》，原载苏联《古代史通报》1957年第1期，许克敏译。

切的。同时书中没有一点庸俗化的地方，也没有因简述一些问题而使论述降低到非专家水平，更没有否认别人的成果。如果估计到中国古代史料的复杂性以及几千年形成的儒家的历史编纂学的影响——有时甚至于那些努力运用马克思主义的观点来阐明中国古代史的历史学家们也还不容易从它们的影响之下出来——那么就应该大力赞扬著者的才能已达到了高度科学水平，同时又能生动地、引人入胜地、简洁地讲述古代中国历史的变迁。

我很敬佩这位异邦的学者，他能透过我们艰难的汉文，深刻地理解这本书，热情地赞赏这本书，并对辞世已久的著者给以如此崇高的评价。不过，他对本书特点的概括，虽说允当扼要，但仍有未尽。因此，下面再就本书着重的方面略说几点。

一是特殊的写作方法。

《史纲》青年本《自序》写于"上古篇"定稿之后，其中所表白的笔削标准和统贯范畴，不仅是荫麟先生写作时遵循的理论和所悬的鹄的，而且也是他的实践和实际成就的经验总结。依据这篇《自序》去读《史纲》，大致可以理解他笔削取舍的命意所在。但是，《史纲》所包括的年代，自殷商至东汉，上下凡两千年。这期间，按标准可以选取的史实还很多，而《史纲》不过十一章，共十六万言。以这样少的篇幅去写那么长时间的"社会组织的变迁，思想和文物的创辟，以及伟大人物的性格和活动"，照理就得十分精简、高度概括。但这样写，往往又会流于空洞抽象，与通史的要求——具体生动、有血有肉，成为一种不易统一的矛盾。这矛盾在荫麟先生的笔下，很巧妙地统一起来了。怎样统一呢？用他自己的话说就是，"选择少数的节目为主题，给每一所选的节目以相当透彻的叙述，这些节目以外的大事，只概略地涉及以为背景"[1]。不用说，这种选择是极费苦心而又难得妥适的。但他的选择和叙述使许多人都叹赏不已。

二是对重大人物的处理。

举一个例子，全书共十一章，春秋时代占两章：一章为"霸国与霸业"；另一章为"孔子及其时世"。在前一章中又以一节专属郑子产。这样，对整个春秋时代他只写了争霸一大事和子产、孔子两个人物。争霸是这时代的第一大事，那是任何通史都不能不写的，虽然论断各有不同；至于人物，这时代堪称伟大的人何止十数，而以专节专章叙述的惟有这两人，那就是《史纲》独具的特色了。乍看起来，《史纲》似乎太突出这两人了；待细读之后就会觉得，这样笔削是匠心独运的。请看"郑子产"这一节。子产这个人确实是一个了不起的大人物。他道德高尚，态度开明，有善于处理内政外交的才干和开创革新的精神。虽然他的功业不如管、晏的那样大，但他处境的艰难却非管、晏所能比。假若要在这时代的政治家中找一个人格最完美的，恐无人能出其右。因此，荫麟先生把他选出来给以专节叙述，是妥适的。但是还不只此，节目在"子产"之上加一"郑"字，而且把这一节作为"霸国与霸业"一章之殿，也是有深意的。我们知道，郑是一

---

[1]　石印本《中国史纲·自序》。

个小国而位于大国争霸的焦点，其处境的艰危为诸小国之最，具有典型性。把它写了进去，读者不仅可以看到大国争霸的活动，也可以看到小国求存的挣扎，对局势有一个全面的了解。而写郑国又以子产为主题，这就能够更具体地、集中地揭示郑国所面临的种种问题。因此，这一节是这一章的重要组成部分，是著者精心安排的。

"孔子"一章对孔子的一生作了较详的叙述，给以崇高的评价，占去颇大的篇幅。有人因此以为荫麟先生是"尊孔派"，对孔子有特殊的情感。其实这是误解。若论情感，他爱好墨子恐更甚于爱好孔子。"墨子"一节中，他把孔、墨作了对比。他说："春秋时代最伟大的思想家是孔丘，战国时代最伟大的思想家是墨翟。孔丘给春秋时代以光彩的结束，墨翟给战国时代以光彩的开端。"又说："在政治主张上，孔子却是逆着时代走的。""孔子是传统制度的拥护者，而墨子则是一种新社会秩序的追求者。"还把墨子推到世界史的范围里去评价，说："在世界史上，墨子首先拿理智的明灯向人世作彻底的探照；首先替人类的共同生活作合理的新规划。"从上面所引可知，虽然荫麟先生认为孔、墨都是"最伟大的思想家"，都给各自的时代以光彩，但他的思想感情无疑更多地倾注于墨子。那么，为何他在《史纲》中给孔子以一大章，而墨子才占两节呢？原因是，墨子的历史作用不如孔子，按照他的笔削标准，不能不有所轻重。他指出：墨学在汉以后无嗣音；而孔子，在我国教育史上，是好几方面的开创者。"这些方面，任取其一也足以使他受后世的'馨香尸祝'"。若再论到奉他为宗师的儒家，那么，他对后世的影响就更非古代任何思想家所可企及。这样的重大人物，不以足够的篇幅，给予相当透彻的叙述，不仅不能把他们很好地呈现于读者之前，也很不利于阐述尔后历史发展的某些特征。汉代的司马迁心好道家之言，但在他的《史记》里却以孔子入"世家"，以老庄入"列传"，这种不以情感定褒贬的客观态度和优良作风，荫麟先生是继承了的。

三是对于社会变迁的论述。

社会的变迁是《史纲》的重要内容之一。它贯串于全书之中，随处可见。但第二章"周代的封建社会"，全书最大的一章，是集中讲述西周社会的。为什么特详于西周的社会？原因是，著者认为物有本末，事有终始，古代社会是后世社会所从出；知道了古代，然后才能追寻递嬗之迹，明白后世社会的由来。但是，文献不足征，商以前已无法详考。只有到了西周，历史资料才可能提供一个较全面的社会概况。《史纲》说：西周"这个时期是我国社会史中第一个有详情可考的时期。周代的社会组织可以说是中国社会史的基础"。事实确乎如此。

这章一来便从土地占有状况出发，对周代社会加以等级和阶级的分析。在第一节之始，它就昭告我们："严格地说封建的社会的要素是这样：在一个王室的属下，有宝塔式的几级封君；每一个封君，虽然对于上级称臣，事实上是一个区域的世袭的统治者而兼地主；在这社会里，凡统治者皆是地主，凡地主皆是统治者，同时各级统治者属下的一切农民非农奴即佃客，他们不能私有或转卖所耕的土地。照这界说，周代的社会无疑地是封建社会。"接着，第二节便讲"奴隶"；第三节便讲"庶民"。在"庶民"节中，首先叙述土地占有状况，然后进而叙述庶人（农夫）的地位、负担和反抗斗争。土地占有分两种：一种是侯伯大夫占有由农夫或奴隶代耕的公田；另一种是农夫占有并自行耕种的私田。农夫的负担很沉重，不堪痛苦乃起而暴动叛变。这些论述在当时是很新颖的，和今天的西周封建论者的说法几乎没有什么不同。特别应当指出的是，荫麟先生对土地问题非常重视。当他正写《史纲》的同时，撰写了另一篇论文。[1] 其中说："在一个'农业经济'的社会里，土地分配几乎可以说是'生产关系'的全部。所以拿经济因素做出发点去研究中国社会史的人，首先要注意各时代土地分配的情形。"他在《史纲》中正是这样做的。

西周以后的社会变迁，《史纲》特别着重战国秦汉时期商品经济的发展。它几乎把现存的有关当时商品经济的记载，如《史记·货殖列传》等，都笔而不削，全写进去了。但它不是照录原书，而是用自己的语言，天衣无缝地纳入于自己的创见，重新加以表述。它指出："自从春秋以来，交通日渐进步，商业日渐发达，贸迁的范围日渐扩张，资本的聚集日渐雄厚，'素封之家'（素封者，谓无封君之名，而有封君之富）日渐增多，商人阶级在社会上日占势力。"这些现象的出现确实是社会的重大变迁。特别是"商人阶级"，作为一个"新兴的阶级"，此时登上历史舞

---

[1]《北宋的土地分配与社会骚动》，载《中国社会经济史集刊》第 6 卷第 1 期（1939 年 6 月）。

台，应是我国古代史上的头等大事。在我国史学史上，荫麟先生是指出这件大事的第一人；而且直到今天，几乎是唯一的人。（这件大事的重大意义，凡读过恩格斯的《家庭、私有制和国家的起源》一书的人，应该是更为理解的。可是很奇怪，我们今天的通史著作中却只见商人，而不见"商人阶级"。是商人在我历史上始终未能形成阶级呢，还是已形成而没有被见及？恐怕原因不是前者而是后者。）《史纲》还说，战国时代有"用奴隶和佣力支持的大企业"和"大企业家"，如白圭、猗顿等人。为什么这时候的工商业有这么大的发展呢？《史纲》指出有许多"因缘"。综合起来，一是"自战国晚期至西汉上半期是牛耕逐渐推行的时代，农村中给牛替代了剩余人口，总有一部分向都市宣泄"。二是"秦汉之际的大乱，对于资本家，与其说是摧残，毋宁说是解放"。三是汉初实行放任的政策，"一方面废除旧日关口和桥梁的通过税，一方面开放山泽，听人民垦殖；这给工商业以一个空前的发展机会"。这些"因缘"当然都是重要的，但似有未备，《史纲》没有展开申论。此时的工商业的发展水平是很高的，《史纲》估计"为此后直至'海通'以前我国工商业在质的方面大致没有超出过的"。

在商品经济如此高度发展起来后的社会是什么社会呢？《史纲》没有明言，但不以为仍是封建社会。它说："在中国史里只有周代的社会可以说是封建社会。"显然，这论点现今是不可能被我国史学界所接受了。但是，当年的史学界，除少数马克思主义者而外，一般都不要求对每段历史的社会性质定性。即在马克思主义史学者之间，对中国历史各阶段的社会性质也看法不一。直到现在，我们对西周社会性质、对两汉社会性质还莫衷一是。荫麟先生当年没有给秦汉的社会定性，虽属缺陷，但不失"多闻阙疑"之旨。

四是科学内容的文学表述。

《史纲》是一部科学著作。科学著作的要求是准确明晰，而不必具备文学的优美。但《史纲》兼而有之。它的文字之美是读者所公认的一大特点。荫麟先生本有很好的文学修养，并且主张历史应为科学与艺术的结合，加之受梁任公先生的熏陶，"笔锋常带情感"，所以他的著作，即使是很枯燥的考据文章，也能令人读之忘倦。《史纲》是他的精心之作，他更是字斟句酌，力求给读者以艺术的享受。但他不让情感超越理智，不以辞害意，他的文学乃是为他的史学服务的。可以说，他是文以载史、文为史役的。这里，让我们举两个例子。

一个是他写"楚的兴起"一节，首先讲江汉一带的地理特征，及其嘉惠于楚人的政治上和经济上的安全感。接着指出这两种得天独厚的安全感对楚人的深刻影响。早在周时已在文学上反映出楚人和北人的显著差异了。他这样写道：

　　这两种的安全使得楚人的生活充满了优游闲适的空气，和北人的严肃紧张的态度成为对照。这种差异从他们的神话可以看出。楚国王族的始祖不是胼手胝足的农神，而是飞扬缥缈的火神；楚人想象中的河神不是治水平土的工程师，而是含睇宜笑的美女。楚人神话里，没有人面虎爪、遍身白毛、手执斧钺的蓐收（上帝的刑神），而有披着荷衣、系着蕙带、张着孔雀盖和翡翠旍的司命（主持命运的神）。适宜于楚国的神祇的不是牛羊犬豕的膻腥，而是蕙肴兰藉和桂酒椒浆的芳烈；不是苍髯皓首的祝史，而是身衣姣服的巫女。再从文学上看，后来战国时楚人所作的《楚辞》也以委婉的音节，缠绵的情绪，缤纷的辞藻而别于朴素、质直、单调的《诗》三百篇。

这读起来，简直是一篇无韵的史诗。然而它没有诗人的虚构与夸张，而是无一句无来历的史家之作；当然也不是排比寻章摘句得来的史料，而是"作者玩索所得"的自然表述。

再举一例。

《史纲》第七章"秦始皇与秦帝国"是很有生气的一章。假若我们在阅读这一章之前，先掩卷想一想，秦始皇这样的大人物，秦帝国这样的大事件，应该从何写起？不用说，这是一个不易处理好的问题：若要使它能和所写的人物和事件的气势相应，那就更难了。荫麟先生巧妙地引李白的一首《古风》[1] 作为楔子，接着写道："这首壮丽的诗是一个掀天揭地的巨灵的最好速写。"然后从子楚在赵说起，回溯"这巨灵的来历"，逐步展开这段波澜壮阔的历史。这样的开端是前无古人的。它一下子把一幅壮阔的图景注入读者心中，同时把他们的注意力和兴趣吸引到书里，使他们欲罢不能地读下去。

---

[1] 这首《古风》，自《史纲》引用后，已为读者所熟知，并多次被转引，所以这里不再转录了。

《史纲》是一部史学著作，也是一部文学著作。它的艺术魅力使很多读者以未能读到后续部分为憾。为了普及历史知识，增强爱国主义精神，这种兼具文学特色的通史著作是最可贵的。

《史纲》的特点不止这些。这里，不过是在鲁宾所已经指出的以外，再增益几点而已。

（四）考据与论评

1. 考　据

荫麟先生的史学著作，用心最多的是《史纲》，而分量最大的却是考据论文。（他所考究的问题极为广泛，要一一介绍那些论文不是这篇传略所能办到的。这里只概括地指出几点。）

首先要指出的是，考据不是荫麟先生治史的目的，而只是他的手段。他的主要目的，前面已经说过，是撰写"国史"，即《中国史纲》那样的著作。而那样的著作涉及面广，只靠史学界已有的研究成果是不够的，若干问题还得自己去探索。他的大部分考据论文即为此而作。当然，那些论文也有其独立的价值，不只是备通史之采择而已。

展开著作目录，首先跃入读者眼帘的是那些发前人所未发的论文。第二是中国科技史的考索。他虽无意专治中国科学技术史，但他很早已著文考索中国古代科技的成就。1923 年他开始发表论文，第二篇就是关于科技史的。[1] 自此以后直至赴美留学

---

[1]　这篇论文是《明清之际耶稣教士在中国者及其著述——近三百年学术史附表校补》，载《清华周刊》第 300 期。

之前的六七年间，每年都要发表这方面的论文一篇或两三篇。[1]
归国以后，又续有著译，先后发表了有关沈括、燕肃、古铜镜的
论文数篇。我国史学传统，一方面有许多优秀遗产，另一方面也
有不少该批判的积习。对科技史的忽视就属于后一方面。荫麟先
生在其著名的论文《中国历史上之"奇器"及其作者》中，曾慨
然指出："自秦汉以降，新异之发明，不绝于史。其间亦有少数
伟大之'创物'者，至少亦足与西方亚奇默德、法兰克林之流比
肩，而于世界发明史上占重要位置焉。"可是旧日的中国，"艺成
而下，儒士所轻；奇技淫巧，圣王所禁"；奇器的作者、源流、
纪录、内部构造……都难于详考。近世西方科学输入，一些浅学
迂儒，又穿凿附会，说是我们的先民早已前知，以致为通人所厌
听。在这种情况下，我们的科技史实是一片空白。然而要写一部
完善的通史又不能任其阙如，那怎么办呢？只有负起史家的责
任，以科学的态度，去进行考察。他这样做了，取得许多创获。
可惜《史纲》未能继续写下去，来不及收入。但是，那些论文因有
其独立价值，仍产生了很好的影响。事隔多年后，还得到刘仙洲、
袁翰青、胡道静等科技史专家的赞扬。在国外，执中国科技史研究
的牛耳的李约瑟博士，其研究后于荫麟先生十余年，也参考了荫麟
先生的论文，荫麟先生确是我国科技史早期研究的先驱。[2]

---

[1] 见徐规编《张荫麟先生著作系年目录》；又见徐规、王锦光合著《张荫麟先生
科技史著作述略》，载《杭州大学学报》第 12 卷第 4 期。
[2] 关于荫麟先生研究中国科技史的影响，详见徐规、王锦光的论文外，又见王锦
光、闻人军《史学家张荫麟的科技史研究》（载《中国科技史料》1983 年第 2
期），兹不备录。

　　荫麟先生自美归国后，学术思想有了颇大变化，注意力渐集中于两宋史事。从 1936 年起直到逝世，写了不少考订宋代历史问题的文章。那些文章多是发覆拓荒之作。产生了很深远的影响。如宋初四川王小波、李顺的武装起义，荫麟先生认为，那是"在中国民众暴动史中，创一新旗帜，辟一新道路"，"有裨于阶级斗争说之史实"，可是，"当世无道及者，今故表而出之"，乃撰为《宋初四川王小波李顺之乱》一文[1]。此文一出，王小波、李顺的英雄业绩才为世人所知，史学界才加以注意。解放以后，农民战争史受到空前重视；王小波、李顺的斗争被公认为划时代大事，中国历史教科书和各种中国通史都大书特书（这是完全应该的），现在，连初中的少年学生都熟知了。在这篇论文之前，荫麟先生还发表了《南宋初年的均富思想》；之后，又发表了《北宋土地分配与社会骚动》《宋代南北社会之差异》等论文。这些论文所考究的问题多是首次提出来的。其中的许多创见，给宋史研究增添了宝贵的财富。

　　除以上外，还有考索其他朝代史实的许多论文。从著作目录可见，从老子生年到甲午海战，从社会经济到哲学思想，他都有所探究。但是，范围既如此之广，难免有失误的地方。如徐规先生指出并补正的李顺广州就逮之说即与实际相违。又如科技史的某些论文，"因发表时间较早，以今天的学术水平来看，似尚不够详备深入"[2]。这就有待于后起者的补充和修正了。可是从史

---

[1]　载《清华学报》第 12 卷第 2 期（1937 年 4 月）。
[2]　见前引徐规、王锦光文。

学发展上看，前修已作出的贡献，特别是那种筚路蓝缕的开创之功，仍然是极可贵的。

2. 论　　评

荫麟先生的史学著作，还有很大部分是属于论评的。这类文章多是因当时史学研究中的某些问题有感而发，对当时的史学研究起到了补偏救弊的作用。下面略举其要。

（1）论史学的学风

在二十年代前后，支配中国史学界的风气是所谓的"新汉学"。它崇尚考据，重视资料，标榜"以科学方法整理国故"。对"言之无文，行而不远"的传统，不加措意。荫麟先生认为这是偏向，特著文给以批评。他在 1928 年发表的《论历史学之过去与未来》一文中，一开头便说："史学应为科学欤？抑艺术欤？曰，兼之。斯言也，多数绩学之专门史家闻之，必且嗤笑，然专门家之嗤笑，不尽足慑也。世人恒以文笔优雅，为述史之要技。专门家则否之。……然仅有资料，虽极精确，亦不成史。即更经科学的综合，亦不成史。"当然他并非以为资料可以忽视。相反，他认为"资料必有待于科学的搜集与整理"。这篇文章主要就是谈论这个问题的。他对当时的资料整理工作亦深致不满，在《洪亮吉及其人口论》一文的"引言"中曾慨乎言之。他说：

迩来"整理"旧说之作，副刊杂志中几于触目皆是。然其整理也。大悉割袭古人之文，刺取片词单句，颠倒综错之，如作诗之集句；然后加以标题，附会以西方新名词或术语，诩诩然号于众曰："吾以科学方法董理故籍者也。"而不知每流于无中生有，厚诬古人。此种习气，实今后学术界所宜痛戒。……

（2）对重要史实的发现和评价

这里举两篇为代表。一篇是《洪亮吉及其人口论》（1926 年刊于《东方杂志》）。"引言"说："清乾嘉间之汉学大师，其能于汉学以外，有卓然不朽之贡献者，惟得二人：在哲学上则戴东原震，在社会科学上则洪稚存亮吉。"戴氏之学，当时已大显于世；洪氏之学则犹湮没不彰。荫麟先生深为之不平，特为文介绍洪亮吉其人及其人口论。他指出洪氏的人口论与英人马尔萨斯之说不谋而同；二人完成学说的时间又都在 18 世纪 90 年代。可是马尔萨斯之说在西方产生了至深且巨的影响；"洪氏之论，则长埋于故纸堆中，百余年来，举世莫知莫闻"。他深有感慨地说："不龟手之药一也，或以伯，或不免于洴澼洸，岂不然哉！"到现在，因人口问题受到空前重视，洪氏的人口论已多为人知。上距荫麟先生揭橥阐扬其说已六十年了。

另一篇是《跋水窗春呓》[1]。《水窗春呓》这部书，不著撰人，前此盖无人知。荫麟先生偶然看到，知其为记咸同史事的重要史料，特嘱学友李鼎芳考出作者为欧阳兆熊。此人与曾国藩有故，深知曾的为人。跋说：书中"所记曾事，虽寥寥数则，实为曾传之最佳而最重要资料"。跋文专就这几则曾事，加以论说，

---

[1] 这篇跋始刊于 1935 年 3 月出版的《国闻周报》上。

所以特加附题"（记曾国藩之真相）"。这真相是什么？是一副凶残、阴险、善弄权术的狰狞面孔。跋说："自曾氏之殁，为之谱传者不一，而皆出其门生故吏手，推崇拜之心，尽褒扬之力，曾氏面目遂在儒家圣贤理想之笼罩下而日晦。"应该指出，荫麟先生写这篇跋时，民国已成立二十四年了，但因历任执政军阀的吹捧，许多文人学士的颂扬，曾氏的真面目仍"在儒家圣贤理想之笼罩下"隐晦着。因此，跋对曾氏真相的揭露就不仅是史学上的一个求真问题，而且是个现实中的政治问题。它的影响所及就不仅局限于史学领域之内了。

"诛奸谀于既死，发潜德之幽光。"韩昌黎的这两句名言，我们在荫麟先生的笔下看到了。

（3）书评

荫麟先生喜欢与人讨论问题，他发表的第一篇论文就是批评梁任公关于老子生年的说法的。由于他有渊博的学问和过人的识力，所以常能通过批评给人以帮助。如对冯友兰先生的《中国哲学史》上下卷，他都写了书评，提出许多有价值的意见，有助于这部著作之更臻完善（冯先生最近出版的《三松堂学术文集》还把这两篇书评收入）。但是，荫麟先生的书评，有的还兼有更重大的意义。例如他对顾颉刚先生的批评，其意义就不止于所讨论的那些具体问题。他写了《评近人顾颉刚对于中国古史的讨论》《评顾颉刚〈秦汉统一的由来和战国人对于世界的想象〉》等文章。在那些文章中，他除对若干具体问题的考订和解释，提出自己的不同看法外，还批评到当时流行的疑古之风。他是最关心学

风问题的。前面我们已经举出他为此而写的专文。但他的关注不
止见于那些文章而已。当时的疑古派对古代传说和记载多所否
定。顾先生是古史专家的巨擘，影响很大。因此，荫麟先生对顾
先生的批评也就是对怀疑一切的疑古学风的批评。在《评顾颉刚
〈秦汉统一的由来和战国人对于世界的想象〉》一文中，他说：

> 信口疑古，天下事有易于此者耶？吾人非谓古不可疑，
> 就研究之历程而言，一切学问皆当以疑始，更何有于古；然
> 若不广求证据而擅下断案，立一臆说，凡不与吾说合者则皆
> 伪之，此与旧日策论家之好作翻案文章，其何以异？而今日
> 之言疑古者大率类此。世俗不究本原，不求真是，徒震于其
> 新奇，遂以打倒偶像目之；不知彼等实换一新偶然而已。

上举的前一篇文章是对顾先生的《与钱玄同先生论古史书》的
批评。他以为顾先生关于"尧舜禹"的论断是错误的，错误的一个
主要原因，是由于误用默证。因此，特别在这篇文章的开头专设
《根本方法之谬误》一节，引法国史学家色诺波（Ch. Seignobos）
之说着重指明默证适用的限度。当时用默证以否定古人古事的不
止顾先生一人。因之，对这问题的批评也就是对当时史学界的
针砭。

一个二十多岁的青年学生，能够在疑古的风潮中，砥柱中
流，不随风而靡，其独立思考的智力和理论勇气是罕见的！荫麟
先生的史学论著，除上述几种外，还有许多别的文章。如对古代

史料的考释与辑录，对国外史学著作的翻译与介绍，对历史人物的传述……散见报章杂志，迄今未辑完全（伦伟良编《张荫麟文集》，收各类文章五十六篇，共五十余万言，实际是一个选本）。在这种情况下，我在这里的叙述自然不能是完备的。

（五）讲 席 侧 记

荫麟先生不惟是一位良史，而且是一位良师。自 1934 年归国后，就在清华大学、西南联大、浙江大学等校任教。他对教学很认真，对学生很热情，凡亲沐其教泽者没有不思念他的。贺麟先生回忆说："他初任教时，最喜欢与学生接近……一点也不知道摆教授的架子。"其实，不仅初任教时，就是以后，他也一直是和蔼可亲，深受学生敬爱的。在西南联大，我从他学宋史，常送习作请他指教。每次他都是立即当面批改，边改边讲，不仅改内容，而且改文字，教我怎样做文章。有时候改至深夜，一再请他休息他也不肯。宋史课一开始，他就教我们读《宋史纪事本末》，并从其中自选六十篇作"提要"。每篇提要不得过百字，须按时完成。听课者几十人，他都一一批阅。课上只讲专题，很富启发性。他总是每两三周，提出一个问题，指定几卷书，要我们从那几卷书中找材料，去解决那个问题。以后，问题越来越难，指定的书越来越多；最后，他不再指定，要学生自己提出问题，自己找书看。他用这样的方法，训练我们一步步地学会独立做研究工作。他很重视选题和选材，常警告我们，不善于选题的人就只能跟在别人后面转；不善于选材的人就不能写出简练的文章。

由于他诲人不倦，我感到课外从他那里得到的教益比在课堂上还多。因为在课堂上他是讲授专题，系统性逻辑性强，不可能旁及专题以外的学问；在课外，则古今中外无所不谈。从那些谈话中，使我们不惟学到治学之方，而且学到做人的道理。回想起来，那情景真是谊兼师友，如坐春风，令人终生难忘。到遵义后，因为那是一个小小的山城，师生聚居在一起，学生得到他的陶冶更多。现今在宋史的研究和教学上很有贡献的徐规教授就是那时在他的作育下踏上毕生研究宋史的道路的。那时的遵义又是一个白色恐怖笼罩下的地方，学生们对时政稍有不满的言论，便受到迫害。在"倒孔运动"中，有的学生被追捕，荫麟先生挺身而出，给予保护，使得脱险，表现了很高的正义感和勇敢精神。

荫麟先生在清华和联大，除在历史系开课外，还在哲学系开历史哲学、逻辑、哲学概论等课程。他常常介绍历史上重要哲学家的学说，最能引人入胜。他以史学家应有的客观态度，原原本本地如实讲述那些学说；所写的这类文章也是这样。因此，假若只听他一堂课或只读他的一篇文章，便可能以为他是所讲所写的那一派哲学的同调。例如，你只读《中国史纲》讲孔子的那章，你可能以为他是孔门信徒；但若你只读讲墨子的那两节，你又可能以为他是墨家的崇拜者。又若你读他的《陆学发微》，你可能以为他是一个唯心主义者；但若你读的是他关于戴东原的文章，你又可能以为他是一个唯物主义者。其实都不是。他常这样说过："我不想做哲学家，也不想做文学家，只想做一个史学家。"

在我国历史上，他最崇敬的人物是司马迁。

还有一点应该说明的是他的政治态度。他说过："知古而不知今的人不能写通史。"出于这样的认识，他对现实政治是很关心的。从他的著作看来，留美归国以前，他是一个爱国主义和民主主义者，对国内的政治派别没有显著的倾向性。回国以后，他的政治思想有了显著的变化，日益倾向于人民民主革命，逐渐转变成为中国共产党的同情者。这一转变在他文章中是有流露的。例如在《中国史纲》中讲述墨子时，他写道：

> ……总之一切道德礼俗，一切社会制度，应当为的是什么？说也奇怪，这个人人的切身问题，自从我国有了文字记录以来，经过至少一二千年的漫漫长夜，到了墨子才把它鲜明地、斩截地、强聒不舍地提出。墨子死后不久，这问题又埋葬在二千多年的漫漫长夜中，到最近才再被掘起！

这些话写于 40 年代初。请问那时谁把那"人人切身的问题"再度掘起呢？除了中国共产党人外还有谁人？答案不是像太阳一样明白吗！

又如在《宋初四川王小波李顺之乱（一失败之均产运动）》一文的"引言"中，他说：王小波、李顺的暴动和钟相、杨幺的暴动，是"皆可助阶级斗争说张目者"。因为王小波、李顺的事迹，"世尚无道及者，今故表而出之"。此文写于 1937 年初。那时持阶级斗争之说的不正是中国共产党人吗？荫麟先生要把"可助阶级斗争说张目"的、"在中国民众暴动史中，创一新旗帜，辟一新道路"的史事"表而出之"，他的政治态度和同情所在，不也是像太阳一样明白吗？实际上，从这篇文章灼然可见，为"阶级斗争说"张目的也正是荫麟先生自己。"引言"中还指出：《宋史》《宋会要》《续资治通鉴长编》对王小波、李顺的暴动，皆有记载，"惟其特质，即'均贫富'之理论与举动，皆绝不显露，谓非有阶级意识为崇焉，不可得也"。这更可见荫麟先生对中国共产党的理论持何态度了。他在昆明寓居欧美同学会时，赁房一小间，是书斋也是卧室。去拜访他的人都看到，在案头或枕边常放着一部"人人丛书"（Everyman's Library）本的《资本论》。在离别昆明前数日，他假同学会的会议厅邀宴友好十余人。席间，谈及时局，人人都以抗战前途为虑。他乐观而兴奋地说："抗战是长期的、艰苦的，但最后是必胜的。只是到胜利之后，国旗上的'青天白日'已不存在，只剩下'满地红'了。"

他在《中国史纲》的青年本《自序》中说："我们正处于中国有史以来最大的转变关头。"听了上面那番谈话，这"最大的转变关头"何所指，不是也很明白吗？遗憾的是，他享年不永，当 1949 年 10 月 1 日全中国的人民欢庆这个"最大的转变"胜利出现的时节，他已凄凉地长眠遵义荒郊七年了！

1986 年国庆节

（选自《史学论丛（第二辑）》（云南人民出版社，1986 年版）

附录二　张荫麟先生生平及其对史学的贡献[*]
——纪念先生逝世五十周年

徐　规

张荫麟先生（1905 年 11 月—1942 年 10 月），笔名素痴，广东东莞石龙镇人。1923 年秋，考入清华学校中等科三年级，曾在该校国学导师梁启超的中国文化史班上听课。是年九月，本着"吾爱吾师，吾尤爱真理"的精神，在《学衡》杂志上刊登了《老子生后孔子百余年之说质疑》一文，批评梁先生对老子的考证。那时张先生还是仅十八岁的中学生，《学衡》编者便以为他是清华的国学教授。1929 年，先生毕业于清华大学，以官费赴美国斯坦福大学留学，专攻哲学与社会学。他在《与张其昀书》中说："国史为弟志业，年来治哲学，治社会学，无非为此种工作之预备。从哲学冀得超放之博观与方法之自觉；从社会学冀明人事之理法。"1933 年冬回国，执教于清华大学历史、哲学两系，并在北京大学讲历史哲学课。

卢沟桥事变后，先生应浙江大学之聘，在天目山禅源寺为新生讲国史。杭州沦陷，先生辗转返回故里。翌年，赴昆明任西南联合大学教授。1940 年夏，又来遵义山城，再度担任浙大国史教

＊　本文是为纪念张荫麟先生逝世五十周年而作，原刊于《杭州大学学报（哲学社会科学版）》1992 年 6 月。

授兼史地研究所导师，弘开讲坛，青年学子如坐春风，越两载有余，不幸患肾脏炎病逝世，墓地在遵义老城南门外碧云山上，立有墓碑，题云"史学家张荫麟先生之墓"。1960 年前后，先生之高足弟子李埏教授曾道出遵义，往访墓地，已不见遗存矣。

先生兼通文史哲，才学识为当代第一流，其生平贡献以史学为最大。所著《中国史纲》（上古篇）一书，被推为近代"历史教科书中最好的一本创作"（陈梦家教授语）。其他学术论著，散见于报章杂志者百余万言，多自辟蹊径，开风气之作。台湾出版的《张荫麟文集》，收载未全。

从青年时代开始，先生即重视中国科技史的探索。盖中国自近代以来科学技术落后，为西洋人所轻侮，先生有感于此，故特别留意发掘中国古代的科技人物及其成就之资料，予以表彰，企图激起国人爱祖国、爱科学的热情，从而有助于我国科技研究事业的振兴。关于这方面的论文有十多篇，其中《沈括编年事辑》一文，是近人全面研究沈氏生平及其贡献的启蒙之作，奠定了研究沈括这个课题的基础。1985 年，杭州大学宋史研究室为了纪念先生诞辰八十周年，曾编成《沈括研究》一书，交由浙江人民出版社出版，就是继承先生这个意愿的。又如先生所撰的《中国历史上之奇器及其作者》一文，上起远古，下迄清朝中叶，对中国古代一些主要科技发明及其作者加以介绍，确是一篇十分精炼的中国古代机械史略，对后来科技史界影响颇大[1]。

---

[1] 参见徐规、王锦光合写的《张荫麟先生科技史著作述略》，载《杭州大学学报》第 12 卷第 4 期；王锦光、闻人军合写的《史学家张荫麟的科技史研究》，载《中国科技史料》1983 年第 2 期。

先生又是近代我国宋史研究的先驱者之一。关于这方面的文章有三十余篇，所考究之问题多是首次提出来的，其中不少创见给宋史研究增添了宝贵的财富。如宋初四川王小波、李顺起义一文刊布后，这两位农民军领袖的英雄业绩才为世人所知，史学界始加以注目。又如《刘锜与顺昌之战自序》[1]《〈顺昌战胜破贼录〉疏证》[2] 两文，乃近人研究南宋抗金名将刘锜战功的唯一作品。时先生僻处遵义山城，书缺有间，未克毕其全功，且上述两文刊布于抗日战争期间，流传不广，今已难以觅得。笔者与此间博士生王云裳女士继承先生遗志，草成《刘锜事迹编年》一文，将在中华书局今年出版的《岳飞研究》第三集中刊布。并由王女士继续撰写《刘锜新传》一书，以期完成先生的夙愿。

香港中文大学许冠三教授撰写的《新史学九十年》[3] 一书，列有专章对张先生史学造诣加以评介，誉之为"近八十年罕见的史学奇材"。又说："就他的最后造诣论，可以说他比绝大多数新汉学家更长于考据，比芸芸浮嚣的史观派更精于哲学思维，也比所有讲求新史学的人更重视艺术描绘。"此外，云南大学李埏教授亦撰有《张荫麟先生传略》，发表在云南人民出版社 1986 年出版的《史学论丛》第 2 辑上，对张先生的事迹、学术贡献作了翔实而精辟的记述，读者可参阅。

---

[1]　载《益世报·史学副刊》第 6 期，1940 年 6 月 13 日。
[2]　载《清华学报》第 13 卷第 1 期，1941 年 4 月。
[3]　香港中文大学出版社 1986 年版。

附录三　张荫麟先生著作系年目录[*]

徐　规　徐存平

荫麟先生是我国近代著名史学家，所撰《中国史纲》（上古篇）一书，享誉海内外。其部分学术论文早已被台湾学者裒为《张荫麟文集》予以出版。先生年十八，考取北京清华学校（清华大学前身）中等科三年级读书时，于《学衡》杂志第 21 期刊布《老子生后孔子百余年之说质疑》一文，与其恩师梁启超相诘难。此后在近二十个春秋里，共发表论著一百七十余篇（种），都百余万言，多自辟蹊径开风气之作。

往岁，我曾编成先生著作系年目录，登载《思想与时代月刊》第 18 期上，民国三十二年（1943）一月出版。时在抗日战争期间，西迁遵义的国立浙江大学所藏杂志甚少，所编《目录》，多有遗漏，负疚良深！今冬适逢先生诞辰九十周年，爰命儿子存平就杭州大学所藏刊物，对我昔日纂辑的初稿，细加补正，篇目遂得倍增，了却我平生夙愿，并期供研究先生学术者参考。

徐　规

1995 年中秋于杭州大学

---

[*]　本文原名《张荫麟先生著作系年目录并序》，刊于《杭州师范学院学报》1996 年第 1 期。编者按：第 280—298 页文字内容格式，除纪年统一外，其余一仍原文。

老子生后孔子百余年之说质疑

　　《学衡》21 期，民国十二年（1933）9 月。

明清之际耶稣会教士在中国者及其著述——中国近三百年学术史
（附表一校补）

　　《清华周刊》300 期，十二年（1933）12 月。

钱大昕和他的著述

　　同上 309 期，十三年（1934）4 月。

明清之际西学输入中国考略

　　《清华学报》1 卷 1 期，十三年（1934）6 月。

纪元后二世纪间我国第一位大科学家——张衡

　　《东方杂志》21 卷 23 号，十三年（1934）12 月 10 日。

张衡别传

　　《学衡》40 期，十四年（1935）4 月。

评近人（按即顾颉刚氏）对于中国古史之讨论

　　《学衡》40 期（收入顾编《古史辨》2 册）。

葛兰坚（C. H. Grandgent）论学校与教育（译）

　　《学衡》42 期，十四年（1935）6 月。

宋燕肃、吴德仁指南车造法考（原著英国 A. C. Moule，译）

　　《清华学报》2 卷 1 期，十四年（1935）6 月。

葛兰坚黑暗时代说（译）

　　《学衡》44 期，十四年（1935）8 月。

宋卢道隆、吴德仁记里鼓车之造法

　　《清华学报》2 卷 2 期，十四年（1935）12 月。

洪亮吉及其人口论

　　《东方杂志》23 卷 2 号，十五年（1936）1 月 25 日。

芬诺罗萨论中国文字之优点（译）

　　《学衡》56 期，十五年（1936）8 月。

中国印刷术发明述略（原著 J. J. L. Duyvendak，译）

　　同上 58 期，十五年（1936）10 月。

《秦妇吟》之考证与校释（原著 Lionel Giles，译）

　　《燕京学报》1 期，十六年（1937）6 月。

《双忽雷影本》跋

　　《史学与地学》2 期，十六年（1937）7 月。

《九章》及两汉之数学

　　《燕京学报》2 期，十六年（1937）12 月。

斯宾格勒之文化论（译）

　　《国闻周报》4 卷 48 期，十六年（1937）12 月；4 卷 49 期，
　　十六年（1937）12 月；5 卷 10 期，十七年（1938）3 月；5
　　卷 21 期，十七年（1938）6 月；5 卷 22 期，十七年（1938）
　　6 月；5 卷 30 期，十七年（1938）8 月；5 卷 31 期，十七年
　　（1938）8 月；5 卷 32 期，十七年（1938）8 月；5 卷 33 期，
　　十七年（1938）8 月；5 卷 34 期，十七年（1938）9 月。

　　又见《学衡》61 期，十七年（1938）1 月；66 期，十七年
　　（1938）11 月。

译李泰棻《西周史征》

　　《大公报·文学副刊》（天津版）3 期，十七年（1938）1 月 16 日。

续评《小说月报》"中国文学研究号"

　　同上 8 期，十七年（1938）2 月 27 日。

评顾颉刚《春秋时的孔子与汉代的孔子》

　　同上。又转载于《国立中山大学语言历史学研究所周刊》2
　　卷 19 期，十七年（1938）3 月 6 日，并收入顾编《古史辨》
　　2 册。

评顾颉刚《秦汉统一之由来和战国人对于世界的想象》

　　同上。又转载于同上周刊，收入《古史辨》2 册。

评冯友兰《孔子在中国历史中之地位》

　　同上 9 期，十七年（1938）3 月 5 日。

论历史学之过去与未来

　　《学衡》62 期，十七年（1938）3 月。

覆于（鹤年）君函

　　《大公报·文学副刊》11 期，十七年（1938）3 月 19 日。又
　　转载于《国立中山大学语言历史学研究所周刊》3 卷 28 期，
　　十七年（1938）5 月 9 日，收入《古史辨》2 册。

评郭沫若译《浮士德》上部

　　《大公报·文学副刊》13 期，十七年（1938）4 月 2 日。

评三宅俊成《中国风俗史略》

　　同上 15 期，十七年（1938）4 月 16 日。

评戈公振《中国报学史》

　　同上 21 期，十七年（1938）5 月 28 日。

王静安先生与晚清思想界

同上 22 期，十七年（1938）6 月 4 日。又转载于《学衡》64
期，十七年（1938）9 月。

中国历史上之"奇器"及其作者

《燕京学报》3 期，十七年（1938）6 月。

评冯友兰《儒家对于婚丧祭礼之理论》

《大公报·文学副刊》27 期，十七年（1938）7 月 9 日。收
入《古史辨》2 册。

驳朱希祖《中国古代铁制兵器先行于南方考》

《大公报·文学副刊》30 期，十七年（1938）7 月 30 日。

罗色蒂女士《弃绝》诗（译）

《学衡》64 期，十七年（1938）9 月。

评杨鸿烈《大思想家袁枚评传》

《大公报·文学副刊》43 期，十七年（1938）10 月 29 日。

评胡适《白话文学史》上卷

《大公报·文学副刊》48 期，十七年（1938）12 月 3 日。

评〔苏〕雪林女士《李义山恋爱事迹考》

同上 50 期，十七年（1938）12 月 17 日。

评卫聚贤《古史研究》

同上 52 期，十七年（1938）12 月 31 日。

近代中国学术史上之梁任公先生

《学衡》67 期，十八年（1939）1 月。又见《大公报·文学
副刊》57 期，十八年（1939）2 月 11 日。

王德卿传

《学衡》67 期。

所谓"中国女作家"

　　《大公报·文学副刊》59 期，十八年（1939）2 月 25 日。

杜伯斯《论中国语言之足用及中国无哲学系统之故》（译）

　　同上 64 期，十八年（1939）4 月 1 日。又转载于《学衡》89

　　期，十八年（1939）5 月。

评容庚《宝蕴楼彝器图录》

　　同上 69 期，十八年（1939）5 月 6 日。

白璧德《论班达与法国思想》（译）

　　同上 72 期，十八年（1939）5 月 27 日。

罗素《评现代人之心理》（译）

　　同上 74 期，十八年（1939）6 月 10 日。

伪古文尚书案之反控与再鞠

　　《燕京学报》5 期，十八年（1939）6 月。

戴闻达英译《商君书》

　　《大公报·文学副刊》77 期，十八年（1939）7 月 1 日。

纳兰成德传

　　《学衡》91 期，十八年（1939）7 月。又见《大公报·文学

　　副刊》77 期，7 月 1 日；78 期，7 月 8 日；79 期，7 月 15

　　日；80 期，7 月 22 日。

纳兰成德《饮水词》注

　　十八年（1939）暑假赴美国留学前交商务印书馆出版，

　　"一·二八事变"毁于火。

革命诗选（自美国寄稿）

　　《大公报·文学副刊》110 期，十九年（1939）2 月 17 日。

司马迁疑年之讨论

　　同上 126 期，十九年（1939）6 月 9 日。

关于朱熹"太极说"之讨论

　　同上 148 期，十九年（1939）11 月 10 日。又载《国闻周报》
　　7 卷 50 期，十九年（1939）12 月。

甲午中日海战见闻记（英国泰莱原著，译）

　　《东方杂志》28 卷 6 号，二十年（1939）3 月 25 日；7 期，二
　　十年（1939）4 月 10 日。

中国书艺批评学序言

　　《大公报·文学副刊》171—174 期，二十年（1931）4 月 20
　　日、27 日，5 月 4 日、11 日。

评冯友兰《中国哲学史》上卷

　　《大公报·文学副刊》176 期，二十年（1931）5 月 25 日；
　　177 期，二十一年（1932）6 月 1 日。收入冯友兰《三松堂
　　学术文集》。

二战士（德国海纳原著，译）

　　同上 206 期，二十年（1931）12 月 21 日。

评郭沫若《中国古代社会研究》

　　同上 208 期，二十一年（1932）1 月 4 日。

浮士德·剧场上·楔子（德国歌德原著，译）

　　同上 223 期，二十一年（1932）4 月 11 日。

浮士德·天上序剧（译）

　　同上 224 期，二十一年（1932）4 月 18 日。

历史之美学价值

　　同上 238 期，二十一年（1932）7 月 25 日。

浮士德·本剧上部第一出·夜（译）

　　同上 243 期，二十一年（1932）8 月 29 日。

浮士德·本剧上部第一出·夜（续，译）

　　同上 245 期，二十一年（1932）9 月 12 日。

代戴东原灵魂致冯芝生先生书

　　《大公报·世界思潮》14 期，二十一年（1932）12 月 3 日。

龚自珍诞生百四十年纪念

　　《大公报·文学副刊》260 期，二十一年（1932）12 月 26 日。

传统历史哲学之总清算

　　《国风》杂志 2 卷 1 号，二十二年（1933）1 月 1 日。

戴东原乩语选录（二）

　　《大公报·世界思潮》27 期，二十二年（1933）3 月 2 日。

浮士德·上部第二出·城门前（译）

　　《大公报·文学副刊》273 期，二十二年（1933）3 月 27 日。

罗素近年对于"理"的看法（译）

　　《大公报·世界思潮》33 期，二十二年（1933）4 月 13 日。

罗素最近的心论（译）

　　同上

梁漱溟先生的乡治论

《大公报·社会问题》5 期，二十二年（1933）4 月 15 日。

浮士德·上部第二出·城门前（续，译）

《大公报·文学副刊》280 期，二十二年（1933）5 月 15 日。

浮士德·本剧上部第三出·书斋（译）

同上 282 期，二十二年（1933）5 月 29 日。

道德哲学之根本问题

《大公报·世界思潮》40 期，二十二年（1933）6 月 1 日。

龚自珍《汉朝儒生行》本事考

《燕京学报》13 期，二十二年（1933）6 月。

戴东原乩语选录（三）

《大公报·世界思想》44 期，二十二年（1933）6 月 29 日。

中国民族前途的两大障碍物

《国闻周报》10 卷 26 期，二十二年（1933）7 月。

悼丁玲（二十二年（1933）7 月 30 日，自美国寄稿）

《大公报·文学副刊》296 期，二十二年（1933）9 月 4 日。

论思想自由与革命（对话体）——戴东原乩语选录之四

《国闻周报》10 卷 39 期，二十二年（1933）10 月。

戴东原乩语选录（五）

《大公报·世界思潮》57 期，二十二年（1933）10 月 19 日。

张荫麟君来函（关于丁玲女士遇害的事）

《大公报·文学副刊》305 期，二十二年（1933）11 月 6 日。

玩《易》（上下篇）

《大公报·世界思潮》59 期，二十二年（1933）11 月 16 日。

评孙曜《春秋时代之世族》

　　《大公报·文学副刊》307 期，二十二年（1933）11 月 20 日。

可能性是什么——一个被忽略了的哲学问题

　　《大公报·世界思潮》64 期，二十三年（1934）1 月 25 日。

戴东原乩语选录（六）

　　同上 67 期，二十三年（1934）3 月 8 日。

跋今本《红楼梦》第一回

　　《大公报·图书副刊》17 期，二十三年（1934）3 月 10 日。

戴东原乩语选录（七）

　　《大公报·世界思潮》68 期，二十三年（1934）3 月 22 日；

　　71 期，5 月 3 日续；75 期，二十三年（1934）6 月 28 日续。

《珠玉新抄》与《义山杂纂》

　　《大公报·图书副刊》28 期，二十三年（1934）5 月 26 日。

不列颠博物院所藏中国写本瞥记（敦煌写本）

　　《国闻周报》11 卷 21 期，二十三年（1934）5 月。

道德哲学与道德标准

　　《大公报·世界思潮》73 期，二十三年（1934）5 月 31 日。

与陈寅恪论《汉朝儒生行》书

　　《燕京学报》15 期，二十三年（1934）6 月。

小泉八云撰《甲午战后在日见闻记》（译）

　　《国闻周报》11 卷 28 期，二十三年（1934）7 月。

读《南腔北调集》

　　《大公报·图书副刊》44 期，二十三年（1934）9 月 15 日。

戴东原乩语选录（八）

《大公报·世界思潮》81 期，二十三年（1934）9 月 20 日。

甲午战前中国之海军

《大公报·史地周刊》1 期，二十三年（1934）9 月 21 日；2 期，二十三年 9 月 28 日。

关于历史学家的当前责任

同上 2 期。

甲午中国海军战迹考

《清华学报》10 卷 1 期，二十四年（1935）1 月。

关于中学国史教科书编纂的一些问题

《大公报·史地周刊》24 期，二十四年（1935）3 月 1 日。

跋水窗春呓（记曾国藩之真相）

《国闻周报》12 卷 10 期，二十四年（1935）3 月。

曾国藩与其幕府人物（与学生李鼎芳合著）

《大公报·史地周刊》36 期，二十四年（1935）5 月 24 日。

严几道（与学生王栻合著）

同上 41 期，二十四年（1935）6 月 28 日。

孟子所述古田制释义

同上 42 期，二十四年（1935）7 月 5 日。

春秋"初税亩"释义

同上。

评冯友兰《中国哲学史》下卷

《清华学报》10 卷 3 期，二十四年（1935）7 月。收入冯友兰《三松堂学术文集》。

春秋时代的争霸史

　　《大公报·史地周刊》52 期，二十四年（1935）9 月 13 日。

周代的封建社会

　　《清华学报》10 卷 4 期，二十四年（1935）10 月。

论非法捕捉学生

　　《新社会》（上海）8 卷 7 期，二十四年（1935）12 月。

战国时代鸟瞰

　　《大公报·史地周刊》68 期，二十五年（1936）1 月 10 日。

战国时代的思潮

　　同上 75 期，二十五年（1936）3 月 6 日。

梁任公辛亥以前的政论与现在中国

　　同上 79 期，二十五年（1936）4 月 3 日。

读史杂记

　　同上。

沈括编年事辑

　　《清华学报》11 卷 2 期，二十五年（1936）4 月。

说民族的"自虐狂"

　　《独立评论》，二十五年（1936）5 月。

南宋初年的均富思想

　　《大公报·史地周刊》87 期，二十五年（1936）5 月 29 日。

秦始皇帝

　　同上。

中国古铜镜杂记

　　《考古社刊》4 期，二十五年（1936）6 月。

关于戊戌政变之新史料

　　《大公报·史地周刊》95 期，二十五年（1936）7 月 24 日。

汉初的学术与政治

　　同上 107 期，二十五年（1936）10 月 16 日。

南宋末年的民生与财政

　　北平《华北日报·史学周刊》111 期，二十五年（1936）11
　　月 12 日。

端平入洛败盟辨

　　《大公报·史地周刊》112 期，二十五年（1936）11 月 20 日。

大汉帝国的发展

　　同上。

南宋亡国史补

　　《燕京学报》20 期，二十五年（1936）12 月。

读史与读《易》

　　《大公报·史地周刊》118 期，二十六年（1937）1 月 1 日。

三国的混一

　　《益世报·史学副刊》（天津版）45 期，二十六年（1937）1
　　月 12 日。

戴东原乩语选录乙编之一（为窃书案答辩）

　　《大公报·图书副刊》169 期，二十六年（1937）2 月 18 日。

民生主义与中国的农民

《申报》二十六年（1937）3 月 14 日。

评冀筱泉（朝鼎）《中国历史中的经济枢纽区域》

　　《中国社会经济史集刊》5 卷 1 期，二十六年（1937）3 月。

宋初四川王小波李顺之乱

　　《清华学报》12 卷 2 期，二十六年（1937）4 月。

高小历史教科书初稿征评

　　《大公报·史地周刊》130 期，二十六年（1937）4 月 2 日；

　　131 期，4 月 9 日；139 期，6 月 4 日。

　　　　（拟作 50 篇传记，已写成自序、大禹、孔子、墨子、商

　　　　鞅、秦皇、汉武、张骞、马援、张衡、诸葛亮、谢安、

　　　　唐太宗、玄奘法师、杜甫等）

《宋史·兵志》补阙

　　《中国社会经济史集刊》5 卷 2 期，二十六年（1937）6 月。

九国公约会议与中国抗战前途

　　《国命旬刊》3 号，二十六年（1937）10 月 30 日。

宋儒太极说之转变

　　《新动向半月刊》（昆明）1 卷 2 期，二十七年（1938）1 月。

蒋委员长论抗战必胜训词释义

　　军事委员会政治部印行，二十八年（1939）3 月。

论中下级政治干部人员的培养

　　《扫荡报》二十八年（1939）□月□日。

陆学发微

　　《云南大学学报》1 期，二十八年（1939）4 月。

北宋的土地分配与社会骚动

　　《中国社会经济史集刊》6 卷 1 期，二十八年（1939）6 月。

陆象山的生平

　　《中国青年月刊》（重庆）1 卷 2 期，二十八年（1939）8 月。

近代西洋史学之趋势（译）

　　同上 1 卷 5、6 期，二十八年（1939）。

论历史科学

　　《益世报·史学副刊》（昆明版）24、25、26 期，二十八年
　　（1939）。

王鏄钱币刍言（附考证）

　　《益世报·史学副刊》（重庆版），二十八年（1939）。

《中国史纲》自序

　　重庆青年书店本，二十九年（1940）6 月。

五代时波斯人之华化

　　《益世报·史学副刊》5 期，二十九年（1940）5 月 30 日。

南宋之军队

　　同上。

《刘锜与顺昌之战》自序

　　同上 6 期，二十九年（1940）6 月 13 日。

论史实之选择与综合

　　二十九年（1940）上半年发表，逝世后转载于《思想与时代
　　月刊》18 期，三十二年（1943）1 月。

宋代南北社会之差异

　　《浙大史地杂志》1 卷 3 期，二十九年（1940）9 月。

归纳逻辑新论发端

　　《哲学评论》7 卷 4 期，二十九年（1940）11 月。

《顺昌战胜破贼录》疏证（附：顺昌战前之刘锜）

　　《清华学报》13 卷 1 期，三十年（1941）4 月。

王阳明以前之"知行合一"说

　　《国立浙大师范学院院刊》1 集 2 册，三十年（1941）6 月。

燕肃著作事迹考

　　《国立浙大文学院集刊》1 集，三十年（1941）6 月。

宋太祖誓碑及政事堂刻石考

　　《文史杂志》（重庆，顾颉刚主编）1 卷 7 期，三十年（1941）7 月。

宋太宗继统考实

　　同上 1 卷 8 期，三十年（1941）8 月。

柏格森（1859—1941）

　　《思想与时代月刊》创刊号，三十年（1941）8 月。

哲学与政治

　　同上 2 期，三十年（1941）9 月。

泰戈尔爱因斯坦论实在与真理

　　同上。

从政治形态看世界的前途

　　同上 3 期，三十年（1941）10 月。

关于战时抚恤制度的一个建议

　　《大公报》三十年（1941）10 月 15 日。

关于改善士兵生活之建议

同上三十年（1941）10 月 29 日。

跋梁任公别录

《思想与时代月刊》4 期，三十年（1941）11 月。

宋朝的开国和开国规模

同上。

北宋的外患与变法

同上 5 期，三十年（1941）12 月；6 期，三十一年（1942）1 月。

北宋关于家庭制度之法令

《益世报·文史副刊》1 期，三十一年（1942）2 月 17 日。

怀黑特论哲学之正鹄

《思想与时代月刊》8 期，三十一年（1942）3 月。

读杨亿《汉武诗》

《益世报·文史副刊》三十一年（1942）5 月 28 日。

宋武功大夫河东第二将折公墓志铭跋

同上。

论中西文化的差异

《思想与时代月刊》11 期，三十一年（1942）6 月。

论修明政治的途径（以下诸篇发表于身后）

《大公报》（重庆版）三十一年（1942）10 月 27 日。

师儒与商贾（十月八日绝笔，口授徐规笔述）

《思想与时代月刊》16 期，三十一年（1942）11 月。

说同一（未完稿）

同上 17 期，三十一年（1942）12 月。

《中国史纲》献辞（用骈体文写成）

　　《益世报·文史副刊》21 期，三十一年（1942）12 月。

《曾南丰（子固）先生年谱》序

　　重庆商务印书馆本（《年谱》作者王焕镳），三十二年
　　（1943）版。

北宋四子之生活与思想（未完稿）

　　《思想与时代月刊》27 期，三十二年（1943）10 月。

汉帝国的中兴与衰亡（未完稿）

　　《思想与时代月刊》30 期，三十三年（1944）1 月。

魏晋南北朝（题目残缺）

民主政制与中国

论传记文学之创作

说心物

马克思历史观的"晚年定论"

教育四议（一议课程，二议学校军训，三议师范教育，四议学校
党务）

　　以上六篇未完稿、未发表。

托尔斯泰纪念文

戴赵《水经注》问题

　　以上两篇的题目、发表年月、刊登杂志，均未检得。

组织宣传与训练（已否发表未查得）

宗教精神与抗建事业

　　《益世报·雷鸣远司铎纪念刊》登载最末一段。

已成之书：

《中国史纲》（上古篇）十一章

（一）中国史黎明期的大势 （二）周代的封建社会 （三）霸国与霸业 （四）孔子及其时世 （五）战国时代的政治与社会（六）战国时代的思潮 （七）秦始皇与秦帝国 （八）秦汉之际（九）大汉帝国的发展 （十）汉初的学术与政治 （十一）改制与易代。（东汉、魏晋南北朝及宋、明各代皆有初稿，惜多残缺。曾撰《高中本国史教科书草目》一文，弃置北平）

《通史原理》四篇

（一）论史实之选择与综合 （二）论历史哲学 （三）论历史科学（译） （四）近代西洋史学之趋势（译）

未成之书：

《民国开国史长编》（在北平时，收集民国初年的史书颇多，曾交付研究生沈鉴（镜如）作参考，卢沟桥事变后，沈逃离北平，书籍全部丢失）

《宋史新编》（在北平时，收购宋人史籍、文集、笔记较多，抗战胜利后，由其夫人伦慧珠女士捐赠给浙大史地研究所，现存杭大历史系）

《高小历史教科书》（拟作五十篇传记）

《历史研究法》

《中国政治哲学史》